人生必去的旅游胜地

《左图右景》编委会 编著

GOOD RESORTS IN YOUR LIFE

情侣游一本就够

蓝天出版社

Blue Sky Press

图书在版编目（CIP）数据

情侣游一本就够/《左图右景》编委会编著．—北京：蓝天出版社，2011.1

（左图右景）

ISBN 978-7-5094-0498-0

Ⅰ．①情… Ⅱ．①左… Ⅲ．①旅游指南－世界 Ⅳ．①K919

中国版本图书馆CIP数据核字（2010）第263071号

人／生／必／去／的／旅／游／胜／地

情侣游一本就够

责任编辑：傅晓莉　孔庆春

封面设计：吕广海

出版发行：蓝天出版社

社　　址：北京市复兴路14号（邮编：100843）

电　　话：66987132（编辑）　66983715（发行）

装帧设计：刘　琼　吕广海　胡　琴

印　　刷：中煤涿州制图印刷厂北京分厂

开　　本：787×1092mm　1/16

印　　张：17

字　　数：200千字

版　　次：2011年1月第1版

印　　次：2011年1月北京第1次印刷

印　　数：1—5000册

定　　价：36.80元

为爱旅游

生活中，最不乏味的就是爱情。爱情的故事即使有些“相似”，可总是各有各的味道。而恋人之间，最容易让人回忆的，莫过于那些旧日邂逅的地方，一起放肆的城市。为了让爱情保鲜期拥有得更久，策划一次别出心裁的浪漫之旅，规划一次浪漫的蜜月旅行，自然是一件非常温馨的事情。

其实，情侣旅行，最重要的永远不是去哪里，而是和谁在一起去哪里。

《情侣游，一本就够》以最权威的视角帮你筛选出最适合二人甜蜜旅行的好去处，带领你共享世界上最温情的时刻。本书不仅给你讲述了每座城市的故事，每个景点的浪漫之处，而且为你做了温馨指引。无论你是恋爱达人，还是爱情“木头”人，一本绝对攻破，让你在女友面前潮上天！而对于女孩子来说，这本书则为你邂逅爱情、回忆爱情提供了最好帮助。从不同角度，深入浅出地为你介绍了世界上50个最富浪漫的地点，最权威的爱情地标。为你选择，给你展示这些目的地的无穷魅力。不过，我们绝对不是盲目的崇拜和诠释，而是要将无数恋人都折服的浪漫地方传递给每一个有情人。

书中的每一个城市，每一个景点，都有一段故事，都带着一丝浪漫，一种只属于你们的爱。或羞涩、或诚恳、或浪漫、或梦幻、或痴狂、或圣洁、或永恒、或甜蜜、或有些小泪水、或有着小欢颜，总是带着我们的恋恋不舍，还有无尽的向往和留恋。从南半球到北半球，从狂热的拉斯维加斯到浓情洋溢的马尔代夫，从慵懒的丽江古城到烟雨婆娑的徽州古镇，从温婉可人的青木瓜国度越南到充满着童话爱恋的哥本哈根，从浪漫至极的巴黎到每座桥都有故事的威尼斯……总有一个地方属于你们。

你或许就是在某一个街角遇见了你的Mr.Right，或者就是在某一个瞬间被丘比特之箭射中了心，而这50个地方，就能让你回忆起旧日遇见他（她）的那次二人青涩的瞬间，能让你感受到来自于自己最知心的他（她）平日不曾表露的柔情，能为你提供最佳的蜜月选地，能让你在生活中回到那个浪漫的充满华美和梦幻的地点。而我们知道，这些地方，总是充溢着你们的欢笑、你们的柔情、你们的甜蜜！

v2视觉供图

如何使用本书

情侣游，Go Go Go!

最别具特色的爱情地

电影里的爱情地

NO.1 庐山

庐山：江西省九江市庐山区境内。

代表：《庐山恋》

20世纪80年代红极一时的《庐山恋》，使得庐山成为众多善男信女的爱情圣地。庐山电影院每日都会重复播放《庐山恋》。当你看着奇秀的景致时，就不难想象为何这里会萌发爱情了。

NO.2 蜀南竹海

蜀南竹海：四川省宜宾市境内。

代表：《卧虎藏龙》

电影中，身穿白色衣装的男女，穿梭往来，轻逸缥缈，在壮阔的竹林间飞舞。它似乎也证明了无论你们之间发生过怎样的爱恨情仇，只要有了勇敢的心，爱情依然会如同野草一样疯狂滋长。

NO.3 壶口瀑布

壶口瀑布：山西省吉县城西45千米处。

代表：《黄河绝恋》

在壶口瀑布，相对于人性与爱情，我们更容易为它的壮美而感到震撼。当你们站在奔腾怒啸的黄河壶口边时，这种荡气回肠的感觉会奔涌而出，而此刻再多的情话，相对于滚滚黄河都会感觉是如此渺小。

22

1 本书在导读部分，以“最别具特色的爱情地”、“最应注意的爱情细节”等条目，给读者推荐了电影里的爱情地、结婚圣地、最Enjoy的爱情美食地等最适合情侣出行的地方。

2 本书精心的为每一对情侣旅游的目的地配置了相关的优美景色的图片。使读者未到目的地先为自己急迫的心聊以安慰，读者可以通过图片给你的第一印象做出行前规划。

Z值得留恋的邂逅地

001 丽江古城

挚爱在这里绽放

云南省丽江市。

恬静而优美的丽江总会留住所有人的脚步，古城的优雅，玉龙雪山的秀丽挺拔，都给人们美的感受。对于情侣来说，这里有属于你们的特别的甜蜜。据说每年秋分是日月同辉同映的日子，只有在特别偶然的时刻，才能看到有一米长的阳光照在山顶，而被这道阳光照耀到的人就能拥有一世不变的爱情。也许，这一瞬间的奇迹很多人一生也无缘得见，只是一种传说而已，但丽江古城的美却适合你带着自己的恋人来这里悠闲度假，营造属于你们的那份浪漫。

当你们在小旅馆的露台上相拥着看雪山环抱时，白色冰川、绿色峡谷、瀑布巨响、杜鹃花还伴有远处的木楼房里不时传出的藏族姑娘的歌声，就是在为你们的爱情赞美歌唱；当你们牵手漫步四方街享受夏日午后慵懒的阳光，时光在不经意间缓缓而逝，心中就会有神仙眷侣的生活也不过如此的感慨；当你们沉醉于听纳西古乐感受着古老的韵律之时，不妨亲自拿起乐器，感受一下这古老的乐调，为你的挚爱弹上一曲属于你们的情歌。

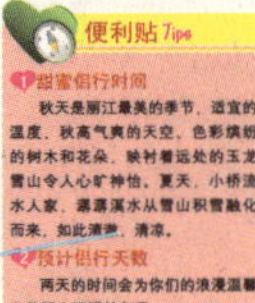

43

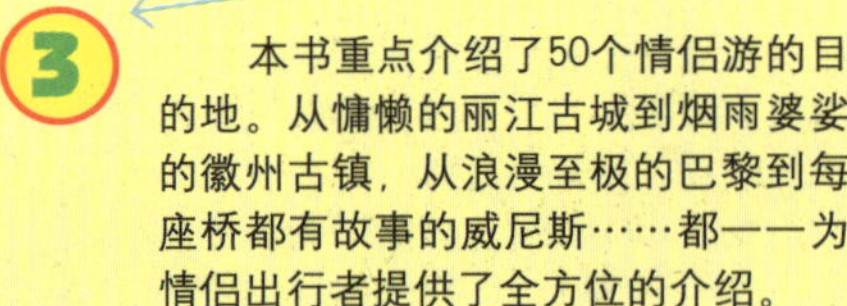

3 本书重点介绍了50个情侣游的目的地。从慵懒的丽江古城到烟雨婆娑的徽州古镇，从浪漫至极的巴黎到每座桥都有故事的威尼斯……都一一为情侣出行者提供了全方位的介绍。

4 每个“侣行”的目的地，都有一个“便利贴”。我们将最佳旅游季节、旅行天数介绍给读者，供读者参考，以便确定自己的旅行时间和制订旅行计划。

丽江古镇的质朴象征情感的纯真，小资的情怀体现浪漫的爱情；和谐自然，原来幸福就是这么简单。大妍古城有五彩石铺成的街道，流淌的泉水会绕过每一条路……悠闲的丽江会留住所有人的脚步。

最浪漫的事

1.跟着纳西小伙去“抢婚”

和爱侣来到丽江旅游，除了陪心爱的人看美景之外，还要做些浪漫的事。纳西族的抢婚绝对会给你们以不同的享受。这需要小伙子勇敢些，掌握纳西族抢婚的规矩后，以独特的方式再追求一下自己心爱的人。不过值得注意的是要情侣两人配合，可不要把自己的爱人放在一边噢。和和睦睦，亲亲热热地生活在阳光明媚的玉龙山下，你们会更加相爱。

2.相拥于露天阳台上看雪山

与爱人相拥在宾馆的阳台上，遥望远处的雪山，看雪峰下高山草甸，牦牛在广袤的原始森林旁悠然散步，依次开放的杜鹃花。看玉龙雪山主峰被云雾缠绕，悠扬的藏族歌声在风中渐远渐近，一种梦境般的感觉使你们心有灵犀。

3.在客栈里浪漫温馨度时光

在丽江住宿，你们会有和在其他地方不一样的感觉。每一处旅店几乎都能体现纳西风情，都能为你营造浪漫的气氛。如若你不在丽江特色客栈一住，那你们的这次爱的旅行就要失色不少。丽江客栈，有幽静典雅，温馨浪漫的纳西小院；有闹中取静，享受阳光的夫妻小屋；有宁静优雅，舒适自在的临水小院。当然值得一提的是，如果你愿意，可以亲自为男友做上一顿拿手好菜，在烛光下，二人对坐，品着普洱茶，听着温馨的音乐重温一下那浪漫的情调。

丽江，每一处旅店都能体现纳西风情，幽静典雅、温馨浪漫，在小旅馆的露台上相拥着感受丽江的魔力吧！

5 每个“侣行”目的地，都介绍有“最浪漫的事”。可使读者快速地了解每座城市的爱情故事，每个景点的浪漫之处，此外还为你做了温馨指引。无论你是恋爱达人，还是爱情“木头”人，绝对让你潮上天。

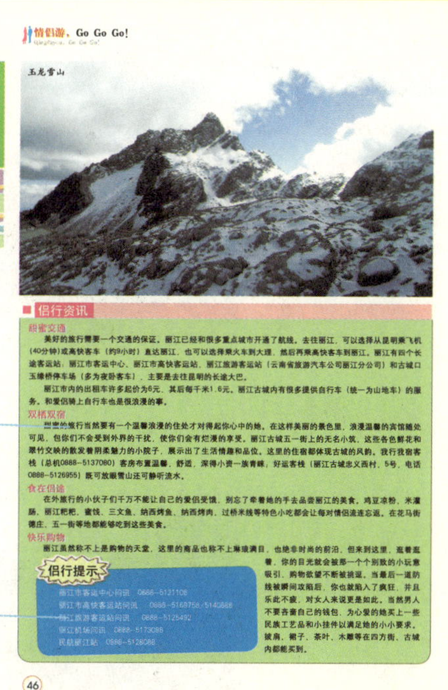

侣行资讯

甜蜜交通

美好的旅行需要一个交通的保证。丽江已经和很多重点城市开通了航线。去往丽江，可以选择从昆明乘飞机（40分钟）或高快客车（约9小时）直达丽江，也可以选择乘火车到大理，然后再乘高快客车到丽江。丽江有四个长途客运站：丽江市客运中心、丽江市高快客运站、丽江旅游客运站（云南省旅游汽车公司丽江分公司）和古城口玉缘桥停车场（多为夜卧客车），主要是去往昆明的长途大巴。

丽江市内的出租车许多起价为6元，其后每千米1.6元。丽江古城内有很多提供自行车（统一为山地车）的服务。和爱侣骑上自行车也是很浪漫的事。

双栖双宿

甜蜜的旅行当然要有一个温馨浪漫的住处才对得起你心中的她。在这样美丽的景色里，浪漫温馨的宾馆随处可见，包你们不会受到外界的干扰，使你们会有烂漫的享受。丽江古城五一街上的无名小筑，这些各色鲜花和翠竹交映的散发着阴柔魅力的小院子，展示出了生活情趣和品位。这里的住宿都体现古城的风韵。我行我宿客栈（总机0888-5137080）客房布置温馨，舒适，深得小资一族青睐；好运客栈（丽江古城忠义西村，5号，电话0888-5126955）既可放眼雪山还可静听流水。

食在侣途

在外旅行的小伙子们千万不能让自己的爱侣受饿，别忘了牵着她的手去品尝丽江的美食。鸡豆凉粉、米灌肠、丽江粑粑、蜜饯、三文鱼、纳西烤鱼、纳西烤肉、过桥米线等特色小吃都会让每对情侣流连忘返。在花马街德庄、五一街等地都能够吃到这些美食。

快乐购物

丽江虽然称不上是购物的天堂，这里的商品也称不上琳琅满目，也绝非时尚的前沿，但来到这里，逛着逛着，你的目光就会被那一个个别致的小玩意吸引，购物欲望不断被挑逗。当最后一道防线被瞬间攻陷后，你也就陷入了疯狂，并且乐此不疲，对女人来说更是如此。当然男人不要吝啬自己的钱包，为心爱的她买上一些民族工艺品和小挂件以满足她的小小要求。披肩、裙子、茶叶、木雕等在四方街、古城内都能买到。

侣行提示

丽江市客运中心问讯　0888-5121106
丽江市高快客运站问讯　0888-5169758/5140888
丽江旅游客运站问讯　0888-5125492
丽江机场问讯　0888-5173088
民航丽江站　0888-5128088

6 侣行资讯为你提供了最详尽的爱情地信息、最无微不至的旅行建议，最豪华版的浪漫法则，最贴心的加分讯息。让你在旅途中无担忧无顾忌的轻松享受与她（他）之间的心动瞬间。

7 在“侣行提示”这个小专栏里，着重对“最浪漫的事”、“侣行资讯”等一些栏目进行简单的补充，使读者更详细的了解旅行目的地。包括一些景点的门票、景区的交通电话等条目。

目录 CONTENTS

Q情人节天天都过
ingrenjie Tiantian Douguo

Z值得留恋的邂逅地
hide Liulian de Xiehoudi

A爱情保温地
iqing Baowendi

A爱情升温处
iqing Shengwenchu

L罗曼蒂克乡
uomandike Xiang

L两个人的天堂
Lianggeren de Tiantang

M蜜月之旅
Miyue Zhilu

Q情人节天天都过
ingrenjie Tiantian Douguo

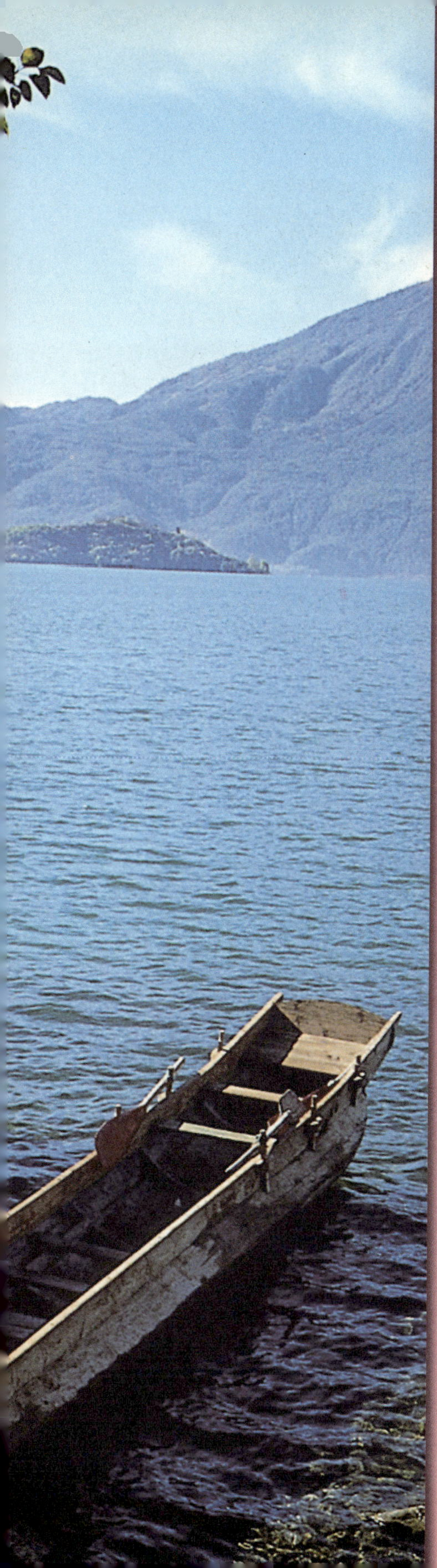

第1季 2月 February → 3月 March → 4月 April

踏青赏花

罗平油菜花

资讯：云南省曲靖市罗平县/每年2月中下旬，金鸡峰、九龙镇以及沿大水井到多伊河景区的路上。

主打：赏百里罗平满地金黄，尝自然而纯净的蜂蜜。

其他油菜花赏地

1.婺源/江西/每年3月中下旬，江岭、庆源、晓起、李坑等村。

2.汉中/陕西/每年的三四月份，汉中城郊和农村。

3.潼南崇龛镇/重庆/每年3月下旬，潼南三大博览园。

4.新都/四川/每年3月中下旬，成都的新都区西北村以及新都白鹤岛。

5.龙宫/贵州/每年3月中下旬，安顺龙宫风景区的喀斯特山地。

南京梅花

资讯：江苏省南京市玄武区/每年2月底～3月初，南京明孝陵梅花山。

主打：梅花层层叠叠，竞相开放。

其他梅花赏地

1.余杭超山/浙江杭州/每年2月底，杭州市余杭区塘栖镇。

2.邓尉山/江苏苏州/每年2月中旬，香雪海。

3.梅园/江苏无锡/每年2月中旬，梅园中梅花景区、园林博览园、花溪景区。

4.磨山/湖北武汉/每年2月中下旬，磨山梅园中。

洛阳牡丹

资讯：河南省洛阳市/每年4月10日～25日花会，王城公园、神州牡丹园、西苑公园、国色牡丹园。

主打：牡丹姹紫嫣红，国色天香。

其他牡丹赏地

1.曹州牡丹园/山东菏泽/每年4月20日～25日花会，赵楼、李集、何楼。

2.尚湖牡丹园/江苏常熟/每年4月1日～20日，尚湖牡丹园内。

3.丹景山/四川彭州/每年4月初，丹景山镇。

国外经典赏花地

樱花/日本/每年3～4月，东京街上、京都的公园和神庙、名古屋、镰仓和大阪。

郁金香/荷兰/每年3月下旬～5月下旬，利瑟、阿姆斯特丹的鲜花市场(Bloemenmarket，一年四季)。

水仙花/英格兰/每年3月下旬～4月，英格兰的湖区，安布尔赛德(Ambleside)镇。

矢车菊/美国/每年4月中旬，得克萨斯州礼拜山。

登山访古

广东丹霞山

资讯：广东省仁化县丹霞街道内/每年3～5月、10～12月，阳元山、长老峰和翔龙湖景区。

主打：阳元石、阴元石、丹霞地貌、僧帽峰和巨石睡美人。

其他丹霞地貌

1.赤水丹霞/贵州，碧水丹山，赤水十丈洞瀑布。

2.泰宁/福建，峡谷型丹霞。

3.崀山/湖南，山水“赛桂林”。

4.龙虎山/江西，秀美多姿，道教正一派的祖庭。

5.江郎山/浙江江山，全球迄今所知最高大的、陡崖环绕的砾岩孤峰“三爿石”。

泰山

资讯：山东省泰安市泰山区/每年4～10月，岱庙、中天门、十八盘、玉皇顶。

主打：五岳独尊、旭日东升、晚霞夕照。

其他访古名山

1.衡山/湖南省衡阳市南岳区南岳镇/每年4～11月，云海日出。

2.恒山/山西省浑源县永安镇东南/每年4～10月，悬空寺，山势雄伟。

3.华山/陕西省华阴市南部/每年4～9月，蜿蜒曲折之路，险秀绝壁。

4.嵩山/河南省登封市/每年4～10月，少林功夫，佛儒道荟萃。

5.齐云山/安徽休宁县/每年3～11月。

6.青城山/四川都江堰/每年4～9月。

第2季 5月 May → 6月 June → 7月 July

古镇风情

乌镇

资讯：浙江省嘉兴市桐乡市乌镇镇，东栅、西栅和南栅诸景点。

主打：似水年华，闲情雅致，水乡气息。

其他江南古镇

1.周庄/江苏昆山市周庄镇，中国第一水乡。

2.西塘/浙江嘉兴市嘉善县西塘镇，温柔、宁静、清爽。

3.同里/江苏吴江市同里镇，东方小威尼斯。

4.甪直/江苏苏州市吴中区甪直镇，神州水乡第一镇，桥都。

5.南浔/江苏湖州市南浔区南浔镇，旧日繁华气息。

丽江

资讯：云南省丽江市大妍镇，四方街、木府、三眼井、黑龙潭。

主打：纳西风韵，城水相依。

其他古城镇风情

1.大理古城/云南大理市大理镇，横贯式城。

2.巍山古城/云南巍山彝族回族自治县文化镇。

3.宝山石头城/云南玉龙县保山石乡。

4.镇远古城/贵州镇远县乌阳镇。

游湖漂流

西湖

资讯：浙江省杭州市西湖区/每年3～11月。

主打：柳浪闻莺、雷峰塔动人故事。

其他游湖地

1.泸沽湖/云南宁蒗彝族自治县/每年5～11月，里格村、落水村。

2.千岛湖/浙江淳安县/每年5～12月，梅峰览胜、岛秀水清。

3.红枫湖/贵州清镇市市区西南/每年5～11月，红枫三奇。

4.万绿湖/广东东源县/每年5～12月，镜花奇缘，处处皆绿。

5.东湖/湖北武汉市武昌区/每年3～6月、9～12月，听涛，看湖光山色。

●猛洞河

资讯：湖南省湘西土家族苗族自治州永顺县王村镇/每年5～10月。

主打：天下第一漂，山水中感受刺激，最惊险之处为阎王滩。

其他漂流地

1.九曲溪/福建南平市武夷山市武夷镇。

2.桐庐天目溪/浙江杭州市桐庐县毕浦码头至冷坑一段。

3.铜鼓滩/贵州遵义市桐梓县长塘口。

浪漫海滨小岛

●夏威夷

资讯：北太平洋上/3月底复活节以及6月中旬～9月初。

主打：海天一色，草裙舞。

其他热门神秘小岛

1.圣托里尼/希腊圣托里尼岛，蓝与白经典配色。

2.巴哈马群岛/加勒比海，近6千米的粉红色沙滩。

3.蜈支洲岛/海南三亚附近。

第3季 8月 August → 9月 September → 10月 October

漫漫朝圣路

五台山

资讯：山西省忻州市五台县/每年8月最盛。显通寺、菩萨顶、塔院寺、黛螺顶等。

主打：翘看日出，拜谒祈福。

其他朝圣地

1.九华山/安徽池州市青阳县九华镇，地藏王菩萨道场。

2.峨眉山/四川峨眉山市峨山镇，佛光、云海、日出、圣灯。

3.普陀山/浙江舟山市普陀区普陀山镇，海天佛国。

敦煌莫高窟

资讯：甘肃省敦煌市莫高乡/每年5～10月，飞天、彩塑。

主打：飞天壁画、彩塑、彩绘。

其他石窟地

1.云冈石窟/山西大同市南郊区云冈镇，第20窟的释迦牟尼坐像。

2.龙门石窟/河南洛阳市洛龙区龙门镇伊河岸边，卢舍那大佛。

3.麦积山石窟/甘肃天水市麦积区麦积镇。

4.大足石刻/重庆市大足县。

节庆民俗

拉萨雪顿节

资讯：西藏自治区拉萨市/每年藏历六月十五～三十日，罗布林卡、哲蚌寺。

主打：吃酸奶。

其他美食节庆

1.青岛啤酒节/山东青岛市/每年8月第二个周末开始，为期16天。

2.吐鲁番葡萄节/新疆维吾尔自治区吐鲁番市内/每年8月26～30日。

孔子文化节

资讯：山东省曲阜市/每年9月下旬～10月上旬，孔庙、孔府、孔林。

主打：儒家，传统文化。

其他文化节庆

1.郑州国际少林武术节/河南郑州市嵩山少林寺。

2.太湖中秋赏月节/江苏无锡市太湖。

翩翩红叶情

米亚罗

资讯：四川省理县米亚罗镇/每年10～11月，米亚罗、毕棚沟、古尔沟。

主打：红叶漫山遍野，如火如荼。

其他红叶观赏地

1.香山/北京海淀区西郊/每年10月中旬～11月上旬。

2.内蒙古额济纳/内蒙古自治区阿拉善盟额济纳旗/每年10月。

3.京都/日本/每年10月左右。

4.加拿大/每年9月，从魁北克到尼亚加拉，红枫和郁金香。

5.首尔/韩国/每年10月中下旬，昌德宫后苑。

第4季 11月 November → 12月 December → 1月 January

冬季滑雪

采尔玛特山

资讯：瑞士日内瓦/四季皆能滑雪，冬季最为浪漫。

主打：坐雪橇，赏白雪，感受滑翔的乐趣。

其他滑雪胜地

1.北海道/日本，每年冬季。

2.亚布力滑雪场/黑龙江尚志市亚布力镇/每年12月～次年3月。

3.南山滑雪场/北京市密云县河南镇圣水头村/每年12月～次年2月。

4.林海滑雪场/辽宁大连市甘井子区营城子镇南沟村。

体验冰雪

哈尔滨

资讯：黑龙江省哈尔滨市/每年1～2月。

主打：冰上建筑、冰灯园游会。

其他冰雪国度

1.伊瓦洛/芬兰，童话般的冰雪世界。

2.阿尔卑斯山/瑞士，奇丽峻峭的冰雪风光。

3.莫斯科/俄罗斯，寒而不冻。

名城全览

西贡

资讯：越南胡志明市/每年11月～次年2月。

主打：湄公河景色，东南亚风情。

其他名城

1.暹粒/柬埔寨/每年11月～次年4月。

2.昆明/云南昆明市/每年12月。

3.北京/北京市/全年可游。

情侣游览日历

情人节→2月14日

NO.1 普吉岛

普吉岛（Phuket）：泰国南部马来半岛西海岸外的安达曼海(Andaman Sea)。

泰国最大岛屿，西海岸遍布原始幼白的沙滩，是了解泰国南部的传统文化的好地方。

NO.2 马尔代夫

马尔代夫：印度洋上的一个岛国。

可以住在水屋中感受270°环海，看海天一色，洁白沙滩，和爱侣一起深海垂钓。

NO.3 东京

东京：日本首都。

在情人节时到东京，可以享受购物之旅，为爱侣置办一身爱的行头。樱花在情人节期间绽放在冲绳。

NO.4 丽江

丽江：云南省丽江市大妍镇。

在丽江享受一下一米阳光的味道，听听纳西古调，在雪山前示爱。

No.5 三亚

三亚：海南岛的最南端。

在蜈支洲岛感受逃离冬季的海洋气息。浪漫椰树下的深情kiss，天涯海角的海誓山盟，椰梦长廊里骑车游玩。在海风中许下爱的承诺。

七夕节→农历七月初七

NO.1 西湖

西湖：浙江省杭州市。

白娘子与许仙从断桥相会、雨中共度、最后分离于雷峰塔，都跟西湖息息相关。在西湖可以感受“西湖美景三月天”，与爱侣泛舟于“接天莲叶无穷碧，映日荷花别样红”中，享受冲破于生活的恬淡。

NO.2 阳朔

阳朔：广西壮族自治区桂林市。

阳朔大榕树是阿牛哥与刘三姐二人定情之处。你们二人携手到“甲天下”的山水之间见证爱情，很容易让爱慕之情融于山水之间。

NO.3 普救寺

普救寺：山西省西南永济市蒲州古城东3千米的峨嵋塬头上。

普救寺因《西厢记》中的张生与崔莺莺而驰名。寺院口有一把巨大的连心锁，见证你们的爱情将会永结同心，锁底有“愿有情人终成眷属”，仿佛一道勇敢而执著地向世俗挑战的爱情宣言。

NO.4 华清池

华清池：陕西省西安市。

唐明皇与杨贵妃的皇家爱情，在华清池一一展现。月下盟誓、互诉衷肠，你们也会“在天愿作比翼鸟，在地愿为连理枝”。

NO.5 天柱山

天柱山：安徽省西南部潜山县。

据传，这里是七仙女第一次偷来人间下凡的地方。在牛郎织女初遇的鹊桥一起窃窃私语，互诉衷肠；或到《孔雀东南飞》的孔雀坟前感受焦仲卿、刘兰芝的经典爱情，会让你们二人的情意更加刻骨铭心。

中秋节→农历八月十五

NO.1 香港

香港：位于珠江口东侧，与深圳经济特区相连。

在繁华的街头吃情人套餐，到太平山顶欣赏香港夜色，时尚优雅。两人可以相拥于兰桂坊环视香江夜景，共赏月夜。浅水湾是张爱玲写出《倾城之恋》的地方，在这里赏月将会感觉被笼罩着一层爱情的味道。

NO.2 新加坡

新加坡：位于马来半岛南面。

徜徉在新加坡的街头，除了感受到一种"清新"的味道外，在中秋的月夜中新加坡也是格外妖娆。牛车水的热闹街头，登布西山被树林包围，你和他（她）在此感受下异国月光，定会异常曼妙。

NO.3 苏州风亭

苏州风亭：江苏省苏州市网师园。

"月到风来亭"，此处绝对是赏月佳地。两人相拥而坐，可以感受到江南的秋意。看金乌初坠，皓月当空，如同漫步于仙境。

NO.4 洱海

洱海：云南省大理市。

乘坐白族人家的木船，在洱海里看映在水中的金月亮，感受到的是一种恬淡和神秘。还有年轻的姑娘小伙子们对歌赏月，不妨一起来参与一番。

NO.5 瘦西湖

瘦西湖：江苏省扬州市。

"二十四桥明月夜，玉人何处教吹箫"，此处自古是赏月的绝佳处。而你们二人踏着历史的遗迹，一起看今日之月，遥想过往，也不失为一个另类的月夜游。

圣诞节→12月25日

NO.1 法国斯特拉斯堡

斯特拉斯堡：法国东北部地区阿尔萨斯首府，圣诞树的故乡。

从12月初就已经进入了圣诞状态，可以说这里是圣诞节氛围最浓的地方。圣诞灯饰、彩绘玻璃、唱诗班的歌声在大街小巷中弥漫，你们一定也会被这浓浓的节日气息所感染。这里还是圣诞树的故乡，是圣诞节传统风俗的发源地。两个人在斯特拉斯堡的谷登堡广场上欣赏25米高的大枞树，拍照留念，绝对是一段快乐的回忆。

NO.2 芬兰罗凡涅米

罗凡涅米：芬兰北部拉毕省省会，是世界上唯一设在北极圈内的省会。

罗凡涅米的圣诞老人村，和原装正版的圣诞老人亲密交流是不能错过的项目。你们一起把许下的爱情诺言变成文字，一起放到圣诞老人的手里，让他帮你们实现。还有，别忘了和你的女（男）伴一起把双脚横跨在北纬66度33分的北极线上拍一张留念照，一起领取进入北极圈的那本堂皇的证书，那欣喜感觉堪比领结婚证。

NO.3 德国斯图加特

斯图加特：位于德国西南部的巴登-符腾堡州中部内卡河谷地。

德国的圣诞气息很浓烈，特别是圣诞集市。圣诞Feel处处都是，圣诞树、小木屋、旋转木马、摩天轮、盛大嘉年华永远都是这里的主色调，走在其中，想不圣诞都不行。

NO.4 澳大利亚悉尼

悉尼：澳大利亚新南威尔士州首府。

当北国还是冰雪漫天时，悉尼的圣诞老人却已经穿上了“酷酷”的衬衫短裤，滑着冲浪板迎面奔来，绝对让你们惊讶得不知所措。在此处感觉到的夏日晚风和圣诞气氛，很容易使你们忘记北国的季节。这种融合了欧洲传统圣诞元素的本土特色节日，是一种冰与火的激情感觉。

不可不记得的纪念日

NO.1 天涯海角

天涯海角：海南省三亚市沿海滨西行26千米处马岭山。

用“天涯海角永远相随”来表达婚后的爱情誓言再适合不过了。无论你们经历多少风雨，只要吹到这里的海风，感受到海天一色的舒缓气息，就永远不会忘记天涯海角永相随的爱情誓言。

NO.2 普罗旺斯

普罗旺斯（Provence）：法国东南部的一个地区。

普罗旺斯并不只是恋爱情侣的专属地。不必在乎自己的步伐是否还轻盈，翩然起舞于这片紫色海洋中、亮丽的阳光下、蔚蓝的天空里，你们真的会忘记年纪。如此的翩然美眷，谁不爱呢？

NO.3 九寨沟

九寨沟：位于四川省阿坝藏族羌族自治州。

这是一个很容易让人感受到天堂胜景的地方，它对游客没有年龄的限制。无论你是年少的女子还是已经育儿的母亲，一份充满着童话韵味的爱情总是被幻想着。而在九寨沟中所感受到的就是这样一种情境。依着他（她），憧憬那冰雪消融时分的山花烂漫，感受一下子回到旧日的情谊，正是九寨沟对于爱侣的最好礼物。

NO.4 拉萨

拉萨：西藏自治区首府。

当生活让你们感到压抑或情感日趋平淡时，那请来拉萨吧。这里的蓝天白云，经幡舞动，湖光山色，还有寺庙林立，以及徒步旅行，一定会让你们在不知不觉之中放缓步调，享受和这种景象在一起的美好。

NO.5 黄山

黄山：位于安徽省南部黄山市太平区境内。

这里最适合新婚不久的夫妻来游玩。你们可以到情人谷和同心锁处表达彼此天长地久的爱情宣言。艳阳高照下的黄山有一种阳刚之美，而云雾中的它又展现出妩媚，这一刚一柔也恰恰就是你们之间情感的最好写照。为自己海枯石烂不变的心铸造一个见证吧。

电影里的爱情地

NO.1 庐山

庐山：江西省九江市庐山区境内。

代表：《庐山恋》

20世纪80年代红极一时的《庐山恋》，使得庐山成为众多善男信女的爱情圣地。庐山电影院每日都会重复播放《庐山恋》。当你看着奇秀的景致时，就不难想象为何这里会萌发爱情了。

NO.2 蜀南竹海

蜀南竹海：四川省宜宾市境内。

代表：《卧虎藏龙》

电影中，身穿白色衣装的男女，穿梭往来，轻逸缥缈，在壮阔的竹林间飞舞。它似乎也证明了无论你们之间发生过怎样的爱恨情仇，只要有了勇敢的心，爱情依然会如同野草一样疯狂滋长。

NO.3 壶口瀑布

壶口瀑布：山西省吉县城西45千米处。

代表：《黄河绝恋》

在壶口瀑布，相对于人性与爱情，我们更容易为它的壮美而感到震撼。当你们站在奔腾怒啸的黄河壶口边时，这种荡气回肠的感觉会奔涌而出，而此刻再多的情话，相对于滚滚黄河都会感觉是如此渺小。

NO.4 湄公河

湄公河：越南西贡界。

代表：《情人》

湄公河里一条渡船上所发生的爱情故事，让多少人为之痴狂。在湄公河的秀丽、壮观而又汹涌澎湃下，开始一段热烈而又美妙的爱情，总让人心欢。

NO.5 巴黎

巴黎：法国首都。

代表：《红磨坊》

其实，红磨坊在法国不仅和色情一点关系都没有，而且这里还横空出世地发生了一场轰轰烈烈的爱情。虽然恋情发生于一个诗人与舞女之间，但是不可否认，爱情是平等和圣洁的。当你们在红磨坊里看演出时，能感受到的就是这种平等。

“公认的”适合一起看的国外经典爱情电影

《罗马假日》

之所以经典，在于它塑造了一种美丽而不圆满的爱情，很容易让人笑过之后眼带泪痕。

《乱世佳人》

属于爱情史诗电影，整个爱情纯粹又爱恨交织，在宏大壮丽的社会背景中却体现出一种简单。

《人鬼情未了》

阴阳相隔，但精神相通，爱情永恒，这便是对这部影片的最好诠释。

《捆着我绑着我》

这是很多追求刺激情感的现代观众大爱，示爱行动残酷又极致：我爱你，你不爱我，没关系，我捆住你，绑住你，直到你爱我，你会发现这个世界只有我爱你。

《卡萨布兰卡》

对于旧日的伤感恋情，虽然最后演变成凄美绝望，可是依然荡气回肠。

《东京日和》

虽然没有激动人心的情节，可是它用平凡的日常生活细腻地展示而出，而这恰恰就是今后二人的生活写照。

《新桥恋人》

说的是两个病人颓废生活中的爱情。虽说二人病态颓废，但是其中的跌宕起伏、轰轰烈烈也让人震撼。

《大话西游》

虽说是周星驰的喜剧，但是影片最后悟空与紫霞仙子在城墙下的一段，也激起了不少人的淡淡惆怅。

《情书》

将初恋的青涩情感发挥到了极致，这种寻觅曾经的纯真的故事，会让你们同时感动。

《7月7日晴》

这是关于一个都市的爱情童话，看似并不那么现实，但其温馨的意境足以抓住人心。

结婚圣地

毛伊岛/夏威夷

夏威夷的梦幻婚礼让多少人心驰神往，感受阳光亲吻着皮肤，一起在海天一色中许下爱的承诺。

Inverlochy城堡/苏格兰

若想实现“王子公主梦”，这里是绝佳的选地。

巴厘岛/印尼

这里雪白的沙滩、文化遗迹和雅致的庙宇，对于结婚来说简直是酷毙了的装点。

贡多拉小船/威尼斯

在船上举行婚礼？没错，在迷人的河道上交换誓言，今后你们可就要在这条船上一起走了。

奥比都斯/葡萄牙

奥比都斯是葡萄牙国王唐·狄尼斯送给王后唐娜·依莎贝尔的结婚礼物，是众多情侣所认定的婚姻“起点”。

雅典/希腊

这座闪烁着诱人的爱的光芒的城市，总是有着爱神的踪迹，而在这座城中，你和他（她）之间，除了爱情还会发生什么呢？

林芝/西藏

让自己的爱在西域广袤的土壤里生根发芽，在这个融合了圣洁、险峻、柔情、神秘气息的地方，许下你们爱的承诺。

三亚/海南

一直说三亚，并不是有什么广告气息，而是三亚本身的爱情味道过分浓厚。天涯海角每年都举行集体结婚典礼，作为新潮的你们怎么能错过呢？

最Enjoy的爱情美食地

爱情主题餐厅

●遇上牛排

资讯：厦门市思明区鹭江道8号国际银行大厦3楼/0592-2113091。

主打：国内首家爱情主题餐厅，新式西餐的概念餐厅。内有浪漫的环境和美味，爱情许愿箱、爱情同心锁、爱情记事本。

●食尚城•蝶恋花

资讯：厦门市湖滨南路328号光华美食城/0592-2917999。

主打：厦门第一家以蝶恋花为主题的美食城，菜品多带有爱情气息。比如代表理智之爱的金丝丹麦瓜条、有初恋回忆的蝶恋花豆腐、恋爱心情的彩虹过桥排骨等。

●南湖喜宴

资讯：四川成都近郊双流华阳南湖公园/028-81512228。

主打：成都最大的婚庆主题餐厅，地中海风格，经营婚庆的一整套程序。

●YOU&I爱情主题饮品餐厅

资讯：广州市天河区天河南一路22号301铺/020-85514513。

主打：以“爱情”为主线，“有情饮水饱”，这里天天都是情人节。

爱情美食

●浓情巧克力

在《阿甘正传》里，阿甘的妈妈说：“生活就像一盒夹心巧克力，你永远不知道下一颗是什么味道。”其实，巧克力的味道对于爱情也同样适用，你们永远都会期待对方给的下一个惊喜。在女人的爱情观念里，有的时候巧克力就代表了爱。在《浓情巧克力》中，茱莉亚·比诺什的

巧克力诱惑就是最好的证明，还有在罗尔德·达尔的《巧克力工厂》里的威力旺卡巧克力工厂是不是也让她痴狂？

此外，品种众多的巧克力还有不同的物语，比如把薄荷巧克力送给情人，她会感觉你是前卫的、愿意接受新事物的新人类，不过有些不安定；酒心巧克力则让情人感觉你喜欢挑战和刺激，勇于尝试，不过有些冷漠；黑苦巧克力会让她感觉你很神秘，牛奶巧克力让她会觉得想要保护你，果仁巧克力，则让她感觉到着了魔，会对你一心一意。在生活中，送花的间隙，送上一份浓情大餐，也未免不是为生活调味。

●料理中的爱情

说到韩国料理，不少人会因为韩剧而感觉到了这种料理中的爱情。不过现在最最推荐的是韩国石锅拌饭。为什么那么多的美味中单单只说它，原因就在于石锅拌饭的“拌”，将不同的食材和米饭搅拌在一起食用，感觉有些像是将生活中的酸甜苦辣拌在了米饭中，吃上一口，就将生活中的爱情滋味吃到了肚子里。

●法式烛光晚餐

花时间全情投入品尝一顿地道的法式烛光晚餐，会让你们多少有些沉醉。在法国餐厅每一道菜与饮品搭配基本上都是一门艺术，其间酒品的种类和搭配的颜色都有讲究。一般有讲究的一顿饭需要吃上3个小时，经历了开胃酒、前菜、主菜、甜点和咖啡五步。

●温馨家常菜

其实，无论是什么美食，对于两个人来说，最为浪漫的莫过于家常菜了。在一个晚上你做好了香喷喷的饭菜，然后等待爱人回来，那种等待的感觉中，带着焦急和安稳，就是这么奇妙。即使你的厨艺不佳，这种温馨与家的归属感也是任何美味无法替代的。

世界级情调客栈&旅馆

国内情调客栈

老磨房客栈

资讯：云南省丽江古城区大妍镇百岁坊64号。

主打：免费上网、刻光盘，可以到菜市场买菜做饭，楼上楼下的客房都是木结构，门外有丽江曾经唯一的水磨房。

翠翠客栈

资讯：湖南省凤凰县沱江镇老银哨014号。

主打：老板是老包夫妇，拥有凤凰镇内最大的露天大阳台，一度被评选为中国最小资的客栈，湘西韵味十足。

老屋饭店

资讯：江西省婺源县江湾镇晓起村。

主打：近200岁的徽派老屋，睡清代木床，品古色古香。

龙堂客栈

资讯：四川省成都市。

主打：四合院民居，阁楼闺房、套房标间通铺样样齐备，有西式早餐。

裕丰恒

资讯：山西省平遥县。

主打：古朴的四合院，有传统土炕、明清家具，品尝山西小吃。

团圆客栈

资讯：北京市西城区西四北二条胡同52号院。

主打：很“北京”，只接待真正喜欢四合院的背包客，有各路奇侠。

新易途旅舍

资讯：上海市人民广场附近的江阴路上。

主打：藏在弄堂里，石库门改建，有

很异域的感觉。

●观华青年旅舍

资讯：四川省成都市西珠市街42号。

主打：川西风格宅院。

●途安客栈

资讯：浙江省杭州市四眼井路。

主打：庭院别致，客栈里的古典家具和摆件“老货”较多。

●游豆腐客栈

资讯：安徽省黄山市汤口镇。

主打：地理位置优越(距黄山风景区换乘中心仅150米)，可以安排行程。

世界浪漫&搞怪旅馆

●斯卡尔侯爵旅馆

资讯：西班牙埃尔谢戈。

主打：有点反叛，有点另类的旅馆，旅馆是在葡萄酒产区的一个中世纪村庄中，外形夸张。

●Beckham Creek洞穴旅馆

资讯：美国阿肯色州。

主打：花费4年在巨石中完成，可以作为婚礼举办地。

●Schneedorf

资讯：奥地利提洛尔阿尔卑斯山。

主打：小冰屋，住宿者需要空气床垫与羊皮被寻找温暖。

●Propeller Island City Lodge

资讯：德国柏林。

主打：玻璃房间，周围N多镜子，超级“透明”。

●Bauer酒店

资讯：“水城”威尼斯。

主打：始建于1880年，可包揽星罗棋布的小岛和纵横交错的水道。

●Le Sirenuse酒店

资讯：意大利里维埃拉地区。

主打：皇室的夏季行宫，现在多聚集名流和欧洲各国皇室成员。

●ElCon-vento酒店

资讯：西班牙波多黎各首府圣胡安。

主打：旧日修道院，西班牙殖民时代的风格，与海边只有15分钟车程。

●Soneva Gili酒店

资讯：马尔代夫。

主打：马尔代夫风情，水上屋。

两个人的旅行

最应注意的爱情细节

钱钟书曾说过："要想了解一个人，就和他（她）一起去旅游吧！"旅行作为一种时尚已经慢慢地渗入到人们的日常生活中。在旅行中找寻大自然的无穷乐趣，享受两个人的世界，感受属于两个人的回忆，总是让人感觉到美好。不过，在旅行前，一定要对旅行有一个周密的计划，对旅行中的衣食住行有全面的考虑，贴心地为你的他（她）做好安排，才能让你们的行程一路顺利如意，才能更好地享受旅行过程所带来的甜蜜。

准备篇

选择

1.跟团PK自由侠

情侣旅行都希望营造一个属于自己的二人空间，一切都以两个人之间的休闲和享受为主。所以强烈建议自助，这样可以更加随心所欲、随性所致、随遇而安。

如果有必要选旅行社，则一定要注意选服务最好的，信誉最强的。特别是到国外旅行，一些小旅行社相当不靠谱，很可能出现的大多问题都不能得到解决。

此外还要注意，如果自己的行程是依照旅行社的编排进行，购买团队机票时一定要计划周

全。要注意一些国家如日、韩、大部分欧洲国家已经讲明了不会对中国公民开放自助游，只发放团队旅游签证，不发放散客旅游签证，一定要注意不要单独地改变机票时间，以免掉队。

2.国内or国外

现在去国外旅行已经成为一种潮流和趋势，不过如果是对自己的语言能力有所担心，还是建议在国内。事实证明，靠跟团来解决语言问题的成功率基本为零。如果自己的语言能力还不错，那么买上一本《Lonely Planet》，然后就可以轻松上路了。

时间

1.时间长PK时间短

有一种定律，一般旅游度假的时间和二人交往的时间成正比，据说这是因为是否熟知习惯所致。因为没有能充分了解，旅行时间越久二人暴露的缺点就越多，这就是所谓的“旅行分手”高发的缘故。

一般与自己的爱侣在国内旅行，大约3～4天就差不多，在小长假期间就可以享受。若是选择在城市内游览，在自己住的城市或周边，一般1～2日就不错。

不过如果想去国外以及长期旅行，最好能保证有一到两周的时间。值得注意的是，不可安排的行程过满，否则会使整个旅行的浪漫和甜蜜大打折扣。

2.计划永远赶不上变化

注意，旅行计划要准备多个，因为天公不作美的事情有很多。

此外，还要留给彼此一些“自由”时间，让她在化妆台前打扮30分钟，或是一个悠闲的下午，这些弹性时间，都是你们在路途中的心情舒缓剂。

气候

确定“你那里下雪了吗？”

什么时候去旅行，什么时候天气最好，什么时候是旅游淡季，这些因素都是决定你旅行质量的“黑匣子”。比如，到国外旅行，去意大利最好在4月，去夏威夷最好在4～9月，而如果在国内旅行，则应该注意收看天气预报，留意当地的天气情况。例如，北方城市一般选择在春夏交替的时候，南方则选择夏末秋初的时候最好。

其实情侣之间的旅行并不是一种仪式，而是对于想要增加彼此交流和感情的一种方式和一种渴望。还好《情侣游，Go Go Go！》书中已经对于各个地区的旅行天数作出了预计、最佳旅行时间、“侣行”资讯都做了充足的解说，好让你们能够放松的享受二人旅行。

经济

1.究竟要花多少银子

要出门旅行，银子总是必不可少的东西，考虑好了自己的经济实力才能为旅行做好充足的准备。建议在出门后留些备用资金作为机动。不过无论是大钱还是小钱，关键是享受这么一种两个人世界的氛围。

如果准备了500元，到城市周边的景区来次3日的深度游；如果拿1000元就到国内的其他省里进行观光；不然，就用经过多年准备攒下的这些钱，去国外享受一次挥霍的经历。不过，前提是充分考虑到自己的经济实力，以及是否能够选对路。

2.这件事要双方审定

既然是情侣游，那么主角自然是你们两个人，所以关于经济的开支还是彼此商

量最好。如果美眉还没和你的男友好到有钱一起花的地步，那就对住宿费、机票费这些较大的费用，实行五五分账吧。

健康

要知道，病秧子没法子经受住美景的“折磨”

没有好的身体就没有办法有一次畅快的旅行，健康问题不仅在旅行途中需要时刻注意，即使是在旅行准备期也要有一个很明确的认知。比如，身体较差的情侣，去西藏旅游就一定要注意；戴隐形眼镜的情侣，则要注意是否适合潜水、蹦极等活动；而去进行探险、猎奇等刺激性的旅行时，则更多的要关注自己是否有高血压、心脏病等病症。面对这些身体状况，制订旅行计划时，就一定要好好考虑，尽量和危险、刺激的娱乐项目绝缘。

意外

一起买份保险吧

在旅行前给对方买一份旅游意外险是一件很棒的事情，这样既保证了你们的浪漫，还为旅行填进了一份安全。一般各旅行服务机构都能代购保险，出境游的话20天内保费为30元，超过一天加3元，保额30万元。

装备

行装得像个旅行者

专业驴子的装备人们大多都见过。行装以轻装简从、实用为最好，大可不必大包小包的，你们可是旅游，不是逃荒。比如，男孩子可以带一只背包或小衣箱，用来存放两人的换洗衣服和洗漱用具等，女孩子可肩挎一只皮包，内装化妆品、梳子、手帕等小物品就行。

对于衣装，建议以轻便、大方、舒适为先，衣裤不宜过于宽大或窄小，夏天不宜穿深色衣服，贴身衣服应选择柔软吸汗的纯棉制品。裤子则建议选择牛仔裤，不仅行动方便而且耐磨，给人感觉还很潇洒。在旅行途中，鞋子选择也至关重要，跋山涉水以穿布鞋、旅游鞋、休闲鞋为宜；新鞋、皮鞋、硬底鞋，还有细高跟女皮鞋则是旅行一大忌，发生摔伤、扭伤可不是好玩的。其次，如果选择的旅行地是高寒地区，则一定要戴帽子，炎夏季节应戴遮阳凉帽和太阳镜。内衣裤则建议选用棉制品的，棉制内衣裤吸汗性能好，无刺激。

最后，一定不能忘记带自己的身份证、工作证、结婚证等证件，如果是大学生情侣，你们的学生证也是必不可少的。如果到国外去旅行，则别忘了带上你们的护照和签证。

日常用品

地图、车船时刻表、毛巾、牙刷、茶杯、水壶、小刀、指甲刀、开罐器、针线包、剃须刀、卫生纸、照相机等。

帮助你们更加“登对”

情侣们千万别忘记了这个穿情侣套装的机会，这个时候，你们走到哪里可都是拉风的场景，晒晒甜蜜，感受一下当地的人们对你们的祝福和歆慕，是很开心的事情。

照相机

在美景中留下你们的倩影，甜蜜的瞬间，浪漫的记忆，是很不错的。在时间磨白了之后，看到你们当时笑靥如花的二人，就如同将美好的情境又重新营造出来。如果能拿个DV记录一下，那将会更加鲜活。

别忘了化妆包

女孩子们都在意自己的形象，特别是和自己所爱的人在一起共度甜蜜时光的时候。各种各样的化妆品可千万不能因为沉重而不带，这可是对自己的不负责任啊。比如夏季出游带一瓶防晒指数适当的防晒霜。

药品

个人药品是旅行时行囊中的必备品，根据各自身体状况，可以带一些相应的药品，如乘晕宁、息斯敏、感冒通、泻痢停等。若盛夏出游或逢南方梅雨季节，勿忘带雨具、风油精、人丹、万花油等。

晕海宁：防治晕车、晕船、晕机。

板蓝根冲剂：防治感冒。

SMZCO：抗菌、消炎。

牛黄解毒丸：清热解毒（用于牙龈肿痛、口舌生疮等）。

复方甘草片：镇咳、化痰，用于气管炎、支气管炎。

胃舒平：用于胃炎、胃溃疡、胃酸过多。

复方颠茄片：用于肠胃绞痛、恶心呕吐等。

大黄苏打片：通便、通气、助消化。

扑尔敏：用于风疹块、虫咬皮炎、水土不服、失眠等。

伤湿止痛膏：祛风除湿、化淤止痛。

宝珍膏、狗皮膏：重度跌打扭伤。

护创膏：包扎外伤性开放伤口，止血和防止感染。

眼药水小瓶：用于结膜炎、眼睑缘炎、角膜炎等。

双氧水小瓶：消毒防腐，清洗化脓性疮口。

红药水小瓶：皮肤消毒。

绷带、胶布：外伤时包扎（胶布还可治疗冬天皮肤皲裂）。

人丹：防暑，夏日必备。

清凉油小盒：防暑、醒脑、止痒。

红花油、白花油小瓶：用于蚊虫叮咬、跌打损伤、无名肿毒。

云南白药小瓶：用于跌打损伤、外伤出血、月经不调等。

黄连素：用于痢疾、肠炎、腹泻等。

贴心篇

私语

1.说给女孩子听

（1）在酒店住宿方面不要过分省钱，这将直接影响到旅行的感觉。还应注意，尽量不要在小旅馆投宿，人杂、房间狭小很容易影响心情。

（2）尽量避免经期旅游，在旅行途中注意节制一下性生活，勤洗换内裤。

（3）在旅行中千万不能只忙着观光采购，把行程排得很满。一定要留出一些时间与另一半享受这个假期的欢愉，创造旅途中的惊喜。

2.说给两个人听

（1）线路选择一定要合适。尽量不要重复线路，不要选择行程较长的，途中交通工具以乘坐火车为佳，还有就是尽量选择一点能辐射很多景点的线路。

（2）旅途中一定要注意安全，不要忘情地沉浸在二人的小幸福中，而不记得身在旅途。如忘记正在攀登山峦的台阶，导致摔伤；或在冬季不留意气温变化，出现冻伤。

（3）在乘车、乘船的时候也要注意安全，途中不要把头、手伸出窗外。如果晕

车晕船，选择车船的前方中央座位，可减轻船车之晕，必要时需要服用晕车药。

（4）在旅行途中，注意休息，禁烟酒，不能过分疲劳。在饮食上一定要注意卫生，切忌暴饮暴食，口味宜清淡而富营养，少吃生冷油腻食物，以免发生肠道传染病。

（5）坚持避孕，旅游一路劳乏不宜受孕。从优生角度讲，新婚后性生活频繁，精子质量不高，对胎儿的健康发育不利。此外，不注意性器官卫生或适逢新娘子月经期，很容易导致感染尿道炎、膀胱炎、肾盂肾炎、子宫内膜炎等蜜月病。

省钱玩好策略

1.当地交通摸透透

“走到哪儿算哪儿，只要身边带足钱就行了。”这种想法对于情侣旅行来说是非常不负责任的，而且会花费大把的金钱。应该先将行程安排好，把当地的交通吃透了，才能真正做到游刃有余，让女孩子在外地也能感受到你的安全感，也能避免被人“宰”的风险。

此外，二人到国外旅行，一定要将机票、酒店预订好，在国内将机场接送、当地交通、景点门票、当地一日游等大大小小的旅游消费项目进行预付，以便减少不必要的支出。

2.选择淡季

选择淡季旅行，是个省钱的好方法，这个时候景区清静，机票多半能享受到打折的服务，而且门票和住宿上也有优惠。除此之外，此时旅行最重要的还有清幽，仿佛这片天地都是你们的。

暖摄影工作室供图

值得留恋的邂逅地
Zhide Liulian de
Xiehoudi

丽江古城一角

001 丽江古城

挚爱在这里绽放

云南省丽江市。

恬静而优美的丽江总会留住所有人的脚步，古城的优雅，玉龙雪山的秀丽挺拔，都给人们美的感受。对于情侣来说，这里有属于你们的特别的甜蜜。据说每年秋分是日月同辉同映的日子，只有在特别偶然的时刻，才能看到有一米长的阳光照在山顶，而被这道阳光照耀到的人就能拥有一世不变的爱情。也许，这一瞬间的奇迹很多人一生也无缘得见，只是一种传说而已，但丽江古城的美却适合你带着自己的恋人来这里悠闲度假，营造属于你们的那份浪漫。

当你们在小旅馆的露台上相拥着看雪山环抱时，白色冰川、绿色峡谷、瀑布巨响、杜鹃花还伴有远处的木棱房里不时传出的藏族姑娘的歌声，就是在为你们的爱情赞美歌唱；当你们牵手漫步四方街享受夏日午后慵懒的阳光，时光在不经意间缓缓而逝，心中就会有神仙眷侣的生活也不过如此的感慨；当你们沉醉于听纳西古乐感受着古老的韵律之时，不妨亲自拿起乐器，感受一下这古老的乐调，为你的挚爱弹上一曲属于你们的情歌。

便利贴 Tips

1 甜蜜侣行时间

秋天是丽江最美的季节，适宜的温度，秋高气爽的天空、色彩缤纷的树木和花朵，映衬着远处的玉龙雪山令人心旷神怡。夏天，小桥流水人家，潺潺溪水从雪山积雪融化而来，如此清澈，清凉。

2 预计侣行天数

两天的时间会为你们的浪漫温馨之旅画上圆满的句号。

△丽江的古城建筑、古朴的院落民居都是享受爱情的好地方.

“小桥流水人家”原本是用来描述姑苏民居风貌的，但当你走进丽江古城时，你会发现，这里更多了人与自然的和谐；当你携爱侣登高凭胜，观古城地势时，会发现它巧妙地利用了地形，避开了雪山寒气，接引东南暖风，藏风聚气，占尽地利之便；当你携爱侣临河就水，观古城水情时，它充分利用泉水之便，主街傍河、小巷临渠，使古城清净而充满生机；当你携爱侣走街入院，欣赏古城建筑，古朴的院落民居，房屋构造粗犷，庭院布置和房屋细部装饰丰富而细腻，居民喜植四时花木，形成人与自然的美好和谐；入市过桥，纵览古城布局，自由灵活，不拘一格，民居、集市、道路、石桥、木桥、花鸟虫鱼、琴棋书画、民风民俗，生发出无穷意趣，使古城独具魅力。

在丽江这座人文小城中，山水相依，形成了“家家临溪，户户垂柳”的特有风采。脱离了城市的繁华，摆脱了工作的压力，和爱侣旅行至此，在明亮的阳光下，总会看到亲密的情侣相拥而行的背影。或许N年前你们曾在此相识，那就带上当初的感觉，带上你的挚爱重温那曾经的浪漫。

丽江古镇的质朴象征情感的纯真，小资的情怀体现浪漫的爱情；和谐自然，原来幸福就是这么简单。大妍古城有五彩石铺成的街道，流淌的泉水会绕过每一条路……悠闲的丽江会留住所有人的脚步。

最浪漫的事

1.跟着纳西小伙去“抢婚”

和爱侣来到丽江旅游，除了陪心爱的人看美景之外，还要做些浪漫的事。纳西族的抢婚绝对会给你们以不同的享受。这需要小伙子勇敢些，掌握纳西族抢婚的规矩后，以独特的方式再追求一下自己心爱的人。不过值得注意的是要情侣两人配合，可不要把自己的爱人放在一边噢。和和睦睦，亲亲热热地生活在阳光明媚的玉龙山下，你们会更加相爱。

2.相拥于露天阳台上看雪山

与爱人相拥在宾馆的阳台上，遥望远处的雪山，看雪峰下高山草甸，牦牛在广袤的原始森林旁悠然散步，依次开放的杜鹃花。看玉龙雪山主峰被云雾缠绕，悠扬的藏族歌声在风中渐远渐近，一种梦境般的感觉使你们心有灵犀。

3.在客栈里浪漫温馨度时光

在丽江住宿，你们会有和在其他地方不一样的感觉。每一处旅店几乎都能体现纳西风情，都能为你营造浪漫的气氛。如若你不在丽江特色客栈一住，那你们的这次爱的旅行就要失色不少。丽江客栈，有幽静典雅，温馨浪漫的纳西小院；有闹中取静，享受阳光的夫妻小屋；有宁静优雅，舒适自在的临水小院。当然值得一提的是，如果你愿意，可以亲自为男友做上一顿拿手好菜，在烛光下，二人对坐，品着普洱茶，听着温馨的音乐重温一下那浪漫的情调。

丽江，每一处旅店都能体现纳西风情，幽静典雅、温馨浪漫，在小旅馆的露台上相拥着感受丽江的魔力吧！

玉龙雪山

侣行资讯

甜蜜交通

美好的旅行需要一个交通的保证。丽江已经和很多重点城市开通了航线。去往丽江，可以选择从昆明乘飞机（40分钟）或高快客车（约9小时）直达丽江，也可以选择乘火车到大理，然后再乘高快客车到丽江。丽江有四个长途客运站：丽江市客运中心、丽江市高快客运站、丽江旅游客运站（云南省旅游汽车公司丽江分公司）和古城口玉缘桥停车场（多为夜卧客车），主要是去往昆明的长途大巴。

丽江市内的出租车许多起价为6元，其后每千米1.6元。丽江古城内有很多提供自行车（统一为山地车）的服务。和爱侣骑上自行车也是很浪漫的事。

双栖双宿

甜蜜的旅行当然要有一个温馨浪漫的住处才对得起你心中的她。在这样美丽的景色里，浪漫温馨的宾馆随处可见，包你们不会受到外界的干扰，使你们会有烂漫的享受。丽江古城五一街上的无名小筑，这些各色鲜花和翠竹交映的散发着阴柔魅力的小院子，展示出了生活情趣和品位。这里的住宿都体现古城的风韵。我行我宿客栈（总机0888-5137080）客房布置温馨，舒适，深得小资一族青睐；好运客栈（丽江古城忠义西村，5号，电话0888-5126955）既可放眼雪山还可静听流水。

食在侣途

在外旅行的小伙子们千万不能让自己的爱侣受饿，别忘了牵着她的手去品尝丽江的美食。鸡豆凉粉、米灌肠、丽江粑粑、蜜饯、三文鱼、纳西烤鱼、纳西烤肉、过桥米线等特色小吃都会让每对情侣流连忘返。在花马街德庄、五一街等地都能够吃到这些美食。

快乐购物

丽江虽然称不上是购物的天堂，这里的商品也称不上琳琅满目，也绝非时尚的前沿，但来到这里，逛着逛着，你的目光就会被那一个个别致的小玩意吸引，购物欲望不断被挑逗。当最后一道防线被瞬间攻陷后，你也就陷入了疯狂，并且乐此不疲，对女人来说更是如此。当然男人不要吝啬自己的钱包，为心爱的她买上一些民族工艺品和小挂件以满足她的小小要求。披肩、裙子、茶叶、木雕等在四方街、古城内都能买到。

侣行提示

丽江市客运中心问讯　0888--5121106
丽江市高快客运站问讯　0888-5169758/5140888
丽江旅游客运站问讯　0888-5125492
丽江机场问讯　0888-5173088
民航丽江站　0888-5128088

002 阳朔

浪漫在温馨古街

广西壮族自治区东北部，桂林市区东南面。

有山有水有古街的阳朔，出出进进的情侣不计其数，还不乏许多外国情侣，在这里，久经压抑的情侣可以尽情的释放一下。观赏古街的奇异风情，乐趣融融，情意也浓，也是一次痛快的出行。

提起阳朔，曾有人这样评价它，“桂林山水甲天下，阳朔山水甲桂林”。看来阳朔的美景确实很棒。阳朔有百里山川，处处奇山秀水，优美的自然景观与淡雅的人文景观交相辉映，被誉为“天上人间旅游乡”。阳朔的漓江山水大约绵延一百多千米，山光水色是阳朔漓江风光最精致的部分，可谓是精华。境内有世界奇观的莲花岩、抛绣球定情的千年古榕、月洞奇观，还有被誉为“小漓江”之称的遇龙河等。国内外游客都对这些美景叹为观止。

阳朔还有一个美丽的爱情传说。据说，从前有个人叫慧娘，她原来是阳朔县城里的大家闺秀，从小聪明、贤淑，并饱读诗书，而且琴棋书画、针脚刺绣都样样精通，是个难得的才女。而她的丈夫只是自小父母双亡的穷小子，但他为人忠厚老实，有一身好武艺。有一年城里举行

便利贴 Tips

1 甜蜜侣行时间

夏季遇龙河水量充沛，漂流赏景是最好的选择。秋季荡舟漓江，云雾缥缈，山峰朦胧可见，独显阳朔无穷魅力。5～10月是最佳旅游季节。

2 预计侣行天数

两天的时间会使你们的压抑释放在古街上，重新迎来你们激情。

阳朔山水甲桂林

阳朔市景

大比武，他过五关斩六将获得第一名，县太爷很赏识他便封他个武教头。慧娘慕名拜访，一见钟情，于是不顾家人的反对，与之结合了。慧娘的娘家，买通官府，把她丈夫的武教头职务给撤了。慧娘夫妻便回到老家。虽然过的是穷日子，但夫妻恩爱，习文练武互补，日子也还可以。不久，慧娘生下一子，取名“义仔”。后面发生的故事我们不用再去追说，仅他们的结合，就会使你们的爱情更加牢固。你们虽然年轻，但对于爱情的那份执著相信永不改变。你会用心去爱你身边的那个人。摆脱工作的压力听了这样的一段故事，你或许不再会因为对方的家境而顾虑了，你们将会放手去爱。牵手走在阳朔古老的西街，它会为你们做永久的见证。

阳朔西街的MM们很是养眼，但是帅哥们要注意了，既然带着女朋友出去旅行，就不要有太多溜号啊，那样的

话会让你们的爱情受挫的，我相信你也不想让来之不易的美好姻缘，因为一个不相干的女人而去生出一些误会吧。其实，侣行是一种放纵，走在阳朔西街上，你们可以尽情的跳，尽情的唱，释放你们的爱情。

阳朔是一个历史悠久的古城，唐诗有云：“城廓并无二里大，人家都在万山中”。整个阳朔，山拥江城。闻名的阳朔西街也是洋人街，便有这样的说法：“不逛洋人街，等于没到阳朔来。”这里是许多情侣来到阳朔都要去的地方，或许是太过压抑，到这里的酒吧和自己的那个她尽情的释放一下，颇有小资的味道。

带上你的爱侣，关掉手机与手提电脑，要一杯咖啡或茗茶，让美景与音乐陪伴，在阳朔西街悠闲地度过最惬意的一段时光，是一种难得的享受。

最浪漫的事

1.用对歌的方式向爱人唱出心声

对歌是壮族青年男女表达爱的一种方式，以歌表情达意，有意者便相互结识，作为“恋爱”的开端。你也可以用这种同样的方式在八月十五和壮族小伙一起到月亮山，向你的爱侣唱出你心中的爱意。如果你们刚开始恋爱，就用激越高昂的歌声给她一次独具一格的求爱；如果你们是热恋中的人，就用悠扬动听的歌声再次俘获爱侣的心。

2.两人同骑一辆自行车

在阳朔一对情侣骑一辆双人骑的自行车是一件十分浪漫的事。你们的爱就像这辆自行车，谁也离不开谁。骑着它你们可以尽情说笑在西街上，古街的风情也尽收你们的眼底。

3.夜间牵手漫步西街

如果你想和爱人真真切切的感受到西街的浪漫，那你们不妨在傍晚时分光临这里，这里将给您一份清新的感受和一种如痴如梦的感觉。相信这里的情调绝对会使你们为之陶醉。西街的酒吧很多，十分热闹，你们可以选一间酒吧找一个安静的角落坐下来，吃着阳朔的地方风味，看着形形色色的外国人，犹如身处国外，观赏着西街的奇异风情。其乐浓浓，情也浓浓，让人乐不思蜀。

4.选一件情侣衫为爱作见证

每一对情侣都追求浪漫，尤其是女孩子总希望自己的男友为自己制造些浪漫的事情。你们可到阳朔西街的弗雷斯特艺术画院，这里的文化衫成为独特风景，你们可以选一件白色T恤衫，盖上自己的手印或写上几个字。对于恋人，绝对浪漫得意味深长。

壮族青年男女对歌

印象刘三姐演出

侣行资讯

甜蜜交通

畅快的交通会让你们的浪漫侣行有着舒畅的心情。广州、深圳、梧州等地均有直达阳朔的长途卧铺客车。广东省其他大部分城市均有直达豪华大巴、卧铺客车经过阳朔再到桂林，可以在阳朔汽车站（阳朔县蟠桃路/0773－8822188）上、下车。另外，南宁有豪华大巴，从高速公路直达阳朔，只需4.5小时。北海、钦州、玉林等地也有卧铺车直达阳朔。还有很多从桂林至荔浦、平乐、恭城等地的车路过阳朔可乘坐，票价10元/人。

自行车是阳朔旅游最好的代步工具，可以选择轻便车、山地车，还有两人自行车，租费普通自行车5元/天、山地车10元/天，双人自行车10元/天，必须押身份证或者200元左右现金。一般下榻的酒店就有这项服务。

双栖双宿

浪漫的旅行需要有一个良好的休息环境作为保证，这样你们的旅行才会更加惬意。这里有都市村庄的宁静，有远离尘嚣的田园世界，有静谧温馨的家园，有古色古香的理想民居。花园居客栈（阳朔遇龙河风景区遇龙桥20号/0773－8775958）有木制九间客房，四周青山都掩映在水雾中，犹如人间仙境；采茶山庄（阳朔西街芙蓉路30号/13977331919）传统的南方建筑，古色古香让你眼前一亮；回家吧小客栈（0773–8822873）温馨舒适，喝着咖啡，不出国门就能听到各国语言。

食在侣途

在阳朔带着她侣行可千万不要错过品尝美食啊。阳朔田螺酿、漓江啤酒鱼、全州黄焖禾花鱼、荔浦芋扣肉、桂林荷叶鸭，都是很有特色的美食。品尝这些美食不用刻意地去找，这样的餐馆随处可见。在街边还有不少小摊。和自己心爱的人吃上一些，也是很惬意的事情。

快乐购物

购物或许是许多情侣出行必不可少的了。阳朔有很多售卖各式各样小商品的商铺，小东西如手镯、戒指，披肩，头巾等琳琅满目，还有各种独具民族地方特色、别致而不一般的手工艺品。有很多女孩子喜欢的东西，不妨让你的另一半给你置办一些，回去也可以向闺密炫耀一下。这些东西，在阳朔西街上都可以买得到，还有一些水果等土特产供你们选择。

同时可游

印象刘三姐

这是阳朔的世界第一部山水实景演出，你可以和爱人相拥到这里体验一下刘三姐歌圩景区的美景，可以不用走遍阳朔就能看到漓江的山水给人宽广的视野和超人的感受，让您完全沉溺在这美丽的阳朔风光里。

漓江

和爱人一起乘坐一条小船在漓江水面上划船慢慢前行，观赏沿岸的桃源仙境、鸳鸯戏水等景点。江岸的堤坝上，终年碧绿的凤尾竹，似少女的裙裾，随风摇曳，婀娜多姿。最可爱是山峰倒影，几分朦胧，几分清晰。俯看水中，真是“船在青山顶上行”。这些都会给你们的爱情增添不少色彩。

遇龙河漂流

遇龙河水清澈见底，一切都是静悄悄的，偶有飞鸟鸣聚，水车吱吱呀呀，旅游者可感受真正“诗境家园”的意韵。这里更平静，更舒适。漓江，江宽山高，让人赞叹；这里水小山小，两岸尽是田间树影，更轻柔些。有喜欢刺激的情侣可以一起在这里的河面上进行漂流，也是超级的享受。

清晨的西塘

003 西塘

梦里西塘很爱情

浙江省嘉兴市嘉善县。

有“吴根越角”之称的西塘，几千年来在江南水乡的散漫与宁静之中默默地守护，形成了古镇的寂寞和内向。直至今天，大都市的人们才感到：西塘的散漫与宁静充满了诗情画意。提起江南水乡，我们脑中都会呈现出一幅画面，暖暖的阳光柔柔的照在河面上，船夫摇着桨，唱着流传了不知多少年的小调，将船儿慢慢的从你面前划过；河两边坐落着富有江南特色的民居，一位千金小姐正坐在临河的亭楼边，轻轻地梳理着她那头乌黑的长发，似乎在想着心事；古街上的小伙子，饶有兴趣地和行走着的江南美女打情骂俏；不时有几个孩童嬉笑打闹着，从河边一阵风似地跑过。

西塘，这个有着悠久历史的江南名镇，也是江南最大的水乡古镇，它可以为你解读一下你印象中的江南水乡。

如果你怕游人纷繁的脚步踏碎了古镇的宁静，那就在秋水朦胧的季节，带上自己的爱侣早早的走进西塘，呼吸着西塘清新的空气，漫步在铺着青石板的好似无尽头的弄堂里，徜徉在白墙黛瓦的古宅旁，寻找小桥、流水、人家

便利贴 Tips

1 甜蜜侣行时间

春季的西塘繁花似锦，秋季的西塘烟雨迷蒙。无论何时，古镇都悠悠流淌着它的古朴温柔之美。4月西塘杜鹃花开，一片春意盎然，踏青临水，浪漫至极，这算得上是最佳旅行时间。

2 预计侣行天数

两天的时间虽然很短，但不会影响你们的甜蜜旅途。

的踪影。

和爱人在西塘侣行，一定要去感受一下千米长廊，比如，造型古朴的廊棚，这个廊棚，其实就是带屋顶的街。西塘的廊棚有的濒河，有的居中，位置不一，沿河一侧有的还设有靠背长凳，游玩累了可以坐下歇息。如果你们走累了可以相依而坐，感受一下古人对于爱情的追求和情调。廊棚沿河而建，连为一体，就是人们所说的“一落水”。它既可遮阳避雨，又可驻足观景，廊棚沿途还有小商贩贩卖各种物品。它们的造型很是别致，漫步其中，一种思古之情油然而生。

西塘有关于爱情的传说，如果你们是已经结了婚的情侣那不妨听一听。据传凡新婚情侣过此桥，男左女右，可求贵子。此桥名滴水晴雨桥，谐名“情侣桥”。前者能使人想起雨天的景象，在此小憩，喝上一杯岂不更好？桥上的坡，寓意男子走台阶步步高升，女子三寸金莲要小迈步，这意味着持家稳稳当当，老人们说：“新婚夫妇走一走，南则送子，北则来凤”，要是有婚后还未得子的，不妨也来走一走。国际影星《廊桥遗梦》的女主角梅利尔来到西塘时，也走了这座廊桥。现在每逢周末或节假日，就有当地戏迷在桥上自娱自乐，将江南水乡的休闲惬意和安静悠闲体现得淋漓尽致。而阿汤哥在白墙黛瓦间跳跃穿梭，在烟雨长廊间的飞速狂奔，他把西塘的美景，用《谍中谍3》带给了全世界，使世界认识了西塘。

情侣旅行都喜欢宁静的环境，西塘的宁静绝对可以为你们的爱情营造完美的空间，这里就像一个安静祥和的梦里水乡，敞开的咿呀的门窗，湖面上的渔船，老妇人们拉着家常，村姑们悠闲地在岸边淘洗，白发苍苍的老人们在桥岸上抽着旱烟，和爱人走在一个可以使人彻底放松的地方，这是一个远离尘世的世外天堂，仿佛梦幻。

最浪漫的事

1.牵手游走送子来凤桥

“滴水晴雨桥”被称为“情侣桥”。情侣来到西塘旅行当然要来走一走了，无论你们结婚了还是没有结婚，都可以在这里许下你们美好的愿望。桥顶有棚，红檐黛瓦，古朴又新颖。桥两边有护栏，且有方砖铺就长条座，如果累了，还可以坐下休息，观河中景色。

2.皮影馆里一起看“电影”

或许因为工作的忙碌，你已经很少陪她看电影了；或许你们已经看厌了繁华都市大屏幕上的电影。那就来到西塘便可以领略一下别具一格的电影吧！和爱人一起到乌镇的皮影戏院里，见识见识一下这种“乡土”电影。

3.夏夜西塘一起许愿

经过了白天的喧嚣，西塘渐渐进入了夜幕。傍晚时分，华灯初上。红彤彤的灯笼倒映在湖面，映亮了整个西塘镇。坐在景观船上，和爱侣买个许愿灯到河边许个愿然后让它随波漂远，河面吹来徐徐的清风，会不由得让人精神一振。坐在船中，看岸边游人如织，观水中映影如画，听樯橹划破水声，真乃“人在画中游，画在心中移”。

侣行资讯

甜蜜交通

到西塘旅游可先从上海、杭州、苏州乘火车到嘉善，再转中巴或打的前往西塘。从上海出发，可在铁路南站乘空调快速旅游专列到嘉善，40分钟即到。嘉善火车站距离汽车站（环北西路）步行5分钟的路程。到西塘的快客票价4元，半小时可到西塘，每5～10分钟一班车，末班车是18:00左右。火车站门口有很多拉客的小面包（最多坐7人）可以到西塘，30～40元一辆车。

双栖双宿

江南的景色宜人，住宿的环境会给情侣营造浓厚的温馨浪漫。大多客栈临河而建，静谧温馨，地道的农家菜，让您回味大自然的美味！喜欢垂钓的朋友一定要和爱侣耐心地感受一下临河垂钓的浪漫。西塘梅花苑客栈（嘉善县西塘镇北栅街86号）临水沿街，环境幽雅；静心客栈（西塘农家乐示范村）道路两旁杨柳低垂，景色宜人；阳光客栈（古镇西入口相邻/0573-84567553）风光宜人、流水潺潺、绿树成荫如天然氧吧。

食在侣途

侣行在此的情侣不仅可以吃到西塘的特色美食还能够听到浪漫的爱情故事，何乐而不为之？送子龙蹄、黄酒、荷叶粉蒸肉、八珍糕、臭豆腐、汾湖蟹、粽子、麦芽塌饼、鲜肉烧麦、薰青豆、蜜汁大头菜、白水鱼、蝉衣包肉均为西塘的特色小吃。钱塘酒家（永宁桥北）是很出名的，电视剧纪录片《孔乙己》正是在此取的景。

快乐购物

西塘的购物以土特产和具有乡土气息的手工艺品为特色。女孩子可以买一瓶嘉善黄酒犒劳一下你的爱侣，男孩子可以买一些蓝印花布、盘扣、中国结、民族饰品等送给你的她，让她感受到你的爱。在西塘百货大楼、中百二店、二轻商场、平川商场等都能买到。

同时可游

嘉兴南湖

用“湖烟湖雨荡湖波”来描述南湖的烟雨迷蒙景色真是恰到好处。春天，湖畔柔柳如烟；夏天，楼前荷花摇曳；秋天，满湖菱香四溢；冬天，琼宇银装素裹。嘉兴南湖（秀成区南溪路1号，从嘉兴火车站乘1路车可到达。电话0573-2532330）烟雨楼位于南湖湖心岛上，可乘游船前往。湖上画舫云集，歌舞不绝，堪称江南盛景。

乌镇

乌镇（桐乡市乌镇/0573-87112231）体现了小桥、流水、古宅的江南古镇风韵。这里是文学家茅盾的出生地，每年4月5日～29日在这里举行江南水乡狂欢节。茅盾笔下的“香市”场面在此重现，修真观戏台还有社戏表演。情侣可以参与其中，享受江南水乡带来的快乐。

004 珠海

情侣路上缘定今生

广东省珠江口的西南部，因位于珠江注入南海之处而得名。

宁静、休闲是人们对珠海的第一印象，因此这里很受情侣们的青睐。初到珠海的人会感到惊奇，长长的情侣路上，时不时都会看到一些充满喜悦的准新郎新娘选不同的地点拍婚纱照。珠海一直都有浪漫之地之称。你可以环岛全览亚热带风情，或当街品尝那原味鲜嫩的海鲜，或漫步在那绿树成荫的长街，还可以近海聆听那渔女唱晚。

在珠海有一条海滨“情侣路”，这里四季都有盛开的鲜花，有清新的空气，有恬静的生活，无不为你们的出行增添一份美感。悠闲宁静的“情侣路”是你们温馨细语诉说情话的天堂，“执子之手，与子偕老”已别无他求。珠海海泉湾也是情侣休闲度假的好去处，也许在不久的将来这里也会成为情侣求婚的圣地。

情侣路仿佛是珠海的城市名片，在青山绿水间沿着海岸曲折蜿蜒。火辣的阳光、柔软的沙滩、热乎的温泉、矮小的山峦、远处的海岛，珠海的自然景观处处充满着诗情画意，吸引着越来越多的中外情侣游客，把珠海作为自己

便利贴 Tips

1 甜蜜侣行时间

珠海气候湿润，冬天不冷，夏天也不特别热，清新的空气和优美的城市环境相互协调，一年四季都让游客流连忘返。

2 预计侣行天数

三天的时间或许有些紧，但是这影响不了你们浪漫旅行的心情。

△晚上的情侣路灯光点点，浪漫至极。

休闲浪漫度假的理想之地。和心爱的人一起来到珠海，无论是在月下的礁岩观潮听涛，还是在随风中的游艇漂海，还是在湖边静静的垂钓，总让你们对珠海流连忘返，有心旷神怡的感觉。

在情侣路上一直行走，似乎有些单调，你们肯定想更加的浪漫一些，林木葱郁，海水湛蓝，沙滩洁白细腻的东澳岛开放着胸怀等待着情侣的到来。这里是珠海吸引情侣的地方，和爱人一起在情侣路、蜜月林里种下爱情的树木，享受在花海中漫步的温馨、浪漫场景；和爱人一起来潜水，享受海中的浪漫刺激。

从浪漫的休闲海滩，到欧式的午夜酒吧；从人群鼎沸的娱乐广场，到宁静温馨的情侣路，都散发着珠海的浪漫。和情侣骑着单车沿海滨大道去银坑游泳；到唐家老祠堂拍拍照，吃老街人家柴火炒的菜、煨的叫化鸡；夜色里穿过树林越过田园到金鼎的官塘村，找到专门做茶果的佘家老屋，月光下依偎在老公的肩膀上坐在龙眼树下，吃碗热腾腾的手磨芝麻糊，谈些知心的话儿，是多么的舒心惬意。珠海不仅有美丽静谧的环境，还有格局齐整的民居建筑，有充满智慧的民俗文化，也有充满刺激的高擎半空表演和高亢激昂的民歌演唱。

和爱人一起行走在珠海呼吸着新鲜的空气，踏着柔软的沙滩，望着湛蓝的海水，看着独特的民居，听着激昂的民歌，你们肯定愿意相扶相携一直走下去。无论是细腻的沙滩，还是湛蓝的海水，抑或是甜蜜的情侣路，这些都不会给你们的爱情之旅留下遗憾。在这里留下你们美好的印记，若干年后想一想，仍会激情满满。

最浪漫的事

1.和她一起漫步情侣路

情侣路沿海铺建，曲折蜿蜒，流淌着万种风情。在漫长的情侣路上，牵着心爱的人的手轻轻漫步，一边说着悄悄话一边向前走，没有人会去打扰你们，这里就是你们的世界。曾有一对恩爱的夫妻携手在这里深情而又浪漫地走着，因此叫情侣路。

2.一起徜徉南澳湾畔

情侣们可以早起到南澳湾滨海广场进行晨练，享受着清晨南澳湾的静谧安详，大海碧绿、空气清新、海风凉爽。小孩子乐陶陶地在秋千上摇晃，在软梯上追逐，一旁的老人大多在打太极、做健身操。美丽的月亮湾像一个刚刚睡醒的少女，睁开惺忪的双眼，静静地注视着眼前的一切。一位老人说，只要不下雨，他每天都要到那进行锻炼，从不间断。呼吸着清新的空气，沐浴着凉爽的海风，使人超脱忘形，人也好像年轻了好多岁。看到这些听到这些，你们是不是有种幸福的感觉？

3.迎着清爽的海风相拥在酒店阳台

和爱侣一起站在靠海酒店的阳台上放眼望去，海滨碧绿的草坪，漂亮的酒家，归航的渔船，波涛之上的水上人家，整个融于湖光山色之间，形成一道无比亮丽的风景线，让人不由自主地想到王维的山水诗般的优美。闭上双眼，尽情享受海风从你们肌肤之上掠过的丝丝凉爽的感觉，真是美哉！

珠海渔女

侣行资讯

甜蜜交通

从广州坐大巴1个多小时即可到达珠海。珠海机场在三灶岛上，毗邻航天城，距离市区40公里，已开通飞往全国30多个城市的航线。珠海机场每一个航班到达都会有一班车到市区，20元/人。如果乘坐的士，可与司机讲价，价格为50元左右。珠海长途客运站位于香洲紫荆路59号，是珠海最大的国营长途客运站，这里交通方便，旁边就是市区公共巴士站。

珠海的九州港是华南地区与亚太地区的海上交通枢纽，与省内外各大港口及香港、澳门直接通航，每天都有船班往返于香港、深圳和珠海之间。

双栖双宿

在珠海住宿是为了和爱侣享受一下海边的美和浪漫。酒店的建筑风格各有千秋，多为依山傍水的园林别墅，环境幽雅别致。集海景山景于一体的珠海度假村、依山傍海的海湾大酒店、富有现代感的银都酒店、别具西欧风格的石景山旅游中心等酒店都是理想的下榻之处，客房舒适，窗景别致，服务设施一流，会让你们住得非常舒适。住宿银座艺术酒店（珠海吉大区海滨南路68号），优雅漫步海边，感受珠海浪漫之城的氛围；珠海星城大酒店（吉大景山路88号）毗邻九州港，交通十分便利。

侣行提示

珠海长途客运站电话　0756-2225345/2225637
歧关长途客运站电话　0756-8896521
拱北长途客运站电话　0756-8888554/8888887-2240
珠海机场售票处　0756-7771840/7771841
珠海机场问询处　0756-7771111
珠海机场服务投诉　0756-7771138
广州火车站珠海售票处电话　0756-3367521
诚海火车站售票处电话　0756-3362270
广铁售票处电话　0756-2253826
珠海九州港售票电话　0756-3333359（国内航线）/0756-3332113（香港航线）

食在侣途

当情侣来到珠海游玩即已被这里的美景所吸引，那么我相信你们也会被这里独到的美食所吸引。对住在内陆大都市的青年情侣来说，在这里品味美食绝对不会再羡慕平时吃山珍海味的大老板了，因为在珠海有这样一句话，“住海边、玩海面、吃海鲜”。珠海膏蟹、南屏脆肉鲩、麒麟鲈鱼是不容错过的。在拱北迎宾北路沿线、香洲沿河路至唐家湾、九州港路段、新香洲怡华街等四条美食街，都是叫座又叫好的。

快乐购物

在珠海侣行购物不是什么难事，商场众多，特产大多为与海有关的东西，不妨带回一些，为你们爱情的小屋增添几分来自于海洋的味道。

同时可游

御温泉

带上心爱的人一起去御温泉度假村，泡一下温泉，缓解工作带给你们的压力。珠海的温泉众多，各温泉池依时辰改变而变化，妙趣缤纷。你可以让爱人泡一下六福汤“N”次方温泉，加料可以美容养颜、补气养血、预防感冒、清热泻火、舒筋活络、润燥祛湿。相信你的女友会越来越漂亮。

飞沙滩

飞沙滩（珠海西部高栏岛的东南部）两边青山相抱，怪石相拥，每逢夏天雨过天晴，缥缈的白雾像白纱缠绵在半山间。沙滩松软明亮，海水水质极好，碧波浴日，是飞沙滩的主题。在这里你可以陪爱人冲浪、戏水、做渔民、沙滩野营、垂钓、玩沙滩排球等，在你的爱人面前一显好身手。

庐山云雾

005 庐山

丰满爱情上庐山

江西省北部的阳湖盆地，九江市庐山区境内。

横看成岭侧成峰，
远近高低各不同。
不识庐山真面目，
只缘身在此山中。

——苏轼《题西林壁》

日照香炉生紫烟，
遥看瀑布挂前川。
飞流直下三千尺，
疑是银河落九天。

——李白《望庐山瀑布》

提起庐山，不知道有多少人在赞美它，从不同角度，在不同季节都能找出它的美，而每个人的诗句都勾画出了不同的庐山画卷。这也让很多人对庐山心驰神往，情侣们也不例外。是庐山的温柔造就了《庐山恋》，还是《庐山恋》造就了庐山，这些似乎已经没有人去追寻了。庐山那种步移景异的温柔，促使爱情苏醒、浪漫、忠贞，一直到丰满。

便利贴 Tips

1 甜蜜侣行时间

春季花园内繁花似锦，曲径通幽，湖光山色；夏季秀峰的山峰玲珑秀丽，风光旖旋，银河直落九天；秋季锦绣谷中千岩竞秀，万壑回萦，令人陶醉；冬雪庐山，诗意唯美，浪漫逍遥，寒山暮色，嗅春天的味道。夏季避暑观瀑布的好去处。

2 预计侣行天数

山水情缘两天游，爱情唯美愿长久。

近年来，或许是因为庐山的优美景致，或许是庐山的爱情元素吸引着一批艺术家们重返庐山，重新拍摄新版的《庐山恋》，我们都很期待，将会有什么样的爱情再次上演？不管怎么说，庐山无时无刻不充满着浪漫气息。

各地的情侣们纷至沓来，或许是被庐山的雄奇秀拔、云雾缭绕所吸引；或许是被《庐山恋》里的爱情故事所感染；抑或是青年情侣想用一种共历艰辛的经历拷问爱情的想法所支撑。无论是因为什么，这里都是情侣们不可错过的地方，他们牵着手到庐山脚下，相互扶持向山顶攀爬。虽然满脸已经溢满汗水，但他们在爱的激励下，勇于攀向山顶。

在清幽凉爽之时，与心爱的人一起在庐山游览，寻找电影中出现的景点，演绎一场属于你们的庐山之恋吧。锦绣谷谷隐深翠，四壁云山，对于情侣来说，不要在这里邂逅艳遇。这里是情侣谈情说爱的绝佳胜地。这里花径桃花盛开，芳香溢满山间，因此而成为白居易“人间四月芳菲尽，山寺桃花始盛开”吟诗的地方，与情侣在“雾里看花”犹入人间仙境。

“春如梦、夏如滴、秋如醉、冬如玉”，庐山在每个季节都有着其独特的美景。传说中的天桥，游人和情侣们或蹲或立于巨石前端，以远处悬崖作背景，利用视差可以拍得一张感觉惊险的“天桥留影”；置身于仙人洞，看石上刻的“纵览云飞、豁然贯通”八个摩崖大字，再看石下乱云飞渡，如入仙境，毛泽东有诗云：“天生一个仙人洞，无限风光在险峰”；在多雨时节，三叠泉的飞瀑如激怒的玉龙，冲破云天，凌空飞下，青云翻滚，雷声轰鸣，令人叹为观止。这样美好的景致，怎能没有纯洁的爱情来点燃呢？

情侣们踏着熹微的晨光登上望鄱亭，倚栏远望那一望无边的鄱阳湖上，揭开了红色的天幕，九天之外的密密云层，被霞光印染，如同一大片重重叠叠的金鳞，一轮旭日从烟雾轻薄的湖面揭开纱幕轻盈而出，染红了蓝天、碧水、青山、近岭，也染红了你和她。

在庐山和心爱的人一起远眺云海，感受庐山云海翻滚的雄伟景象

最浪漫的事

1.亲身体验西式婚礼

如果你们是不甘寂寞的游客，想要在庐山留下浪漫的记忆，可以到庐山上的百年老教堂里，参与到西式婚礼和异国风情舞蹈等各具特色的互动娱乐节目之中，享受亲身体验的快乐。在游览中，你们可以牵手坐在透着强烈异国情调的酒吧，一边把酒品茗喝咖啡，一边欣赏浓郁怀旧风格的乐曲和歌舞表演。

2.天合谷里祈愿

这里是被誉为天人合一的爱情福地，天合洞府、盟誓石、许愿池等就在你们的眼前，你们可以享受二人世界的快乐，在这里你们可以为爱情许下美好的愿望。或许许多年后，你们的爱情犹如优美的诗章那样动人。

3.重温《庐山恋》

和爱人一起到山上，走进电影院，一起看《庐山恋》，或许你们以前没有看过，那就现在感受一下纯真年代的纯真爱情；如果你们以前看过，那就重温一下唯美爱情中的甜蜜。在清幽凉爽之时，与心爱的人一起在庐山游览，寻找电影中出现的景点，演绎一场属于你们的庐山之恋吧。

在充满西洋风格的百年老教堂里，可参与西式婚礼和异国风情舞蹈等各具特色的娱乐节目互动。

侣行资讯

甜蜜交通

九江市区长途汽车站（九江市庐山路173号）有上山的中巴、大巴，基本半小时一趟，票价9元；从九江机场直接打车到庐山风景区，约需100～150元。九江客运码头旁有去庐山的中巴，甘棠湖烟水亭附近也有"庐山一日游"中巴。南昌长途汽车站每天有开往庐山的班车，其中早上8:25有一班中巴上山，旅游旺季增加班次，上山票价36元。

双栖双宿

和爱侣在庐山侣行当然要住在山上才更为浪漫，夜观庐山又是一番情趣，体会一下"不识庐山真面目，只缘身在此山中"的意境。当然庐山脚下也有一些旅店可供情侣选择。新世纪宾馆（庐山大林勾路62号/0792-8282003）花径相对，毗邻锦绣谷，风光秀美环境怡人；庐山宾馆（0792-8282060）环境幽雅的园林式别墅建筑；云天饭店（0792-8288840）环境幽雅，交通便利。

食在侣途

庐山的"三石一茶"，可算得上是世间罕有的美味，在庐山要吃到这些东西可不便宜。但是看完美景后，又加上是和爱人一起来的，为了爱情就破费一下也是蛮不错的回忆。庐山云雾茶味醇、色秀、香馨、液清；庐山石鸡体大肉肥味美，庐山石鱼细嫩鲜美，味道香醇；庐山石耳营养价值极高，是一种高蛋白滋阴润肺之补品。还有庐山鲜笋，是难得的保健美容食品。这些美食一定要品尝，不仅美味还有大补的功效啊。

快乐购物

女士可以为你身边的那个爱人买一些庐山云雾茶带回去，让他在工作之余感受到来自于你的爱。不过购买时要注意分辨真假。牯岭中心更有一整条商业街，商场酒楼林立，各类商品俱全，景点也有供游客购买纪念品的场所。

同时可游

浔阳楼

浔阳楼（九江区浔阳区长江边，市内乘5路公交车即到）看过《水浒传》的游客都知道宋江在这里题了反诗后被逼上水泊梁山。因此这里名声大噪，这里的建筑风格也是依《清明上河图》而设计的。一起在其中游览，就像你们自己也在《清明上河图》的画中行走，好不惬意。

爱莲池

爱莲池（星子县原南康府衙故址东侧）因周敦颐《爱莲说》而被人们所知，盛夏之季，牵着爱人的手漫步莲池畔，莲花盛开，微风悠悠，清香扑鼻，似步入清凉之世界，心旷神怡，悠然自得。

庐山西海

有千仞壁立的悬崖、直泻入湖的飞瀑、诱人欲浴的温泉、天赐独特的黄荆大瀑布、天葬坟、朝天简、6亿年前自然形成的重5吨的"人鹤共舞"奇石等景点。你可以陪伴着她来这里共泡温泉，一同去峡谷漂流寻求她想要的那份刺激。

006 三亚

遇之天涯，爱之海角

海南岛最南端，是海南著名的热带海滨旅游城市和海港。

“我愿陪你到天涯海角！”这一句浪漫的承诺，不知被多少情侣在花前月下耳鬓厮磨时说过，那么现实中的天涯海角就一定不要错过了。在三亚侣行，到天涯海角，这里四季常青，风光宜人，景色优美，也祝愿你们的爱情犹如天涯海角永断守，犹如这里的天气无论何时永常青。

传说中的“天涯”、“海角”两块石头本是一对恩爱的男女，由于家长的反对，于是两人携手私奔，来到这个海滨，可是又发现前面是茫茫大海，无路可逃。这对青年恋人又想终生厮守，于是在家人的追逼下立即变成了石头。天涯海角石便从此伫立于此。从那以后，相爱的人都很愿意来到这里面对大海，许下爱情的誓言。

蓝天、碧海、阳光、沙滩，远离都市的喧嚣，与相爱的人依偎在天涯海角的海边，享受着海风的吹拂，回味你们许下的海枯石烂的誓言；躺在和煦阳光下的海滩上，与爱人说着情话，晒一个美美的日光浴；与爱人相拥走在椰梦长廊上，看着海边嬉闹的人们，远望着碧海蓝天，畅想

便利贴 Tips

1 甜蜜侣行时间

秋季时节，即使地球其他角落寒流来袭，这里仍可以穿着夏装、沙滩鞋在阳光充沛的海滩悠闲漫步，浸润在暖暖的海水中，吃着热带水果，享受着天涯海角的浪漫。

2 预计侣行天数

两天的时间会使你们的爱情长长久久。

△在三亚滨海游乐场里一起享受SPA吧

一下你们爱恋的甜蜜。其中的韵致，恐怕只有你们两个人亲身体会才能说出来。

三亚的海滨碧水蓝天一色，蓝天烟波浩渺，海面帆影点点，岸边椰林婆娑，远处奇石林立，那刻有“天涯”、“海角”、“海判天”、“南天一柱”等巨石耸立海滨，威风八面，使整个景区如诗如画，美不胜收。

亚龙湾海滩的海最美，天最蓝，一边在海边捧沙玩水，穿梭于椰林之中享受椰林海韵、碧水蓝天的无边美景，一边品尝着各色丰盛的热带水果。情爱，赤裸裸的灼热，像热带海滨的热情，而大海，更是以无限包容的胸襟接纳着四海宾朋，给人们以无言的感悟。如果尚感不足，还可以一起体味一下潜水的快乐，像一条鱼一样游弋在珊瑚礁的海底世界里，体验一下向你的情人在海底说爱的浪漫。这里的海底静悄悄，似乎专为你们的爱情制造安静。

海水浴场、钓鱼台、海上游艇，以及由现代建筑和仿古典传统园林式建筑风格相结合的“天涯购物寨”、“天涯民族风情园”、“天涯漫游区”、“天涯画廊”、“天涯历史名人雕像”等赫然屹立在海角景区，无论你是刚刚恋爱还是处在热恋之中，迷人的景色都会令你们目不暇接，流连忘返。

洒满阳光的海滨充满浪漫，天涯海角令情侣心驰神往，每年的天涯海角婚庆节上，都会吸引来自世界各色皮肤的情侣们在此举行结婚仪式，颇为浪漫。拥有阳光、沙滩、海水等自然资源的三亚，不仅是海内外的数百对情侣前来喜结良缘的圣地，还吸引着其他游客的目光。如果情侣们在三亚有一次温馨浪漫的天涯婚庆之旅的经历，恐怕是你们这一辈子最浪漫的事。而所有情侣们来此结婚都似乎有不约而同的一种想法，那就是“情定天涯海角，相爱白头到老”。

最浪漫的事

1.与爱人一起走天涯海角

许多情侣来到天涯海角漫步，很多都不愿意走到头的，传说如果走到头了，就表示你们的爱情便会终结也不会有什么进步。当然这只是一种传说，情侣们来此便可以依照自己的心中想法和爱人一起前行。

2.依偎在海边的沙滩上

来到天涯海角，即使你们什么也不做，靠着自己的男友躺在海边的沙滩上，望着碧海蓝天，晒着和煦的阳光，享受着海风的吹拂，捧起柔柔的细沙让它从指间滑过，和他说着情话，这种浪漫的感觉或许只有你们自己心里知道其中的甜蜜。

三亚蜈支洲岛蓝天、碧海、白沙、椰林的美景，让无数情侣为之痴迷

侣行资讯

甜蜜交通

三亚凤凰国际机场目前已开通上海、北京、天津、广州、港澳、西安、乌鲁木齐、重庆、成都、贵阳、桂林、哈尔滨等地的航线。 三亚新火车站位于市郊荔枝沟，市区乘坐204路公车可到。票价1元/人。还可乘坐出租车前往，市区到达火车站的车费一般在10～15元以内。市内有中巴、面包车、出租车均到天涯海角。

双栖双宿

在三亚住宿，滨海的优美都会让人留下深刻的印象，海滨旅馆环境宜人，家庭旅社有种家的感觉，还经济实惠。碧海蓝天小区能看到海景；凯宾斯基度假酒店有私家沙滩；“快乐自由人”海边驿站（鹿回头村，悦榕庄国宾馆（面向大海）左侧）环境十分秀丽安静。

食在侣途

在这里吃海鲜贵在它的营养价值，较受欢迎的海鲜吃法有蒸海胆、蒸带子、鲍鱼仔、生吃龙虾、花蟹滚粥、椒盐赖尿虾、清蒸石斑鱼和苏眉鱼，还能吃到各种好吃地道的三亚菜。三亚市区及大东海和亚龙湾则以酒店自助餐为主。

快乐购物

情侣在三亚游玩，购物是避免不了的，在海南可以购买一些热带水果和与海有关的东西，羊栏水晶矿的石头是给恋人最好的礼物。夏日百货、一方百货、天鸿商场、明珠广场、天成货仓、旺豪超市、解放路步行街等多处购物中心，为市民和海内外游客提供了丰富多样的选择。

同时可游

鹿回头

鹿回头三面环海，以“情爱文化”为主题定位，素有“南海情山”的美誉。这里流传着一个美丽动人的爱情传说：相传古时候，有一位黎族青年从五指山追赶一只美丽的坡鹿来到南海之滨，前面悬崖之下便是茫茫大海，坡鹿无路可走。青年正要张弓搭箭，忽见火光一闪，烟雾腾空，坡鹿蓦然回首，在九色光晕中变成一位美丽的黎族少女，刹那间感动了黎族青年，于是两人倾心相爱并结为恩爱夫妻定居下来。或许是因为鹿回头的美丽爱情传说，这里很多人工景点都在努力激发人们对爱情的无限向往和坚定不移。一见倾心、爱、山盟、夫妻树、海枯石不烂等都能触动你和爱人的心弦。

大小洞天

洞天福地、海山奇观、福寿南山是大小洞天（崖城镇南山村，市区西40千米）的特点。风景区内至今仍有“小洞天”、“钓台”、“海山奇观”、“仙人足”、“试剑峰”等历代诗文摩崖石刻。与情侣在这里一起看美丽奇景也是美妙无比。

亚龙湾

亚龙湾集海洋、沙滩、阳光、绿色、新鲜空气于一体，海水清澈澄莹，是著名的滨海浴场和潜水圣地，有蝴蝶谷、海底世界等景点。和爱侣一起在海底世界里私语是很别具一格的浪漫之行。

007 西贡

南国的青木瓜之味

湄公河三角洲的东北侧、由同奈河、西贡河和威古河形成的一个三角洲上。

西贡，又名胡志明市。虽然它并不是越南的首府（河内Hanoi），可是它却以独特的魅力和活力，使得越南的风情被"无情"的展露而出。在踏上越南的旅途前，很多人对于此的印象，一直都源自于世界闻名歌剧《西贡小姐》，或是梁朝伟的《三轮车夫》，抑或是梁家辉的《情人》，或是充斥着隐秘爱情的青木瓜国度，或者是还停留在饱受战争摧残，殖民统治色彩浓重的越南。

记得，杜拉斯15岁半的那年要穿越湄公河去西贡，在船上偶然遇到一身白色西装的梁家辉性感的眼神，湄公河畔便滋生出了一段隐秘而狂热的爱情；还有《青木瓜之味》中，夏日的清晨多美好，阳光多美妙，满园的笨拙的青木瓜静静的垂挂，乳白而又淡淡清香的青木瓜汁慢慢渗出来，每个人都会被这种单纯、恬静的感觉打动。

据调查显示，在越南河内，大约有近千名的中国华侨拥有"情人"，整个越南有近100万越籍华侨在此喜结连理。这里的中国公子超级受欢迎。不过对于其他的蜜月

便利贴 Tips

1 甜蜜侣行时间

河内的时间比北京时间晚了1个小时。

越南每年11月～次年2月，属于干季中的凉季，整座城市阳光明媚，山野间山清水秀，是越南最最美丽的季节。

2 预计侣行天数

在越南，享受异国风情之旅，整体用6日时间即可。

圣地来说，越南好像不那么受宠，但是越南绝对是最值得你和恋人一同去感受的地方。如你所想，和自己心爱的人驰骋于摩托车之上，感受着这里融化在空气中的慢悠悠的法式情调，看着街边有些残破斑驳的街道，边防警察穿着黄绿的制服，戴着大红的肩章，乱哄哄的生活味道，感受到的是一种别样的温情和浪漫。

在西贡当地，有很多身穿越南国服“奥黛”（aodai）的女子，引用诗仙太白的感叹就是：“镜湖水如月，耶溪女似雪。新妆荡新波，光景两奇绝”。脚下拖着一双简陋的人字拖，这种橡胶制成的人字拖可是越南当地的“国鞋”，艳丽简洁而分外抢眼。在这个有“东方小巴黎”之称的旧法国殖民地，涂上了一层浓浓的越式风情。

到了夜幕降临时，西贡当地处处霓虹闪烁，月光撩人，把当地的民族特色的小工艺品映衬的更加精致美妙。还有西贡河边的法式建筑流光溢彩，而落樱街道上人来人往，异常曼妙。

可见，西贡，无论是纸醉金迷的殖民时期，还是春风沉醉的异国恋情，西贡永远是西贡，用自己的湿气孕育着浓浓的爱情。在这次南国之旅中，我们强烈的建议各位爱侣们再顺道去越南的河内、顺化和芽庄，享受彻底的越南风情。是了，越南的每一个神秘的建筑都有着自己的故事，每一处都显露着它最为恬静的气息。来到此地，你很容易忘记一切世俗的纷争，而所剩下的就只有在东南亚风情中的你和他（她）的爱情味道。

胡志明市市景

最浪漫的事

1.哦，天呐，我的湄公河

到了越南，如果不去湄公河看看，怎么能体验到西贡的爱情？

估计你的女朋友也记得杜拉斯的《情人》中“我认识你，永远记得你……与你那时的面貌相比，我更爱你现在备受摧残的面容”这种经典的小资爱情调调。如果记得最好，湄公河仍然静静地流淌，仍然有渡船繁忙地穿梭，仍然见证着隐隐发生的爱情。那么你们在此，感受到的是两人的西贡。

即使不记得，那么湄公河总是有些痴情的气息足以让每一个嗅到爱情滋味的人都纷沓至此。带她看一眼法国导演让·雅克·阿诺1991年拍摄的《情人》，看一位16岁少女头戴一顶男帽，和一个衣着光鲜的中国男子之间的刻骨铭心的异国恋情则是你出发的第一个节目。下一步，你就能同他（她）到美托小镇（My Tho），租上一个机动小艇，乘风破浪，畅游湄公河，你们还可以每人带上一个越南特色的斗笠，乘着小船在狭小丛林的巷道中穿行。感受东南亚的凉风吹过耳畔，河间的芦苇葱葱生长。此外，这里的河上超市（FloatingMarket）是当地人生活中不可或缺的“便利店”，是越南乡村生活的最完美体现。

2.法式风情，这是凯旋大道么

西贡素有“东方小巴黎”之称，街上虽然经受了殖民战乱，可是依然涣散出繁华。街上的圣母红教堂和中央邮电局，都是法国遗留下来的西贡地标。细细一观，它的奢华才能够体现而出。其次，还隆重推荐市政府广场和统一宫，其中统一宫作为旧日的法国总督府，内部气派非凡，统一宫前的大道仿似法国的凯旋大道，广场上处处梧桐，异常曼妙。此外，还有位于西贡河边的Majestic Hotel（1 Dong Khoi District 1），是有着百年历史的五星级酒店，还有歌剧院Continental Hotel（132-134 DongKhoi Street，District 1），极富有法式贵族风情。其露天咖啡厅“La Dalce Vita Bar”，如同童话仙境，是恋人们的天堂。

3.观赏西贡的夜色

西贡的晚上很凉爽，街头人潮涌动，还有不少地方贩卖当地特色的工艺品，找个鸟瞰的地方，吹吹风，来点儿美酒和音乐，绝对让你感受到一种脱离世俗的美妙。西贡本身是个小城，喧哗而不浮躁，摩托车混乱而自成秩序，带着点无拘无束的自由劲儿。推荐西贡河边的“Renaissance Riverside Hotel Saigon”，它的二十一楼露天泳池，是拍摄西贡河的最好地方，此外一定要品尝越南咖啡，据说这可是当地的特产。

4.三轮车风云

在西贡的街头，自行车、摩托车川流不息。首先就是穿梭疾驰在城市各个角落的摩托车，这其实是隐约的藏匿着的另类的西贡风情。此外，西贡的三轮车也颇具特色，陈英雄的《三轮车夫》就将生活的视角对准了西贡的三轮车夫，这些对于西贡生活场景的描述带着些精致优雅，自然。坐在三轮车上，可以悠然地穿行在西贡的大街小巷中，欣赏着沿途的景象。大体上还能还价，多数车夫最后会百般不愿以半价成交，这个时候你就能带着刚刚砍完价的那种满足感，畅游在西贡的大街小巷中了。

侣行资讯

甜蜜交通

北京、上海、广州、昆明每日有直飞河内和胡志明市的航班。

如果乘坐火车的话，可以在北京西站乘坐每周四、周日发往河内的列车（北京—南宁段为T5/6次，南宁—凭祥段为T905/906次，越南段为M1/2次），途经南宁。全程票价约1000元人民币。

从广西的友谊关有直达越南同登（Dong Dang，口岸开放时间为7:00～17:00）的班车，南京到河内的国际长途汽车需要7小时车程。广西东兴也可到达越南芒街（Mong Cai，口岸开放时间7:30～16:30）。云南河口可到越南老街，从老街有到达河内的火车。

畅游越南建议别坐火车，又慢又贵。最经济方便的是Open Tour，起止点是河内和胡志明市，除了偶尔有些不准时之外，其他还不错。在当地城市中，散散步或者在街上叫辆三轮车是不错的选择。在西贡和河内可以租到自行车。

双栖双宿

西贡当地的中高档酒店多位于西贡河边和自由路附近，这里洋溢着很浓重的法国情调，有不少情调别致的酒吧、咖啡厅。不过在范五老街（Pham Ngu Lao）上是西贡的一些低档次的旅店汇集地。沿路的多为背包客。一般自己住单间，一日3～5美元足够，带空调的房间7美元以上。

食在侣途

越南当地人的口味和广西人口味有的一拼，也喜好吃米粉。当地人最为喜欢吃的叫做牛肉粉，它的主要原料是黄牛肉，不过粉的感觉比国内的轻薄。对于喜好吃麻辣烫大排档的姑娘们来说，这里可以说是另一个风味，吃起来香喷喷超过瘾。

当然越南当地的美味除了米粉，还有春卷、螃蟹和甘蔗虾。这春卷通常吃的时候还要用生菜裹上，蘸上当地人最钟爱的“鱼露”（用小海鱼腌制发酵制成），一口下去酥脆不腻，十分可口。

如果想在匆忙的假期里享受一下，那么随便到一个咖啡馆，观看一杯法式滴露咖啡的制作也颇有意境。其实，对于情侣来说，这种慵懒的时光是颇有味道的，因为你能看到“法国祖母级”的滴露冲调咖啡的方法。而且越南作为仅次于巴西的第二大咖啡输出国，不仅咖啡浓度等级把控严格，而且价格便宜，一般最多不超过1万盾（约人民币5元）一杯，一般人基本上都抗拒不了。

快乐购物

在越南，如果想买些东西，建议买些牛角梳子、芽庄的贝壳制品、胡志明T恤。不过一定要记得砍价，当然这是很多女孩子的特长。

同时可游

越南是个狭长型的国度，如果时间充裕，建议从广西入境，从河内开始一直畅游到最南端的湄公河三角洲，最后从西贡飞回，游览最最原味的越南味道。

河内

河内是越南的首都，距离中国很近。可是，一旦你走出了国境，就能感受到越南的一股青木瓜的味道，安逸的气息扑面而来。河内的西湖、梦幻的还剑湖是此行中的一大亮点。幻想着你们在东南亚的国度中，看到如此梦幻的江南景象，还看到美丽的越南姑娘身穿白色长裙在河边，看着你们这对神仙眷侣畅游湖中，是多么令人羡慕的景象。

而在河内，还不能忘记带着她一起观看越南国粹——水上木偶表演，双人价人民币40元即可享受到越南的节奏。河内的巴亭广场，其地位相当于北京的天安门广场，气势恢弘，其中有胡志明的陵墓（ghu tich ho chi minh）庄严肃穆。

美奈

美奈是越南最出名的海边度假胜地，位于芽庄和西贡中间，最好玩的是这里还有缓慢的生活节奏和迷人的风情。到了越南，看了爱情圣地西贡、首都河内的越南风情，再感受一下海边舒缓随意的感觉，岂不爽哉？

芽庄

芽庄一名据说是源于占婆语的“Yakram”，意思是“竹林河流”，有着迷人的加勒比风情。最让人称颂的是芽庄银白色的海滩，海滩的形状如同一弯新月，还有棕榈树与椰子树沿着海岸一路延伸，一片温柔妩媚的气息。牵手在这样的沙滩上，感受着当地温和的轻风，似乎此时心都随着这片景象而融化了。

008 威尼斯

有水的地方，一定有你有爱

意大利东北部，有“水上都市”、“百岛城”、“桥城”之称。

“君到姑苏见，人家尽枕河。古宫闲地少，水巷小桥多。”这些描述东方水城苏州的诗句，用来形容威尼斯似乎更为贴切。水城威尼斯没有汽车的嘈杂声，没有工厂的轰鸣声，只有贡多拉不紧不慢的柔柔的桨声，只有小船激水的清脆的水波声。美丽的建筑倒映在水中，仿佛整个城市也在水中漂荡。拜伦曾经这样描述这座让人欲罢不能的小城——它的身姿从碧波中升起，好似被魔术师的魔杖击起。

威尼斯的浪漫总离不开水，蜿蜒曲折的水巷，流动平静的清波，它就如同一个漂浮在碧波上浪漫的梦，清水碧波，诗情画意久久挥之不去。世界的情侣们把它视为浪漫的天堂。

叹息桥是一座拱廊桥，架设在总督宫和监狱之间的小河上，也因此享有盛誉。过去临刑死囚走向刑场时必须经过这座十分密封的桥，死囚们只能透过小窗看看蓝天白云，想到家人在桥下的船上等候诀别，百感交集涌上心头，不由自主地发出叹息之声——再向前走便要告别世间

便利贴 Tips

1 甜蜜侣行时间

一年四季都可以成为威尼斯的最佳旅游时间，如果一定要选一个最好的，那么春季和秋季都是最好的旅行时间。

2 预计侣行天数

4天可以游玩整个水城。

的一切了。如今这座小桥，引来无数情侣在此留念，牵手走在叹息桥，感受这里的奇特的浪漫。

圣马可广场和圣马可教堂是威尼斯最著名的名胜古迹之一。它们造型的优美、和谐，石雕的生动、逼真，可以说是古罗马建筑中杰作中的杰作。有人说圣马可广场是世界上最美的客厅，一边在这里喝咖啡一边欣赏着美景。情侣们走进教堂为自己的爱情祈祷，愿彼此天长地久永远相伴。

当然了，威尼斯也不都是建筑或小桥，还有值得你用心去感受的水城文化。威尼斯电影节每年都在威尼斯举办，有许多关于爱情的电影在这里上映，你可以携带爱侣到剧院看一场电影，感受一下不一样的文化。也可以和情人一同感受化装舞会的疯狂，在那个华丽、奢靡、神秘的夜晚，为你们在威尼斯的浪漫之旅平添几分惊艳而神秘的气氛，那是一种不可取代的威尼斯情调。几乎没有哪对情侣不为威尼斯的化装舞会风采所倾倒，带上一张好玩的面具，你们的身份便被虚构了，这并不会违背你们爱情的诺言。放心的去疯狂吧，这夜对每个人来说都是平等的。

另一个可以感受威尼斯风情的地方就是咖啡馆。在广场上，为你们提供舒适的包厢与高背椅。玩累了你可以坐下来休息与爱人喝一杯咖啡，接受这个小水城的浪漫。

有山有水的地方就充满着爱情，充满着浪漫，威尼斯这个小城就在水里“漂流”，每位情侣都能够感受到这里的温情。这里完全是水的世界，有人说女人是水做的，这话一点都不假，你女朋友对你的柔情相信就和威尼斯的水一样柔软细腻，让你回味一生，幸福一生。

迷人的威尼斯水景

最浪漫的事

1.在叹息桥下拥吻

一声悠长的叹息，穿过千年的岁月。据说恋人们在桥下接吻就可以天长地久，不管这种说法是不是真的，情人们都不妨相信它是真的，为了你们的爱情天长地久，到叹息桥下留下你们美好的纪念与愿望。电影《情定日落桥》就是在这取景的。

2.与爱人乘坐“贡多拉”游水城

贡多拉是威尼斯人们的主要交通工具，也成为独具的一大特色。坐在贡多拉上，看两岸风景，两边高大的宫殿式建筑鳞次栉比；小石桥不时迎面飞来；威尼斯的日常生活浮现在眼前。在经过叹息桥时深吻一下你的爱人，预示你们的爱情将会天长地久。

3.喝咖啡听乐队演奏

当你和至爱玩累了时，可以到圣马可广场的咖啡馆里喝上一杯咖啡，和至爱相偎在一起，观赏着街边的美景，听咖啡乐队的演奏。在咖啡的美味中，伴有震撼的音乐，你们尽情地陶醉其中。似乎这里是属于你们的世界。

与爱人在威尼斯的贡多拉游船上，一起畅游水城吧

侣行资讯

甜蜜交通

威尼斯有Marco Polo airport和San Giuseppe airport两个机场。乘机场穿梭巴士到Alilaguna水上巴士站，换乘水上巴士到圣马可广场约1小时，票价10欧元。有机场巴士往返于机场与威尼斯及Mestre之间。可乘坐水上出租车，从Alilaguna到圣马可广场，约80欧元。

双栖双宿

昂贵的价格和常常人满为患是威尼斯住宿最让人头疼的问题。威尼斯有200多家档次不一的旅馆，但不管档次如何都比国内同等级旅馆贵30%。找便宜的酒店就要避开圣马可区，而且越远旅馆价格就越低——火车站附近的旅馆是最便宜的。青年旅舍中最受欢迎的是朱德卡岛上的威尼斯奥斯特洛青年旅舍（朱德卡86号），可以望见圣马可。

食在侣途

游客套餐相对便宜，通常是意大利面条、鸡和炸薯条。最便宜的是吃面包卷、比萨饼和三明治。威尼斯的葡萄酒很值得品尝，最著名的有瓦尔波利切拉和巴尔多利红葡萄酒以及索阿韦白葡萄酒。在威尼斯老店哈里酒吧品贝里尼鸡尾酒是最有情调的事。它们藏身在小巷和运河两边或者在到旅游景点的广场周围。

快乐购物

豪华高档的商店集中在圣马可广场周围，出售珠宝、织品、花边等，价格很高。名牌服装店和鞋店聚集在默尔切列大街。里亚尔托市场有最新鲜的水果蔬菜。威尼斯最值得购买的是穆拉诺玻璃器皿和狂欢节面具，但在这里有大量的假冒仿制品。全年都可以买到面具，但以狂欢节时种类最多最漂亮。

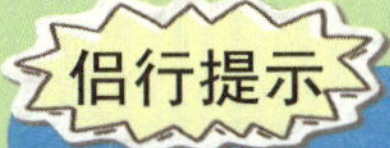

Marco Polo airport/041—2609260
San Giuseppe airport/042—2315331

同时可游

黄金宫

黄金宫（乘1号水上巴士在Ca'd Oro站下船）是威尼斯城最杰出的哥特式建筑，始建于1440年。涂金的建筑物闪闪发光，过去曾被称为"黄金的宫殿"。这里集欧洲绘画艺术之大成，主要展品包括：卡巴乔Carpaccio的《圣告图》（The Annunciation）、安东尼奥·凡·代克Anthony van Dyck的《基督受难记》（Passion of Christ）、曼帖那Mantegna的《圣塞巴斯蒂安》（St. Sebastian）以及提香Titian等人的作品。爱好艺术的情侣可以游览一番，绝对值得。

潟湖

潟湖位于威尼斯潟湖区的布拉诺岛，因其漆成五颜六色的房屋和精致的网眼织物而出名。据说所漆的颜色是为了帮助远在海上的丈夫们能从船上辨认出自己的家。岛上也保留着真正捕鱼寨生活的气氛，船只停泊在长满青草的岸边，渔网挂在铺满鹅卵石的大街上晒。

009 普吉岛

与普吉岛第一次约会

泰国南部城市和岛屿，位于泰国南部马来半岛西海岸外的安达曼海(Andaman Sea)。

普吉岛是泰国最大的岛屿，这里欢迎着每一对情侣，你来自哪里并不重要，重要的是你们来到了普吉岛这个世界村，成为其中的一员。一眼望不到边的美丽海滩、令人舒服的洁白无瑕沙粒、碧绿翡翠般的平静海水，作为印度洋安达曼海上的一颗“明珠”，普吉岛无可挑剔。情侣们来此旅游，要参与其中，忘记自己过客的身份，享受海岛风情的愉悦和惬意。

普吉岛作为海滨旅游，不单是沙滩上的裸露肌肤、狂放的野性风情，还有那阳光普照之下，大大小小的海滩闪烁着安达曼海拍岸的浪花。这些无疑都能让情侣们产生冲动，增加荷尔蒙激素的分泌。

也许你们相处很多年了，爱情开始的激情慢慢沉淀为两个人的相知相守。平静的生活也需要偶尔激情的点缀。当你和爱侣决定去普吉岛侣行，要做好被这片土地所吸引的准备。这里不仅有旖旎的自然风光，还有着令人心驰神往的东南亚风情和美食。优美清澈的卡伦海滩，这里游人稀少，是属于你们的二人世界；刺激的普吉岛西海岸

便利贴 Tips

1 甜蜜侣行时间

普吉岛地处热带，每年11月～翌年4月这一时间段，海水平静，天气良好，降水少，是游览普吉岛及其周围地区的最佳季节。

2 预计侣行天数

8天的时间足以让你们在岛上享受一番美好时光。

是潜水的天堂，这里可以深潜到海面以下30米到45米；安达曼海有漫长的海岸线，遍布着柔和而呈弯月形的沙滩，椰林、橡胶林点缀其间。

围绕着它的是安达曼海的温暖海水、美丽的海滩、游离于海中奇形怪状的小岛、钟乳石洞、自然洞窟等自然景观，还有那清澈湛蓝的海水，海底世界美不胜收，将这些天然条件加起来，把普吉岛称为“热带天堂”一点也不为过。普吉岛的海滩类型丰富，有清静悠闲的海滩，有豪华奢侈的、像是私人度假的海滩，有海上体育运动盛行的海滩，还有夜晚娱乐活动丰富多彩的海滩。

普吉岛就像熊熊燃烧的火一样热情，如诗如画的海滩，奇形异状的石灰礁岩，以及丛林遍布的山丘，都在阳光的直射下，彰显着优长和美丽。海岛或许是最能催生浪漫的地方。灿烂的阳光、湛蓝的海水、洁白的沙粒，被海风吹起白色纱幔的度假酒店……浪漫元素在海岛演绎得淋漓尽致。因此，情侣都能在普吉岛玩得尽兴。

在普吉岛，白天和心爱的人在海边或听潮、看浪，或游泳、潜水，海岛风光尽览无疑。夜里悠闲漫步在繁华街道上，体验浓郁的异国情调。

普吉岛有着那份山水相容的宽容，有着奇异文化的兼通，在这样浪漫的地方旅行，是一种甜蜜与美好的记忆。

最浪漫的事

1.和爱人一起骑大象

大象是温顺吉祥的动物，在泰国普遍受到人们的尊重和关爱！和爱人一起骑上大象走在街巷之中，期盼着吉祥的动物能为你们的爱情带来吉祥、幸运。

2.一起散步在海边

在这么美丽的海岛上，与爱人牵手在海边散步，没有了城市的喧嚣，没有了工作的压力，在异国他乡站在海边远望，面对大海，捧起海边的沙土，让它随海风飘撒。与爱人相拥在海边，闭眼凝神想象你们的幸福未来，岂不美哉！

普吉岛上的水上屋，是众多情侣所钟爱的浪漫场所。

侣行资讯

甜蜜交通

普吉岛上有机场，从香港、台北、新加坡、马来西亚、日本和欧洲等地每周都有航班往返普吉岛。也可从曼谷转机到普吉。普吉机场位于岛的北部，从机场可以乘出租车、机场巴士、小客车到海滩。从机场到帕通海滩大约需要40分钟，乘小客车大约100铢/人，乘出租车约600铢/车；通常下榻的酒店也会有接机服务。

双栖双宿

在泰国即使囊中羞涩的游客也能找到满意的住处。普吉岛的卡塔和卡隆海滩环境优美，房间宽敞的度假酒店价格也相对比较高，比较适合追求住宿舒适、环境清幽的情侣。另外帕通海滩的宾馆附近的夜生活十分丰富，喜欢过疯狂的夜生活的情侣可选择这里的宾馆。Rising Sun Residence Hotel（普吉岛最茂密的山丘上）俯瞰着宁静的Chalong海湾；旭日饭店（坐落在Nai Kerd山上）有私人游泳池。

食在侣途

普吉岛的海鲜以大量的鱼、蟹、鱿鱼为主，尤其是安达曼海盛产的新鲜味美的对虾和大龙虾而闻名于世。在普吉岛，海鲜无论以泰式、中式还是西式的烹饪都能保持海鲜原汁原味的鲜美。帕通海滩有很多餐馆。99海鲜排档（Th bang_La附近的海鲜大排档一条街）适合中国人口味。林来香燕窝（普吉镇南的Phun Phon Rd，营业时间9:00～18:00）除了出售燕窝制品，更有炖煮好的冰糖燕窝和椰子燕窝等各种口味的燕窝，售价200泰铢一碗。

快乐购物

普吉岛的特产要数蜡染带最受游客欢迎了，比如蜡染服装、蜡染壁挂、蜡染床上用品等，特别是棉布的、亚麻的、丝绸的沙滩装。在普吉镇的Thalang Road有很多不错的裁缝和服装商，你可以到这里为你的爱侣定做服装。人造珍珠、香料、海产品等特产，在普吉镇的纪念品商店里可以买到，如Rasada，Phangnga，Montri，Yaowarat，Tilok-U-Thit roads等。此外，在Patong，Kata，Karon，Rawai等海滩中心也可以买到。

侣行提示

中国驻泰国大使馆/662-2457032
泰国旅游局/212231（普吉）
旅游投诉/1155
警察局/191/123
Molly Malone's Irish Pub/292771
Baan Rim Pa/340789
Harrys Steakhouse/343035
Le Galion/345041

同时可游

攀牙湾

海湾内遍布珍贵的胎生植物红树林，红树林与小渔村之间有河道，坐在小船上观赏着红树林和小渔村，怡然自得。还可以探访007岛、水上渔村、独木舟探险、皮划艇、骑大象、看猴子等。从普吉岛坐班车出发2小时到，36泰铢，每天有五班。然后坐长尾船或快艇去007岛。

芭东海滩

每个夜晚，度假村、露天酒吧、舞厅、夜总会人来人往。点一杯简单的饮料，在异国的夜晚和陌生的环境中，和爱侣一起看看外国人的夜生活，再吹一吹海风，真是非常享受。到啤酒馆里看看泰国人妖表演和泰拳表演。从镇中心可坐TukTuk前往，车费为300泰铢左右。或搭乘中巴，起点在普吉镇Ranong路上（在机场的对面），途经几个主要海滩，可随停随上，每隔半小时一班，运营时间为7:00～18:00，车费15-20泰铢。

彼彼岛

彼彼岛（泰国南部，离普吉市180公里）四处是嶙峋怪石及悬崖峭壁，海面清澈如水晶，海床浅底，游人可乘专门观看珊瑚礁玻璃底船观看海底五彩缤纷的珊瑚礁和奇形怪状的鱼类。蓝天碧海，踏上细软的沙滩，蹚着清凉的海水，登上快艇，面对着茫茫大海，让每个人都变得兴奋起来。

侣行提示

泰国人多为虔诚的佛教信徒，所以进入当地时有一些禁忌是一定要遵守的。

1. 进入寺庙要脱鞋，不要穿着短衫、短裤进入。
2. 女性避免碰触僧侣；招呼时，双手合掌。
3. 头为神圣部位，不随便摸别人的头。
4. 在公共场所，男女不可有太亲密举动。
5. 禁赌，在饭店房间不能玩牌或打麻将。

爱情保温地
Aiqing
Baowendi

001 乌镇

感觉与你的似水华年

浙江省嘉兴市桐乡市乌镇镇，西邻湖州市南浔区，北接江苏省苏州吴江市。

如果给你一个理由，让你说乌镇不浪漫，你很可能说，这里的将时间凝固的劲儿让很多人不知不觉就白了头。人们说："不管人事如何变迁，乌镇永远是乌镇，在这江南水乡最美的一隅，那么温润，如黄昏里的一帘幽梦，又如晨光中一枝摇曳的蔷薇……"

说起这里，你肯定会想起黄磊和刘若英的一番似水

便利贴 Tips

1 甜蜜侣行时间

乌镇属于典型的江南水乡，有些温润潮湿。每年最漂亮的季节是春季和秋季，特别是清明时节，江南特色显露的很明显。清明节开始的一个月左右时间，茅盾先生称为"中国农村的狂欢节"的香市也会在乌镇热热闹闹的展开。这个时候的乌镇带着乌镇典型的儒雅气息的热闹。

对于乌镇的一日来说，它的清晨和傍晚绝对让人惊艳。在清晨，河道上漫起薄薄的雾气，映着如此美妙的水乡。而到了傍晚，夕阳西照，夜色撩人，一个活生生的乌镇就突然展现在你的面前。值得注意的是，乌镇不同于其他的江南古镇，它没有廊棚。所以午后并不是欣赏江南美景的好时光。

2 预计侣行天数

在乌镇旅游，有东栅、西栅和南栅之分，各个栅栏自有姿色，一般东栅保留的较多的是民俗风情，西栅多为客栈，南栅是最原始的乌镇姿态。每一栅旅游半日就足够，也可以选择在乌镇看夜景，在乌镇连吃住带游玩带享受，估计两日足够。

乘着乌镇的小船，在水乡里泛舟，看江南古镇秀色。

年华，因为这样的江南水乡太容易引发爱情。《似水年华》中两个30岁的男女，抛去所有的世事纷争，只为相守一生，没有爱的表白，却有一生的牵挂。而这样的爱情，说实话只能生养在乌镇。沿河漂荡的乌篷船，烟雨朦胧中的临桥而立的江南女子，灰色的墙瓦，高起的屋檐，雕花的门扇，还有长着青苔的石板，伴着岁月缓缓的梳理着关于乌镇的故事。好像，就是这么一种感觉，什么都已不重要，只剩下天地间你和她之间的心在慢慢靠拢。

只有走过了乌镇，感受到江南中的那段似水流年，或者能感受到在爱情中，我们更多的是要看到彼此，看到对方，而不是仅仅看到自己。而这，或者就是爱情的意义。

在乌镇，总是感觉到没有隔阂，总是很容易的就滋生爱情。在这片静谧的天地中，总是让人很轻松的就相依相靠，爱情是贴在她身上的“醒目标签”。似水缠绵的爱情，在这片如诗如画的风景和古色古香的民韵里淡淡浮

现。似乎你多言语了几句就会破坏这气息，你对着人说："看，乌镇就是这里。"即使这连地图上都找不到的地方，也会因沉浸在其中粉墙黛瓦、深弄曲巷之间的古镇爱情而闪闪发光。

这就是乌镇了，茅盾先生在《大地山河》中说："人家的后门外就是河，站在后门口，可以用吊桶打水，午夜梦回，可以听到橹声，飘然而过……" 乌顶白墙和雕花门扇上镌刻的是生死情意，拱桥小船里缠杂的是柔情刻骨。当你踏着乌镇的青苔暗印的石板路，走在逢源双桥上，与她恰好在桥上相遇，如此怎能不说是天定。

如果你徜徉在没有被完全开发的南栅，感受那种连空气都泛着湿润气息的感动，走过浪漫至极的两重天，在街上的铺子里买些印蓝花布做的小工艺品，听时间悄悄游走的声音，会是多么的安然。或者去茅盾先生少年读书的立志书院看看，真正的到《林家铺子》里感受江南商肆的繁闹，看木船悄悄划过，在茶馆里静静的喝上一杯茶，住在临水的客栈里，享受浪漫烛光晚餐，真的，你们已经走不动了。

奶茶刘若英曾说过："如果你想要让自己能够休息一下，然后希望去的那个地方会有浪漫跟奇迹发生，我觉得你可以去乌镇。"如果谈恋爱，就去乌镇吧！如果你们相爱，就去乌镇深化你们的浓浓的爱吧！

最浪漫的事

1.拥吻在两重天

乌镇的南栅，相对于已经开发的东、西两栅，显得更加的原生态，不少当地居民都居住在这里。这显得更加清幽，而仅仅不到两米宽的巷道里，你们二人手牵手，感受弥漫在空气中的爱恨悠悠，感受周围斑驳的气息，还有带点氤氲气息的爱情味道，让你感觉到一种无法割舍的情谊。

作为《似水年华》中的取景地，南栅的两重天旧旧的门楼也焕发出了它新的魔力。无数崇尚浪漫的小资女们，对此处可是心驰神往。此处，堪称乌镇邂逅第一地。

2.逢源双桥

沈从文先生曾经说：“我行过许多地方的桥，看过许多次数的云，喝过许多种类的酒，却只爱过一个正当最好年龄的人。”当你从桥的一端上去，恰巧遇到她也在这里时，你会有什么样的惊叹呢？

你察觉到乌镇的桥有什么不一样吗？

不一样就在于，它能滋生爱情。住在邻水的小屋，每天清晨推开窗户，你看到平静的小河道，感受着扑面而来的青草气，还有悠闲的居民在这里洗菜种花。相信你一定会羡慕这里的生活吧。

或者，你还沉迷于乌镇的夜色，梦幻般的灯火在水边的居民屋子里亮起，还有情侣们放到河中的河灯，还有划过的船只，悠悠的让你忘却年华。或者你在临河的某间茶楼餐厅，吃些民间菜，喝几口太白酒，品一品当地的特色姑嫂饼……在品着和它之间的似水流年。

3.臭豆腐里面的甜蜜爱情

江南水乡的臭豆腐算是一大特产，可是为何说臭豆腐中有爱情气息？臭豆腐是经过发酵而来的，就像爱情慢慢发酵，慢慢酝酿一样。与其他水乡的臭豆腐相比，乌镇显得清淡些，可是却显得更加有诚意。你们买上一份，然后一面涂上咸酱，一面涂抹上甜酱，人生的酸甜苦辣不过如此。而所谓“臭豆腐，吃的时候臭可是越嚼越香”的说法在这里也得到了超级大的诠释。即使你和她在路上吃的臭气漫天，也无妨。千万别被所谓的“面子”而把自己整郁闷了，你们沉溺在自己爱情的小宇宙中，这种氛围不是很温馨么？

4.迷失在江南烟雨中

在《似水年华》中，有这样一句台词：“我知道你会来。”这仿佛是乌镇的召唤，雨巷、书馆、双桥……这乌镇式的美景和隐忍儒雅的乌镇式爱情，让多少人为之着迷。牵手在乌镇的雨里，你分不清白天和黑夜，分不清方向，只想一路“迷失”下去，迷失在这江南烟雨中。

雨，本身可能暧昧至极，而乌镇又将它发挥到了极致。想着，你们在这种缠绵的气息中行走，该是何等曼妙！

侣行资讯

甜蜜交通

到达乌镇的方式有很多。对于国内的游客来说，多半通过嘉兴、桐乡转车。从杭州东站也有车到乌镇。

嘉兴：其中从嘉兴汽车西站，每日7:20、9:50、13:40、14:10、14:30、16:45有直达乌镇的中巴，票价8元左右。

桐乡：杭州、上海方向的游客从桐乡转车，桐乡到乌镇每日6:30～17:30每10分钟一班车，行程约40分钟。

上海：从上海西区汽车站直达乌镇的依维柯中巴，票价30元；上海体育场每日7:50、8：45有专线车直达乌镇，16：30由乌镇返回，包往返车票、景点门票100元/人；每周四至周日有导游全程带领你游览，上海体育场9:05发车，128元/人。

杭州：杭州东站，每日6:30～17:20，每半小时一班，行程约1小时，费用在15元左右。

西塘：从西塘到乌镇，也可从嘉兴汽车西站转乘或乘车到桐乡转车，乘中巴车到乌镇。

双栖双宿

乌镇当地旅游业繁盛，有很多住宿点，但是价格不是一般的高，客栈都是以连锁为主，想要住宿每人500块估计是不行的，这些客栈多位于西栅景区。其次东栅的子夜酒店（东栅景区兴华桥入口处）和望佛客栈（东栅景区停车场对面）也都属于官方的住宿点，价格都在480元起。

如果真的想要享受一下，西栅有三大高档会所（锦堂会所、恒益堂养生会所和盛庭会所）、一家客栈（通安客栈），还有具有水乡特色的民宿。不少驴子推荐50号民宿，底层临水房开门即是水边庭院，对面是老邮局（乌镇的老邮局还保留着原始的姿态）。

其实，作为两个来感受爱情的人来说，住在这种地方多少是有些违背浪漫的名号。东栅景区有一些老百姓的房子，腾出来用作客栈，虽然条件超级简陋，比如卫生间是在房间外边的，但是这是最原汁原味的民宿，是众多来乌镇旅游的小资族的最爱。体验到古镇居民简朴的生活，价格一般在100～150元之间。

到附近周边的镇子或者南栅的旅店休息。住当地民家的话，可以拜托房东带你进镇，有可能能省门票。每天早上会有保安清场，防止游客用过期的门票，这时在外面的朋友要赶快回房东处。

食在侣途

乌镇因为旧日曾是四乡辐辏的名镇，所以镇内大小饭店遍布。最有名的当属红烧羊肉、白水鱼、乌镇酱鸡、梅菜扣肉、小龙虾、小螺丝等，此外还有当地有名的臭豆腐干、定胜糕、荷叶粉蒸肉、小馄饨等，真的不能不尝啊！

当地比较有名的馆子，比如以首肉、荷叶粉蒸肉著称的百年老店九江楼、三山馆，以山羊大面闻名的钱长荣菜馆；应家桥堍的三珍斋酱鸭店。还有在西栅的几个作坊、酱园边上，都有卖炸臭豆腐的，东栅还有羊肉面、红烧羊肉、蚕花糕、桂花糕等特色糕点。

快乐购物

乌镇当地的物产丰富，商业区以中市为中心，东南西北四栅各成系统，所以说在乌镇的各地都能买到当地的特色货品。如果只想闲逛逛，最好来乌镇的南栅，这里的铺子总是感觉到“商业化”不是那么的重。不过要是想购得到特产，则最为推荐蓝印花布、杭白菊、三珍斋酱鸡、姑嫂饼、三白酒等，特别是三珍斋酱鸡。可以给自己的女友买上一顶蓝印花布的帽子，或者为家添置一块印花布的桌布，这样一股江南范儿就立马出来了。

东栅地区的商业中心主要是财神湾，乌镇最大的批发零售商徐恒裕东号和西号也在这里。林家铺子旁有锦和斋，经营南北货物。而东栅还有很多的表演，比如皮影戏什么的，整条街都是热闹非凡。

西栅大街一路则以民族工艺品和特产店为主，叙昌酱园（主要产品有陶叙昌牌豆瓣酱、酱油、酱菜）和恒益堂药店两家老字号还开张着，不仅可以参观而且还能顺带买上几件。

同时可游

西塘

人们喜欢将西塘称作是“吴根越角”。不同于乌镇，这里有着千米廊棚，惊艳的美人靠。而当你和爱侣在廊棚中款款而行时，眼前是沿河被水流多年浸润的青石，还有廊棚上匆匆的绿色，无数座形态各异的桥，青石板的巷道弄堂，怎么能不迷失在这片宁静的江南中呢？

据说在西塘的送子来凤桥走过，二人走在台阶上一边的，可以生男孩，而走到斜坡一边的可以生女儿。其实，在来凤桥上走一走，或者无论是男孩还是女孩，估计都带着江南的儒雅和温婉吧。

杭州

杭州这个词，再浓墨重彩的说浪漫，就是不知情趣了。

在西湖，范蠡和西子泛舟于湖上，白娘子与许仙相遇于西湖中，表现出了浓重的浪漫情意。如果和爱侣来到了西湖，强烈建议在这里租一辆双人自行车，一路说说笑笑，沿着西湖转悠。而如果懂得情趣的话，到柳浪闻莺公园里，听鸟叫，看花开，感受杨柳依依，莺啼呖呖，二人互诉情事，相拥相依。

乌镇高高的马头墙

002 张家界

在张家界只能谈爱情

湖南省西北部，北与湖北省鹤峰县交界，属武陵山脉腹地。

用“奇峰竞拔、芳林争茂、流水欢歌、山花吐艳”这些词来概括张家界，是难以将它的美与浪漫体现出来的。当你和爱侣穿行于深壑幽谷之中时，可以看到两旁千峰耸立，高入云霄；还可以看到溪旁树木繁茂，浓荫蔽日的景象，你们甚至可以走上点歌台，听土家族姑娘为你们的爱情引吭高歌，感受爱情在这片天地中悄然生根发芽。

张家界有很多关于爱情的传说。据说这里的土家山寨曾有一对勤劳的夫妻，他们相亲相爱，终年在一起植树育林，造福世人，还会炼制灵丹妙药，解除世人疾苦。可是，有个山妖嫉妒他们和睦恩爱，嫉妒百姓爱戴他们，便施魔法把他俩分开。丈夫被打入黄龙洞水牢，妻子被投进锅场火炉。当玉皇大帝知晓这件事后，被这对夫妻所感动，为他们的遭遇打抱不平，将他们二人点化在金鞭溪源头，作为天下夫妻的榜样。于是，造就出了张家界的爱情长相厮守的金鞭溪和夫妻岩。

张家界的金鞭溪简直是人间仙境。有诗赞曰：“清清

便利贴 Tips

1 甜蜜侣行时间

游览张家界的最佳旅游时间是春秋两季。春季张家界芳草鲜美、落英缤纷，可以溯金鞭溪，游十里画廊，探黄龙洞；秋季张家界天高云淡，层林尽染。

2 预计侣行天数

3天的时间有些劳累，就让山水和传说为你们解乏吧。

流水青青山，山如画屏人如仙，仙人若在画中走，一步一望一看天。”不过，吸引情侣们纷至沓来的原因，还有金鞭溪中的两座紧密相连的石峰，名曰“千里相会”。相会峰下半截连为一体，上半截一高一矮，高者欠身，低者后仰，好像一对久别重逢的夫妻相互拥抱。这幅画面不由让人感慨：人生百年，谁不渴望有缘“千年等一回”呢？

金鞭溪沿岸，古树遮天蔽日，树木生长得千姿百态。特别是叫“重合欢”的楠树，离地约两尺后分为两株，长到五尺左右又毫无痕迹地整合为一，直往上长，有不少的情侣都在这里拍照观望。不过，路过这里时要注意，摸这棵树是很有讲究的。据说，和睦的夫妻只能摸整合为一的树干，手重叠着手摸后能亲密无间；不和夫妻或希望破镜重圆的夫妻，只能摸分开的两株，一人摸一株，意为相敬如宾，摸后就会和好如初。

而夫妻岩，顾名思义是以夫妻形象而命名。这两座巨大的山峰，形似紧紧依偎的男女，当地称它们是爱神的化身。据说，两个人只要在夫妻岩前拜一拜，许个愿，就会恩恩爱爱，白头偕老，永不分离；相恋的情人则能忠贞相许，姻缘美满。

在黄石寨后山有一座貌似女人的山峰屹立在山峦之间，它身材匀称，长发披肩，凝首翘望，似乎在等待自己的丈夫归来，所以又叫望郎峰。最特别的是，如果你站在不同角度望去，形态不一，或看到一个妙龄少女，或看到一个白发老人。站在这里，姑娘们可要将自己的男友守望住了，不要让这样的孤独上演在你的身上哦。

当你们携手走过张家界，山与树，清水流溪，都是你们爱的见证，你们爱的足迹永久留存于此。

张家界的景色秀美，其所蕴涵的爱意隽永长久。

张家界的山峰都紧紧相依如同一对对恋人

最浪漫的事

1.一起拜会夫妻岩

耳鬓厮磨，窃窃细语形状的夫妻岩，被当地人视为爱神的化身。当地人都说，恩爱夫妻拜了夫妻岩，就会更加恩爱，白头到老；不和睦的夫妻，拜了夫妻岩就会和和美美；如果夫妻一方有外心，拜了夫妻岩就会坦诚相见，再无二心；初恋情人拜了夫妻岩，则保佑忠贞相许，姻缘美满。这样美好的愿望你们又怎么能错过呢？

2.到"木石之恋"前拍照

"木石之恋"位于张家界的天门山顶，其景树木与石头相依相存，树依石而生，石抱树而立，如同一对对相濡以沫的恋人。这里没有钻戒和玫瑰，有的是天荒地老的见证。

3.一辈子只为你一人风情万种

在天门山，和爱人来到山脚下的峡谷剧场，可以欣赏到山水实景音乐剧《天门狐仙 · 新刘海砍樵》。当狐仙撕心裂肺地向天哭诉"为你而生，为你而疯，为你而死，为你而痛，一辈子只为你一人风情万种"时，这穿越千年的爱情种一定也会将你们感染。

侣行资讯

甜蜜交通

张家界火车站目前已与北京、上海、广州、深圳、长沙、南宁、贵阳、宜昌、湛江、遵义等多个大中城市开通了旅客列车。张家界至广州、长沙、南宁、贵阳等城市有始发车，乘坐较方便。

张家界荷花机场位于永定区官黎坪办事处荷花村，目前已开通往返全国20多个城市的航班，但除上海、北京、广州、天津、成都、长沙、西安、青岛、沈阳、厦门、杭州、南京之外，其他城市并不是每天都有航班，航空时刻表经常变化，因此要以当地售票处电脑上显示的班次为准。机场距离张家界市区仅5公里，交通便利。写有“张家界机场大酒店”或“张家界荷花机场”字样的机场大巴，一般停在机场出口，十几分钟路程，5元到市区的机场大酒店。另外4路公交车和出租车也有到市区的。

张家界汽车站（0744-8305599）位于市区回龙路与人民路交叉口，是综合性车站，有发往省内、外一些大中城市的长途车，也有发往张家界市周边景区和附近县市的短途车。

双栖双宿

张家界住宿一般是在景区内，有山有水，景色宜人。向家居客栈（武陵源区袁家界景区百龙电梯上站下坪组）是整个景区内唯一可以观日出的地方；张家界京武铂尔曼酒店（张家界原生态核心风景区内）依山傍水，安静舒适；张家界江汉山庄（武陵源核心风景区内）奢华高贵，优雅时尚。

食在侣途

土家菜具有湖南菜的特色，特别钟爱腊、酸、腌制菜食，风味独特。特色菜有腊猪头、“团年菜”、血豆腐、合渣、酸鱼肉、泥鳅钻豆腐、乌鸡天麻汤等；风味小吃有社饭、猪血稀饭等，这些在景区内和市区均可以吃到。凤湾大桥附近的“胡师傅三下锅”（10路车可到），特色菜是干煸肠子和干煸核桃肉，可以放在一个锅里炖，味道超好；三角坪的老武鱼头火锅店（7路车可到）有很鲜美的汤，推荐品尝。

侣行提示

机场外出租车管理较混乱，抢客、宰客现象比较严重，因此选择出租车一定要谨慎，可以由事先联系好的当地导游出面交涉谈好价钱。乘坐时最好记下车辆及司机信息，如打表要记得索要票据，以备投诉。

快乐购物

在张家界可以选择性的购买一些龟纹石、土家粘贴画、土家织锦等纪念品。位于永定区人民广场（普光禅寺附近）的人民广场商业步行街和位于武陵源区武陵大道的天子街，是以销售土特产为主的大型旅游商品步行街，不过购买时要注意鉴别质量、大胆砍价。

同时可游

黄狮寨

这里向来有“不登黄狮寨，枉到张家界”之说。孤峰兀立，四面如削，无路可通，只能远视，不能近看的天书宝匣；如镇山之卫士，精悍潇洒，超凡脱俗的南天一柱；兼具“古、大、珍、奇、多”特色的黑枞脑林，都是不可错过的视觉享受。

索溪峪

索溪峪西海、十里画廊、水绕四门、黄龙洞、百丈峡、宝峰湖等景点齐聚。其中，西海“峰海”、“林海”、“云海”，三海合一；十里画廊中，峡谷两侧群峰凛然而列，如同一幅生灵活现的天然雕塑画；还有从西、北、南三谷口流出的三条溪水，相汇合流注入索溪，组成了水绕四门的奇景。

003 凤凰古城

凤凰城里沱江携手泛舟

湖南省湘西自治州西南部的凤凰县。

凤凰古城风景秀丽，以东岭迎晖、南华叠翠、奇峰挺秀、溪桥夜月、龙潭渔火、梵阁回涛、山寺晨钟、兰径樵歌八大景区著称于世。清澈明亮的沱江水、翠绿成荫的南华山、成排高悬的吊脚楼、宁静古朴的石板街、雄壮的“天下第一大石桥”、溶洞景“奇梁洞”与中国南方长城、黄丝桥石头城、沈从文故居、熊希龄故居、虹桥风雨楼以及浓厚的民俗风情等构成一幅天人合一的风景画，形成一道自然和人文相互交融的独特旅游景观。

古城依山傍水，清浅的沱江从城中静静的流过，岸边伫立着红色砂岩砌成的城墙。南华山衬着历史悠久的城楼，惊风沐雨，虽然铁门已锈迹斑斑，但依然能察觉当年威武的模样。北城门下宽宽的河面上，横卧着一座窄窄的木桥，桥下有石墩，这座古老的木桥曾经是出城的唯一通道。

清澈的沱江河水，从城墙边浅浅的河道流过，水流清幽和缓，透过河水你可以看到柔波里招摇的水草。你可

便利贴 Tips

1 甜蜜侣行时间

七月或九月到湘西旅游还可以赶上苗族农历六月初六的大型歌会或立秋的赶秋节，到时可以感受少数民族的特色节庆。凤凰古城四季皆宜。

2 预计侣行天数

3天的时间是一种安静浪漫之旅。

身在凤凰古城，会有种与世隔绝的感觉。

以和爱侣撑一支长篙，在水面闲荡；或者坐在乌篷船里，相依相偎，听着艄公的号子，沿凤凰城的母亲河沱江河的水顺流而下，穿过虹桥，一幅江南水乡的画卷便展现于眼前。看着两岸已有百年历史的土家吊脚楼，风光依旧，还有那岸边捣洗衣服的妇女，淳朴动人，别有一番韵味。

白浪滩头，乌篷船的船夫击鼓呐喊，苍崖翠壁，杜鹃花开焰焰欲燃，吊脚楼头，沙哑热辣的情歌随风飘扬，长亭外，老林边，欢歌迎。翠翠凄美的爱情故事打动了无数情侣们的心，他们携手走在这个穿越千年的石板桥上，感受相爱是一种幸福，相伴是一种快乐。

你可以与爱侣牵手走在石板小街上，看着美景听着山歌，听那不绝于耳的桨声，感受这个寂静安详的小城；与爱人泛舟在沱河上，看着岸边的古城，让思绪如清波一样任微风飘洒，如同沈从文所描述的那般如歌如梦，荡气回肠，感受这个令人震撼的小城；与爱人在湖边茶吧依偎而

坐，喝着绿茶，晒着暖暖的太阳，享受潺潺流水声里的宁静和心灵交融的快感，感受这个清幽舒适的小城。

身在凤凰古城，你有与外界隔绝的感觉，这里的世界仿佛只有你和爱侣独享。如果你们关掉手机，避免被突如其来的铃声打扰，那么这个浪漫的旅行会显得更加单纯无杂念。这样的旅行不正是你们所追求的吗?

当然，如果你们无法忍受这种安静，你们可以去对歌，可以去看龙舟，可以去沱河天然洗浴，这也是非常惬意的事情。在古城里，只有酒吧能为你们提供现代化的精致和便捷的生活方式。窗外是小桥流水，窗内是轻扬的音乐，可口的饮料，翻过的杂志。

在这么一个有魅力景色既安静又充满乐趣的古城，欢度你们的浪漫之旅，或许其中的美妙只有你们心里的甜蜜能够为我们解读。

最浪漫的事

1.跟着他去花定情

“花定情”是苗家青年谈恋爱常以花为媒的一种方式。在苗族举行盛大歌节时进行。这天，男男女女来到歌场，一边跳着竹竿舞，一边吹奏着金芦笙，再唱起心中的歌。歌场上，如果歌郎看上了某个姑娘，便设法将一朵花放在姑娘容易见到的岩坡上，自己躲藏起来。如果姑娘看中歌郎，就唱《追花歌》：“天上有云才打雷，席上有酒才摆杯，塘中有鱼才下网，阿妹有心花为媒”，歌郎便从树丛里走出来，用歌对答：“山中锦鸡网不围，梁上燕子人不锥，阿妹呀，你胜似锦鸡巧燕子，你是我心中一朵梅！”这是多么浪漫的一种求爱形式。

2.爱情在石板小街上悠然前行

只有当你和爱侣牵手走在凤凰古城的石板小街上时，才能真正地体会到那种浪漫和安静。看着两旁古色古香的小店，看着岸边捣洗的妇女，听着优美的山歌对唱，甚至船夫划桨的声音都能在你们耳边荡起华美的旋律。你们的情话都能被小城激起优美旋律的音符。

凤凰古城依山傍水，清浅的沱江从城中静静的流过，岸边的船只、水车、房屋会让你们感受到一种超脱于世间的宁静。

夜色里的凤凰古城，除了灯火霓虹之外，还多了份湘西小镇的宁静。

侣行资讯

甜蜜交通

到凤凰古城游玩，一般可以乘火车到吉首，吉首火车站有很多开往凤凰县的班车，15元每人。打车大约在70元。也可以坐火车到怀化，从怀化坐汽车到凤凰县要20元左右。凤凰古城内，一般步行即可，不用坐车。坐车的话，绿色的士起价3元，环保电瓶车1元/人。

双栖双宿

在凤凰古城住宿环境优美、静谧、温馨。小桥流水人家美宿（凤凰古城南门沱36号/0473—3221786）亭台楼榭、回廊重叠，极富地方特色；百花园客栈（凤凰古城回龙阁127号/0743—2190399）花前月下，无限柔情；悦容阁（凤凰古城文化广场/0743—3226673）易观日出、看云海；1314蜜月客栈（凤凰古城回龙阁115号/0743—3228331）浪漫温馨，舒适卫生；沐曦园家庭宾馆（凤凰古城回龙阁64号/0743—3229801）依山傍水，环境宜人。

食在侣途

在古城游览可以品尝凤凰血粑鸭、糯米酸辣子、社饭、苗家菜豆腐、湘西米粉等美食。凤凰城内有一家“大使饭店”，特色菜有乾州鸭子、地衣、蕨菜炒隔年熏腊肉、罐罐菌、农家菜豆腐、酸菜汤煮豆腐、凤凰酸萝卜等，量多味美价廉，可以叫上几碟菜和一瓶“酒鬼酒”，会吃得很开心。

快乐购物

情侣在凤凰古城旅游，购买手工艺品自然是不可少的了。到苗集一定要买绣品，鸳鸯的宽腰带、绣花的宽手链等都很精美。还有一种可以刻字的豆子，3元钱一个，正反面刻上想刻的话或祝福，是很独特的。苗服是很漂亮的，只是很贵。还有一些银饰什么的都可以购买。

同时可游

山江苗寨

鲜丽夺目的苗族服饰，情调优雅的拦门酒，风格别致的卡鼓、激情悠扬的拦路歌、形式独特的边边场，会使你耳目一新，如痴如醉；情侣到此可以享受传统节日“四月八”的跳月跳花，“六月六”的山歌对唱，这将会使你们心动神摇，叹为观止。另外，勾良苗寨民俗风情浓郁、风景秀丽，有苗家巫术绝技表演，还有壮观的古妖潭瀑布群和茶龙洞瀑布等风景都是不可错过的。

奇梁洞

奇梁洞的美景可谓是奇观，这里由山、河、峡谷、绝壁、险滩、飞瀑、丛林、田园、村落描绘了一幅山水岩洞画，以“奇、秀、幽、峻”四大特色著称，有“奇梁归来不看洞”之说。在小溪右岸石壁上垂下一把“荷花伞”，流水有声，传说是何车的护身法宝。

南方长城

我们都知道万里长城，在凤凰古城周边也有一座长城，被称为“苗疆万里墙”。在那时断时续的城墙和一些保存完好的城堡上，它表现了一个朝代的特征，是中国历史上工程浩大的古建筑之一。

004 大理

蝴蝶泉边绝唱忠贞誓言

云南省中部偏西，市境东巡洱海，西及点苍山脉。

蝴蝶泉头蝴蝶树，
蝴蝶飞来万千树，
首尾连接数公尺，
自树下垂疑花序。

——郭沫若《蝴蝶泉》

说起大理，给人们的印象是苍山洱海，风花雪月，似乎与蝴蝶泉没有太大关系。但是蝴蝶泉是大理三大景区之一，它以独特的景色成为情侣们眷顾的地方，成为许多情侣们在此许下美好愿望的地方。

大理给人们以太多的遐想，这里俨然是浪漫的发源地，蝴蝶泉有很多美丽的爱情传说，这里的白族风情深深地吸引了游人的眼球，因而蝴蝶泉便成了情侣们表达忠贞之爱的圣地。

蝴蝶泉位于苍山云弄峰下，在白族人的心中，蝴蝶泉是一个象征忠贞爱情的泉。每年蝴蝶会，来自各方的白族青年男女都会蜂拥而至，“丢个石头试水深”，用歌声寻找自己的意中人。蝴蝶会于每年农历四月十五举行，届

便利贴 Tips

1 甜蜜侣行时间

最佳游览时间是每年的4月中旬，因为这时能观看到蝴蝶相会于蝴蝶泉，其他时间来早已经没有蝴蝶了。

2 预计侣行天数

大约需2到3天享受蝴蝶泉的浪漫。

时，成千上万的蝴蝶从四面八方飞来，在泉边漫天飞舞，铺天盖地，首尾相衔，就像郭沫若诗中所描述的那样，蔚为奇观。

在郭沫若的长诗中，叙述了一个流传很久的传说，故事演绎了蝴蝶泉边白族自己的梁山伯与祝英台凄惨的爱情悲剧。相传，孤女雯姑与猎手霞郎双双爱慕，但是当地的恶霸垂涎于雯姑姑娘，借机迫害霞郎，想把他们拆散，相爱的人誓死不分开，被迫双双跳入蝴蝶泉。顿时，电闪雷鸣，暴风骤雨。雨过天晴后，湖中飞出了一对蝴蝶，年复一年，不知疲倦地在泉上飞舞着，歌颂着雯姑和霞郎坚贞不渝的爱情。

蝴蝶泉在当地有许多与爱情有关的传说，版本多种多样。比如，还有这样一种说法：很久以前，潭边有一巨大的恶蟒，扰乱了人们的生活。一天，两位白族姑娘被恶蟒缠住，痛哭叫喊。有位猎人见状，拼死相救，最后杀掉了恶蟒。两位姑娘为报救命之恩，执意要嫁给猎人为妻，猎人婉言谢绝，两位姑娘失望之余，随即投潭而亡，猎人懊悔不已，也跳入潭中，三人化为三只彩蝶，飞舞于潭边。各方蝴蝶飞来相聚，这就是闻名中外的“蝴蝶会”。

这里还有反映蝴蝶泉边白族生活的故事片《五朵金花》，极好地宣传了蝴蝶泉的奇异景致，蝴蝶泉也因此在世界上闻名遐迩。蝴蝶泉象征着爱情的忠贞，想旅行的情侣们，不妨与心上人到蝴蝶泉去看看万千蝴蝶相会的场面，踏寻千古绝唱的爱情故事。

蝴蝶泉的那些美丽的传说，为爱情增添了许多情趣与浪漫。蝴蝶泉也倚着它的特色享誉世界的每个角落，从岩缝中浸透出来的泉水，水质特别纯净，泉的上空飘飞着万千蝴蝶像是为游人们的到来欢呼雀跃，游人们为此都驻足合影留念。

蝴蝶泉的传说和这一奇景似乎是为你们的浪漫的爱情歌舞，一张亲昵的合影会留住你们所有的浪漫，有这样的人生幸事，岂不乐哉！

1.与爱人一起留影合照

牵着爱人的手，以蝴蝶泉为背景，让五彩缤纷的花团锦簇散在周围，头上的蝴蝶也在成群结队的盘旋飞舞，照上一张代表你们的爱情的合影好似胜过人间影楼。泉水的清澈说明你们的爱的纯洁，蝴蝶成对的飞舞代表着你们终成眷属，花团锦簇让你们享受幸福人间。爱的自然爱的浪漫值得留恋。

2.一起向泉里丢个石头

白族风俗里弥漫着浪漫的情调，你可以满足爱侣的小小心愿，“丢个石头试水深”，用歌声重新找到你身边的那个爱侣，让她感受一下白族姑娘的浪漫情调。面对蝴蝶泉许下你们心中的美好愿望。就像歌里唱到的那样“橄榄好吃回味甜，打开青苔喝山泉，山盟海誓先莫讲，相会待明年。明年花开蝴蝶飞，阿哥有心再来会，苍山脚下找金花，金花是阿妹，苍山脚下找金花，金花是阿妹。”

侣行资讯

甜蜜交通

蝴蝶泉位于大理县城，可乘坐火车、飞机、客运到大理县城，大理县城有中巴到蝴蝶泉，约40分钟即可到达，票价4元。可以从古城西门外或是博爱路拦过路中巴。也可以乘坐下关到洱海方向的客运班车。

双栖双宿

情侣在蝴蝶泉游玩可以在大理古城内住宿，或到周边的旅店住宿。清心庭院（大理古城平等路福康里36号）为少数白族民居之一，庭院古朴雅致；榆安园（护国路西端）优雅庭院；复春和（古城护国路和复兴路交界处）为白族庭院式酒店；CA招待所（古城南城楼的文献路）距南城楼很近。

食在侣途

如果在蝴蝶泉周边品尝美食，或许不是那么丰富。生皮、砂锅鱼是大理蝴蝶泉的名菜。生皮就是我们所说的猪肉，但是吃法是不一样的；砂锅鱼，你们可以在游船上吃，味道非常鲜美，又十分别致。

快乐购物

游客可以到附近的小城或小村子购买一些当地的民族工艺品，很方便携带。还可以到周村买一些蜡染和扎染带回去装饰你们温馨的小屋。

同时可游

南诏风情岛

看完泉水再看看民俗风情不失为一种乐趣。在蓝天之下静卧，在碧水之中游弋，这里风光秀丽，景色优美。如果夜宿小岛还可以感受渔村的情怀，看看歌舞表演，品品白族茗茶，和爱侣相依在岛上看着眼前的海水，湛蓝、清澈、透明的让你们感怀，相拥而吻，山水见证。

鸡足山

登山赏景，心境开阔，鸡足山气势磅礴，山峰直耸云海，山上松林茂密，修竹丛生，观日出，看海景，望雪山，站在制高点向远处望去，一片开阔。再到佛堂为你们爱情的浪漫长久祈福。还可以看到罕见的天柱奇光。

大理崇圣寺三塔与远处的苍山、洱海相互辉映，点缀出大理古城的历史风韵

005 敦煌

山与泉的千年之恋

甘肃省酒泉市，古代中国通往西域、中亚和欧洲的交通要道——丝绸之路上。

敦煌似乎是中国的文物库，这里汇集了中国几千年的文化，可以说是文物遍地。敦煌石窟、敦煌壁画、玉门关和丝绸之路见证了贯穿中国古代繁荣昌盛及其发展。

情侣们游玩此地，千万不能错过鸣沙山与月牙泉的相识、相容与共存的天下奇观。当你们携手看到这一景致时，一定会因眼前壮丽的景观而引发无限的遐想。无论你们曾经恩爱有加，还是曾经有过猜疑和不理解，但是当你们一起来到这里，看到这么美丽的景观，一定会觉得相伴旅游是人生之幸事，从而倍感珍惜你们今后的日子。如此一来，你们的爱情之旅也就圆满了。

白日的喧嚣已渐渐地归于平静，敦煌壁画在寂静的夜里更显神采；落日的余晖已渐渐隐去，玉门关在寂寞之中更显得诡秘；销魂的寒风已经停止，莫高窟在辉煌的灯火中更显神秘。在敦煌无论是沙漠、壁画、石窟都能为你留下美丽的回忆。这样的记忆或许能成为你们向未来孩子讲的故事。

便利贴 Tips

1 甜蜜侣行时间

敦煌属于内陆干旱型大陆性气候，全年干旱少雨，有时还有风沙天气。不过每年的5月至10月是敦煌旅游的最佳时间，这时风少可进鸣沙山。

2 预计侣行天数

两天的时间会为你们的浪漫刺激之旅画上圆满的句号。

漫漫黄沙中的一弯月牙泉

每个人都知道水火不能相容，沙漠清泉难以共存。然而这一奇景却在我们的现实生活中存在了几千年。在鸣沙山中，你可以看到沙漠与清泉和谐共处的奇景，这就是天下沙漠第一泉——月牙泉。它就像依偎在情人怀抱里的一位妙龄少女。围绕着她的是连绵起伏的漫漫黄沙，远远望去，沙峦高低起伏，汹涌磅礴。月牙泉像半空中悬着的一弯新月，脱离天际独自落在黄沙里。泉水清凉澄明，喝上一口，味美甘甜，它在沙山的怀抱中静静地躺了几千年，虽常常受到狂风肆虐，流沙袭击，但依然碧波荡漾，水声轻悠，被人们称为天下沙漠第一泉是实至名归。

行走在鸣沙山，许多情侣会为它的壮观景象而倾倒。“传道神沙异，暄寒也自鸣，势疑天鼓动，殷似地雷惊，风削棱还峻，人脐刃不平”，唐代诗人用这首诗生动地描述了鸣沙山。当大风狂啸而来时，鸣沙山的沙子会向前推移并发出打雷般的响声，这就是鸣沙现象。遇到这种情况。男士可要牵住爱侣的手哦，做爱侣的保护伞，给她安全感。

看到月牙泉，没有人不为它存在于沙漠之中而赞叹不已：一湾清泉，泉水清澈，碧如翡翠，鱼儿水中游。泉在流沙中，干旱不干涸，风吹沙不落。走过浩瀚的沙漠，来到月牙泉边，先前的炙热似乎灰溜溜的躲进了沙窝。捧一碗清澈的泉水令你们浑身凉爽，好不浪漫。

在鸣沙山和月牙泉旅行，虽然身体要经受疲劳，但如果你们携手穿过沙漠，来到月牙泉边许上一个愿望，你们的爱情定会增添许多浪漫。

最浪漫的事

1.走上沙丘向下俯瞰

来到鸣沙山，与情人登上连绵的沙丘向下俯瞰，把整片沙漠踩在你们的脚下，对着茫茫大漠向你的爱侣高喊“我爱你”，你的声音会伴着流沙飘向远方。这预示着你们的爱情就如同风沙一般永久飘荡。

2.为爱侣捧上一碗月牙泉水

站在月牙泉边，为你的爱侣捧上一碗清澈的泉水，洗一把脸。再看泉边的罗布麻花开，躺在那里尽享沙漠中的浪漫情话。据说这种植物还是一种中草药呢，可以治疗感冒等。

3.和爱人一起滑沙

很多人都听说过滑冰、滑雪，很少有人听说过滑沙吧。在鸣沙山滑沙，是最好玩的也是很独特的。和爱人一起走上沙丘，手牵着手向下滑去，耳边有流沙在不断的轰鸣，又好玩又刺激又新鲜，这是很浪漫的双人滑沙。用你们的爱滑沙也能滑出优美的旋律。

侣行资讯

甜蜜交通

敦煌市的3路公交车直达鸣沙山和月牙泉，除了在汽车站乘坐，还可以在反弹琵琶雕像前乘坐，票价为1元。另外，如果你们包车到敦煌石窟参观，它可以免费送你们到鸣沙山和月牙泉。

双栖双宿

敦煌的住宿条件十分不错，环境整洁。月泉山庄（在鸣沙山脚下）价位低廉离鸣沙山近；敦煌诚远山庄（0937—8835027）环境优雅；敦煌风非沙国际青年旅舍（甘肃省敦煌市月牙泉风景区）在景区之内，景色迷人。

食在侣途

敦煌充满了西北风味，景区内吃饭很贵。驴肉黄面、敦煌酿皮子、敦煌臊子面、泡儿油糕等都是当地的美食。在鸣山路飞天宾馆附近有一些不错的饭店，在大街小巷里都能随意吃到美食。敦煌市西大桥农贸市场门口（敦煌市文庙巷84号）的顺张驴肉黄面馆，是吃驴肉黄面的最好去处。

快乐购物

手工地毯、彩塑、水晶石眼镜、工艺字画、工艺骆驼、夜光杯、敦煌蜡染、古董等都是出了名的特产。还可以买一些李光杏、紫阳桃、鸣山大枣、阳关葡萄、黄河蜜瓜、冬果梨等水果。敦煌酒、敦煌矿泉水、敦煌水果饮料也很受人们青睐。夜光杯是最出名的，一定要买个回去。敦煌的购物商城大多集中在市中心反弹琵琶雕像的四周，想要的在那里均能买的到。

侣行提示

需要提醒情侣的是，在鸣沙山不要将照相机暴露在外面，因为沙子会影响相机的性能。

同时可游

莫高窟

莫高窟的名声已经响彻海内外了，它的历史影响力可谓达到了世界之巅。这里拥有我国古代十几个朝代的建筑风格和艺术成就，甚为壮观，不得不看。它的摩崖石刻、壁画等都是艺术精华。

玉门关

“黄河远上白云间，一片孤城万仞山。羌笛何须怨杨柳，春风不度玉门关。”王之涣的这首《凉州词》道出了玉门关的凄凉。但是却引发了人们对富有神奇传说的塞外的探秘之情。在那凄凉的关喉要道戈壁滩，却有着探险家的足迹。

雅丹地貌

神奇的大自然给了我们神奇的世界，而神奇的世界塑造了美丽的雅丹地貌。在这里坐落着布局整齐，造型奇特的天然博物馆。身处其中，寒风袭来，响声诡秘，登高远眺，阳光四射，身旁光影怪异，好不神奇，给人以美的享受。

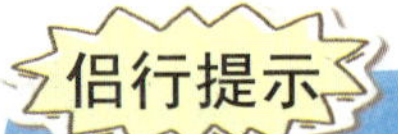

在敦煌游玩日晒且风沙很大，要准备好遮阳伞、墨镜等防晒的工具。以免让自己的女友受到不必要的辛苦。

006 黄山

不同寻常的同心爱情路

安徽省南部黄山市境内，有“天下第一奇山”之美称。

中国有五大名山，俗称“五岳”。黄山享有“五岳归来不看山，黄山归来不看岳”的美誉。奇松、怪石、云海、温泉四绝使黄山闻名于世。黄山奇峰林立，植被葱翠；动物遍野，激叫争鸣；湖瀑泉溪，交相辉映。风景秀丽的自然景观使这里成为“天下第一奇山”。游人们到此，叹为观止。

无论是自然景观的奇峰怪石，还是人文景观的亭台楼阁，黄山都吸引了许多情侣慕名而来。或许是黄山铸造了爱情，或许是爱情塑造了黄山。总之，黄山的确成为情侣的必游之地，黄山之美无须多言，代表着爱情的海枯石烂的同心锁、情人谷神，都受到了情侣们的青睐，黄山四绝似乎也为情侣们的忠贞做了见证。用绝壁崖上的同心锁把你们的心锁住，投入万丈深渊，这表明你们的爱情永不变的决心；在情人谷中，用歌声诉说着你们的爱情，在这幽深的峡谷中，大胆地喊出你心中的爱，这表明你们的爱情充满着纯真与灵秀。

走进北海景区的同心锁旁，和爱侣一同许下美好的

便利贴 Tips

1 甜蜜侣行时间

黄山四季都有其独特的美景，一年四季皆可游览。不过黄山的冬季似乎更吸引游人们的眼球。每年的4～11月是黄山的游览旺季。夏季的彩池会更加绚丽。

2 预计侣行天数

3天的时间会让你们尽兴而归。

黄山四绝之一——奇松

愿望后，将钥匙抛下幽深的山谷，表达爱得真、爱得深的誓言。阳光照在护栏边把把同心锁上熠熠生辉，似乎每把同心锁都在诉说着不老的爱情。阳光蒸腾，脚下的云雾有节奏地升腾，顿时惊现出壮丽的云海。情侣们为了表达自己的爱，纷纷在此刻依山而盟，面海而誓。云海间显现出阳光的金光闪闪，似乎太阳都听到了你们的誓言。山水交错，海誓山盟，情与爱的交织，心与锁的印证，这里一切都已无关紧要，唯有爱的海誓山盟。

身处情人谷，看怪石林立，轻轻流水，气势勃然，环看四周，植被茂密，奇形怪状的石头惟妙惟肖，诉说的情话似乎回荡在山谷中。瀑布、竹海交相辉映，别有一种奇异韵味。历史上不知有多少情侣曾在此倾吐爱情，弹奏恋歌，就像歌中所唱的那样："山有情、水有情，翡翠谷中藏真情，情有我，情有侬，患难相助情更浓。"这片灵秀、纯真和多情的峡谷散发着无瑕的爱。

在情人节或是你们的某个纪念日时，牵着爱侣的手走上黄山，到同心锁旁许上心愿，抛掉钥匙。到情人谷中诉说爱的诺言，畅想未来，惬意欢快浪漫的旅行，让你们爱得更加热烈。

李安的《卧虎藏龙》就是在情人谷中拍摄的，得到了外界的好评。给观众一个视觉上的享受。

依偎在男友的身旁，看着黄山的云海、日出，与你的情人耳磨私语，告诉他你愿意跟他一辈子，这或许不是很浪漫，但在这样的美景下，就是想不浪漫你们也不会抑制心中的激动吧。

最浪漫的事

1.缠绵情人谷

情人谷能够吸引情侣们的目光，除了它美丽的风景之外，还有一段浪漫的爱情故事。据说在1988年，黄山来了30多位青年男女，由于黄山当时未开发完全，使得他们在登山时被困其中，最终靠着相互帮助和扶持才走出峡谷。由于他们在困境中的相互鼓励，后来有10多对结成了伴侣。正所谓“患难见真情”，这也许就是情人谷成为恋人们游黄山必游地的另一原因。

2.用锁锁住你们的爱情

同心锁是黄山的一大诱人之处，来到这里的情侣，都会在这里用锁锁住自己的爱情，将钥匙抛下万丈深渊，以此来表达自己对爱人永不变心的忠贞。如今看黄山的同心锁，有的已经上了绣，但仍然悬在那里。它们在那里静静地演绎着一锁一爱情的故事。

3.爱字石前来留恋

情侣们来到翡翠谷一定不会错过那块巨大的爱字石，鲜红的爱字是你们爱情的佐证。站在爱字石前摆个心的造型或是亲吻一下对方的脸颊，在这里留下你们永久的回忆。

4.夫妻双双游彩池

黄山的彩池可以说是一绝，在翡翠谷里彩池大小不一、形状各异，池水清澈透明，倒映着两岸的青山绿树，吸收着各种光线。每个彩池都如翡翠般的颜色散发着美丽。池水随着清风的拂动，涟漪的波纹形成各种图案，好不诱人。

侣行资讯

甜蜜交通

黄山屯溪机场在黄山市屯溪区西北郊，距离市中心约5.5公里。 现开通至北京、合肥、广州、上海、重庆、厦门等城市的航班。黄山火车站有发往全国各大中城市的列车。在车站打车到黄山风景区大约要120元左右。黄山公路交通十分方便，全国各个到往黄山的客车都停靠在屯溪汽车站。另外，黄山还有从汤口汽车站直接发往上海、江西、江苏各地市的长途班车。黄山景区内也有一个转运中心。

侣行提示

屯溪汽车站咨询电话 0559−2566666

双栖双宿

情侣旅行如果想节省时间，可选择住在黄山景区内，但是价格要高些。也可以选择到黄山市里住宿，条件要更好一些。云海楼酒店（黄山风景区汤口镇汤山路/0599−5561109）接近景区，服务周到；黄山鸿韵快捷酒店（黄山风景区脚下汤口道遥水街/0559-5567128）依山傍水，有豪华蜜月房；徽州文化园华商山庄（徽州西路徽州文化园）庄园环境，交通便利；黄山笨骆驼自助游酒店（黄山风景区汤口/0559-5562538）舒适卫生，交通便利。

食在侣途

黄山属于徽州菜系，美食独具特色。毛豆腐、红烧臭鳜鱼、黄山双石、臭豆腐和如意鸡等都是来黄山不可不品的特色美食。但是在景区用餐是很贵的，可到黄山市内品尝。屯溪老街第一楼（0559-2539797），古色古香，是很有特色的一家餐馆。

快乐购物

在黄山旅行，女生可以为男友买些黄山毛峰或是太平猴魁茶叶，价格很便宜，这是对男友爱的表达。黄山猕猴桃味美，营养很丰富，买上一些，让水果的香甜为你们的爱情加油，何乐而不为之。

同时可游

西海大峡谷

这里山洞幽邃、峰峦林立、秀丽奇特，令人们叹为观止。这里最大的特点就是清幽，没有其他景区那样喧嚣，似乎是你们谈情说爱的好去处。走在这里就像进入了梦中的仙境，正如古书《黄山志》所记载："黄山历来有南雄北秀东奇西幻之说"。

迎客松

有人会说一棵松树有什么好看的。殊不知，迎客松是黄山的标志。在北京人民大会堂里的墙壁上，赫然有一张迎客松的画。它的独特造型就像一个人张开双臂迎接远道而来的客人，随和大度，姿态优美。

天都峰

当地的民谣说："不到天都峰，白跑一场空。"天都峰的道路十分险峻，登上天都峰俯瞰整个黄山，山峰奇秀，怪石林立，洞壑幽深，林木苍翠，百花竞艳，好一幅壮美山河。站在山顶，你们的爱情也站在了最高处。

007 婺源

绽放的爱情一片金黄

江西省东北部，原属徽州六县之一，是徽州文化的发祥地之一。

半亩方塘一鉴开，天光云影共徘徊，
问渠哪得清如许，为有源头活水来。
——朱熹《观书有感》

虽然这首诗是在激励人们努力读书，但是这首诗的问世源于对婺源的赞美之情，一眼望不到边的金黄色的世界，身处其中简直让人无法相信自己的眼睛，一切好似在做梦。她的美征服了人们的心灵，也征服了整个世界。

和爱人徜徉在金黄色的世界，踏着青石路，闻着花香，看着蝴蝶在油菜花上缠绵，你们的爱情就绽放在朵朵充满着花香的菜花中。在金黄色的油菜花中，你们的呼吸声似乎都能抚动每朵花。你们可以依偎在一起，坐在金黄色的油菜花田里，互相依偎，卿卿我我，耳磨私语。看着形影不离的蝴蝶在花丛中嬉戏飞翔，成双成对的情侣或许会产生一种同感，恩恩爱爱原来是如此简单。

林木葱郁、峰峦竞秀、峡谷幽深、溪流潺潺，这些好似不能完全展示婺源的美，似乎不足以使你们的爱情充满

便利贴 Tips

1 甜蜜侣行时间

在每年的3月，婺源的油菜花漫山遍野的开放，在太阳的照射下，散发着温暖和烂漫的气息。观赏婺源的青山绿水可以在每年的春秋季节。

2 预计侣行天数

3天的时间体验金黄的浪漫和温暖。

浪漫。婺源之美在于山水相依，金黄成片。人与自然的和谐之美体现得淋漓尽致，也成为中国最美的山村。你们的浪漫充满在一片田园气息里，放眼望去，小木屋、油菜花、菜花风车、小溪水、乌篷船、木桌椅，都是你们谈爱的好去处。站在高处，俯瞰菜田，一片金黄，以前的烦恼在这时早已随清风飘离而去。

蓝天里白云下，走在诗情画意的万亩油菜花中，有道不尽的千般风情万种情思。山水之中，远处望去，在金黄色的世界里，闪动着星星点点的青瓦白房，那是小村庄呈零星的散落着。天高云淡，溪水潺潺，村落老屋，炊烟袅袅，青山绿水，层层梯田，成片的金黄色与那村庄相映成趣。

雨过天晴，田间的油菜花散发出清新的氧气，烟雾蒙蒙覆着整个花田之上，黄花娇滴滴的吐露着水珠，在阳光的照射下，更加晶莹剔透，那花香更加散发着芬芳，十里飘香。身处其中犹如在梦中行走，用你们的方式去打破云霄，表达你们这如梦境中的爱。

残阳西下，油菜花田更加安静，除了轻风拂动菜花的声音，唯有你们的脚步移动声，清晰地映入你们的耳边。谁都不愿意打破这块净土。晚霞落幕，云气蒸腾，相拥而行，享受着这份安逸与梦幻。

每当情侣行走在金黄色的世界里，就会有种心灵的交融，你们独享着二人世界，其乐浓浓，其情也浓。一个仿佛如梦的世界是属于你们的爱情。和爱人一起携手，或穿过山林之间，或走到层层梯田之上，或漫步在小溪旁边，无论是树荫、倒影还是那小溪流水的声音，都会为你们的爱情留下烂漫的痕迹。和爱侣带着梦想一起坐上乌篷船，划进溪水的清波之中，感受远处的花香；和爱侣一起躲进婺源山村的梦里，远离城市的喧嚣，独享这份安逸。

在这个开满金黄油菜花的静谧的世界里，你和爱侣的心似乎和溪水一样清澈，不需要用什么甜言蜜语向对方表白，你们只需默默地凝视对方，你们的爱情就会与油菜花一起绽放，散发着无尽芬芳的花香。

秀气的婺源小村庄

最浪漫的事

1.徜徉在油菜花田中

与爱人手牵手，肩并肩在金黄的世界里漫步前行，那种唯美的浪漫是世间罕见的。身旁被金黄色围绕，面对着你的爱人，说着情话真是好不惬意。如果你们走累了，偎依在一起，仰望着天空，似乎这个世界只有你们两个人幸福的生活。

2.乘木筏在水中漂

有花没有水似乎算不上完美，情侣出行至此，不妨乘上一只木筏，戴上斗笠在林中游行，看着云朵一片片的飘过水面，体味一回水乡的别有景致。漂流的感觉会让你们忍不住想再玩一次。上了岸再到水边的木屋品尝河鲜的美味，岂不乐哉。

侣行资讯

甜蜜交通

到婺源游玩，可先乘火车或飞机到婺源周边的城镇，如上饶、景德镇、黄山等地，再从这些地方转乘汽车前往婺源。衢州长途汽车站每天都有发往婺源的班车。

婺源县城有中巴前往各个乡镇和一些景点。

双栖双宿

婺源的住宿条件很方便价格也很便宜，江南水乡的特色明显。晓起老屋饭店（0793-7297402）在生态村内，历史悠久；康缘客栈（清华市南市大道）空气清新，环境优雅；庆源古宅客栈（段莘乡庆源村/0793-7256037）古色古香，老板亲和；光明茶楼（婺源县李坑/0793-7262039）小桥流水人家。

食在侣途

婺源美食是很便宜的，主要是以清蒸和糊菜为专长。粉蒸肉、野艾果、糖醋鹅颈、李坑撰肉、酒糟鱼、蒸汽糕等美食一定要逐一品尝。可在当地的居民家吃饭，也可以在餐馆里用膳。光明茶楼（0793－7262039），电视剧《青花》在这里拍摄，小桥流水人家在这里能体现。

快乐购物

荷包红鲤鱼、婺源绿茶、江湾白雪梨、龙尾砚被称为婺源四大宝，游玩景点后可购买一些回去。雪梨汁多味美，荷包红鲤鱼味道鲜美，绿茶清新浓郁，这些都为你们的浪漫之旅增添不少乐趣。

同时可游

千岛湖

这一世界奇观不得不看，大小各异的湖泊星罗棋布，湖水碧波清澈，浩瀚无垠；千岛百态，港湾曲折幽深；植被繁茂，动物众多。“农夫山泉有点甜”这句广告语已深入人心，而它的水就是取自千岛湖中。

三清山

有山有水的旅游才算得上完美，看完湖水的碧波荡漾再来登山远望。三清山以其独特的景观而闻名于世。留下了许多文人墨客的印记，中国著名散文家秦牧称赞它为“云雾的家乡，松石的画廊”。清华大学教授朱畅中游完三清山后有感而发，题诗：“五岳归来不看山，黄山归来不看岳，看罢三清和黄岳，三清定将胜黄岳。”

鸳鸯湖

既然你们是情侣就一定要看看鸳鸯湖，这里自然环境优美，鸟类众多。尤其值得注意的是一对对鸳鸯在湖中戏水，你们看到这里，会不会想到自己呢？幸福就在你们的跟前，珍惜彼此，你们的生活将会和鸳鸯一样每天快乐无比。

008 稻城

世外桃源虔诚爱情朝圣路

四川省西南边缘，青藏高原东南部，横断山脉东侧，属康巴藏区的甘孜藏族自治州。

“夜幕降临了，我坐在帐篷前面，面对着藏民们称为夏诺多吉的巨大的山峦。此时云已散去了，雷神的光彩呈现在眼前，那是一座削去了尖顶的金字塔形的山峰，它的两翼伸展着宽阔的山脊，像是一只巨型蝙蝠的翅膀……”曾住在稻城的美国探险家约瑟夫·洛克这样评价稻城。稻城，有你能够想象到的一切，也有你想象之外的一切。

在岁月的长河中，稻城静静的在西南沉睡着，没有繁华的侵扰，高原、雪山、湖泊、溪流、飞瀑、森林、草甸，都显得格外静谧，鸟儿低鸣，动物随意的奔跑，空气每天都是清新的，给人们一种新鲜的感觉。它被时光遗忘，千万年来，日升日落，默默地守着自己旷世的美景。

世外桃源也不过如此，人们心中的香格里拉也就是这个样子吧。不用再去苦苦寻找香格里拉了，稻城会赋予你们安静、和谐、静谧的感觉，将你们的爱情也留在这块没有污染的净土上吧。

三神山常年积雪环绕，三座山峰相依相望，站在山顶

便利贴 Tips

1 甜蜜侣行时间

稻城属高原季风气候，一年之中，绝大多数时间天气晴朗，阳光明媚，雨雪多在夜间降落。稻城旅游的最佳季节是4～5月或9～10月。

2 预计侣行天数

3天的时间你们将感受到高原上的纯净和神圣。

清风拂过，整个心灵清凉了许多，好像将心中的杂陈统统带走了，心中只存有爱的胜地。站在山脚下，四周环望，这里很宽阔，从雪山流下的雪水很有形状的呈几个大弯慢慢地流动着，一些很大的牦牛被吸引来吃着湿润的草地上的新鲜的草。三个雪山在你面前同时出现，那时，留给你的只能是无言的震撼。

站在海子山顶，天空的白云在急速地变幻，海子的颜色也在变幻，人在其中仿佛成了神仙在腾云驾雾，心灵不停地在颤动，紧紧地抓住爱人的手享受这一美好时刻。

如果说生命可以停留，相信来到稻城的游客愿意在这里感受人生最浪漫的时刻；如果说时间可以停顿，相信来到稻城的游客愿意将每一天定格在稻城瑰丽的秋天；如果说相片能留下稻城的全部静谧，相信游客愿意不停地按动快门；如果说心中不时地充满浪漫，相信游客愿意在神山脚下祈祷自己的爱情天长地久，更愿意低下高傲的头，俯下身躯，静静地聆听神的声音。静谧的稻城，有着一种摄人心魄的美，历尽寒霜生发出来的瑰丽多彩，呈现出一种傲视万物的美态，此情此景令人们感慨万千。

稻城的美最重要的是，这片净土上，拥有纯粹的生灵，苍鹰在天空中傲视苍穹，鸟儿在草场林间婉转低唱，野生动物自由自在的生活，牧人静静的放牧着牛群。清新的空气中弥漫着一片生机。

在寺庙中轻扬着经幡，不是为了自己祈福，只是诉说着对爱人的期盼；在神山长叩的山路上，不为观看，只为贴着你的温暖；在神山脚下轮回的转山，不为来生，只为今世与你同行……

爱情是一种付出与回报的游戏，在稻城，会让人知道自己其实是可以忘却的。当你踏上高原的时候，或许有些高原反应的折磨，似乎有种呼吸快要停顿，意识开始模糊，自己已经不是自己了。但是这时你忘记这些，忘记自己看着你身边的爱人，用一股强烈的欲望不断地在提醒自己：坚持，再坚持，过了这一关，你就能和她一起去到你们那理想的浪漫的地方。用信念战胜自己，陪着她一起去看美景，一起感悟你们的甜蜜爱情。

最浪漫的事

1.雪山见证亘古爱情

执子之手，与子偕老，来到稻城三神山让它们见证你们恒久的爱情。北峰仙乃日、南峰央迈勇、东峰夏纳多吉，三座雪山峰形各异，但都洁白无瑕，一尘不染。茫茫林海遍布山腰间，飞泉瀑布流于其间，明镜般的湖泊在山脚下静卧，雪峰、溪流、瀑布、冰川、森林、草甸、湖泊有机地组合，野生动物出没其中，托出了一方静谧的净土。在这里默默祈祷你们的爱情洁白无瑕天长地久。

2.与爱人露宿野外

如果是非常讲究的游客，要想在稻城睡一个舒适的、浪漫的觉，你们准备好睡袋，找一个安静的地方，依偎在一起，看天上的星星，看远处的雪山，听溪水哗啦啦地流，就好像处在一幅美丽的画卷之中。一个美好的夜晚在惬意浪漫之中度过，今生或许都是很难忘的。

稻城是地球上的最后一片净土

抛弃城市的繁华，工作的压力，来到稻城，只有你们两个人慢慢地走，慢慢地说，这或许就是一种浪漫的爱情。其实有时爱情并不是用一束鲜花来表达的，依偎在一起静静的看着远处的雪山，这或许就是一种幸福，安静就是你们的一切，或许不知道有多久你们远离了这份静谧。绕着雪山轮回的转山，这或许就是一种幸福，虔诚就是你们的一切，或许你们对爱情的虔诚终会感动神灵而终成眷属。

这里是蓝色星球上的最后一片净土，来到这里的情侣可以尽情地享受安详静谧的气氛，为你们的爱情留下今生永恒的回忆。

侣行资讯

甜蜜交通

无论是从成都还是从云南前往，都要乘坐客运汽车，稻城周边的小城可直接进入稻城。

双栖双宿

稻城县城的住宿条件比较好，但是离景区远些，景区附近住宿景色也是不错的。不过和爱人在野外宿营应该是很浪漫的事。稻城亚丁酒店（稻城县金珠镇东街）环境幽雅，靠山临街，交通便利；稻城杜鹃温泉山庄（稻亚（稻城至亚丁）公路47公里处）温泉沐浴，户外游泳；稻城藏式民居（0836–5728934）很热情，可以免费穿藏式服装照相。

侣行提示

成都新南门/028–85433609
康定/0836–2822211
雅江/0836–5124245
理塘/0836–5322371
稻城/0836–5728762
乡城/0836–5826555
中甸/0887–8223501

食在侣途

稻城人以馒头、牛羊肉、糌粑、酥油茶、青稞酒、酸奶等藏式食品为主，但也有餐馆为游客提供米饭、炒菜，以川菜、西北面食为主，价格比成都稍微贵些，米饭有些生硬，菜类也较少。在稻城，好时节可吃到不少山珍野味。春季的菌类，夏季的松茸，配上新鲜的牛羊肉或是野兔、土鸡等，炒炖烧均鲜美。高山雪鱼算的上高级美食了。

快乐购物

在稻城购物，可以为爱人选购一些藏式银饰，是很有特色的。还有一些青稞酒和藏族药材都是不错的选择。稻城的俄初街是购物的集中地。

同时可游

仙乃日

仙乃日（亚丁风景区）浑身浸透高贵气质。山顶峰终年积雪不化，其山形酷似一个身体后仰的大佛，傲然端坐在莲花座里，一个巨大的佛塔被他怀抱着，阳光照在仙乃日神山上金光灿灿。

冲古寺

这是前往亚丁三神山的必经之处，美国探险家约瑟夫•洛克曾在这里住过。这里的落日景色十分壮观，每天早上和下午这里极为寂静和神秘。在这里设有马帮处，游人们可以在这里骑马游览壮美景色。

侣行提示

1.在稻城侣行一定要注意保温，多带些衣服，有条件的最好带上头灯、防水手套、冲锋衣以及冲锋裤。

2.初到高原的游客都有不同程度的高原反应，高原反应属正常情况，它会慢慢消失。服用肌苷、复合维生素、鱼肝油等可抵抗高原缺氧干燥的气候。但有严重心、肺疾病，高血压患者不宜到高原旅游。

夏诺多吉山

夏诺多吉山峰耸立在天地之间，是三大神山之一。这里有一个传说，相传猎人冲绕多吉在此猎鹿，山崖上的岩洞里有个高僧在修行。冲绕多吉每当在此猎鹿，都将其中一个猎物的腿供给那位高僧食用，日子久了，一天冲绕多吉猎到猎物后回来，经过高僧的修行洞，看见了一堆森森的白骨，他想到了他所猎取的鹿子，他悔恨不已。为了忏悔自己深深的罪孽，他背着猎枪，腋下夹着猎狗，从山岩上跳下来，半空中两只猎狗各长出一只翅膀，载扶着他飞向了远方。高僧见后，认为猎人杀了如此多的生灵，也能羽化升天，自己参禅悟道多年，早可以成佛，于是从山崖跳下，结果摔得粉身碎骨。

009 布拉格

爱情在恋人的故乡延伸

捷克共和国的首都，捷克最大的城市。位于该国的中波希米亚州、伏尔塔瓦河流域。

不论你是恋着正宗的流浪、正牌的欧式浪漫，还是有些想要探究“布拉格之春”的镜像；也不论你是痴迷于卡夫卡《城堡》书中狭窄而古老的街道，还是Jay的《布拉格广场》里给我们讲述的黄昏许愿池故事，来布拉格，绝对不会让你失望。

在这座城中：“因为我找不到路了。”或许就是我们的宿命。在这里，爱情来的那么自然，走的那么轻缓，它的气息就充斥在这片古老浪漫的建筑里。当你们两人随意地漫步在这个中古世纪的城市，很容易就会陶醉在这个城市所弥散在空中的爱情味道里。

看起来异常宁静的城堡、小道、教堂，往往是最震撼人心的。圣维特大教堂上，哥特式的穹顶和扶墙上映照着穿越了几个世纪的艳阳映照，彩画玻璃下马赛克的光影，流动着慑人的华光异彩。在流露着文艺气息的黄金巷里，有着卡夫卡散步的早上，小巷里贩卖着小的照片和纪念品，把昔日的故事雕刻得更加精致。

你呢，一定不能忘记，当金色的夕阳洒满整个布拉格

便利贴 Tips

1 甜蜜侣行时间

布拉格属温带气候。每年的5～9月都是旅游的好季节。一般4月中旬～6月中旬或8月中旬～10月中旬气候温和，“布拉格之春”国际音乐节5月12日开幕。

2 预计侣行天数

来布拉格两日光景几乎就能将这种浪漫深入骨髓了，不少景点即使步行也能轻松到达。

时，牵着她的手到布拉格广场上。尤其是带她到贯穿布拉格广场的维瓦塔河上的查理士大桥（Charles Bridge），在查理士大桥上触摸上面的108位圣像，为你们的爱情迎来好的运气。

布拉格的魅力，不能只是简单的用文字来表示。尼采认为它是神秘的代表，歌德说它是欧洲最美的城市。其实，它的魅力就在于时空穿越的感叹和历史与现代的完美融合。即使一个小的街角或者是行色匆匆的人群，都让你感觉到爱情的味道在无限的延伸。正如《布拉格之恋》中特蕾莎问托马斯，“你在想什么？”托马斯继续他迷人的微笑，只是淡淡地望向远方的红色屋顶，“我在想，我是多么的快乐。”

最浪漫的事

1.布拉格红如海洋的屋顶

布拉格神秘的红如海洋的屋顶，是众多文学迷最为之倾倒的。而你的伴侣如果恰恰带着些文气，那么这里肯定是你加分的好地方。不过提前要说，到那时你最好能够稳得住自己有点小失落的情绪，因为这座城市的绚丽很容易让他（她）忽视你。

看最美的布拉格红屋顶，推荐圣维特大教堂的南塔，在那里可以看到360°的布拉格，不过需要“受尽折磨”（爬上塔需要忍受近300级螺旋式阶梯、狭小空间以及100kc）。或者是在布拉格的城堡区。

2.漫步在布拉格的小街里

这句话里极力强调“布拉格”，在布拉格当地有不少中世纪风格浓厚的小街，有中世纪时的石块铺成的街巷，有煤气灯式的街灯，还有充满宗教色彩的壁画。情侣们可以牵手来到卡夫卡隐居的黄金巷（位于布拉格城堡内的圣乔治大教堂和玩具博物馆），观赏他水蓝色的房子（现隐居所成了一间小书店）；或者到伏尔塔瓦（Vltava）河西岸小城区里，请这里的捷克艺术家为你们画张像，把你们当时的甜蜜记录下来。

3.Cafe Slavia里的爱情味道

作为世界级经典的撞爱高发区，恋人们的聚集使得这个小型的咖啡馆里流露出的尽是甜蜜。现在的Cafe Slavia吧里仍然保留着百年前的“捷克味道”，价格不贵，气氛随意。坐在窗边，可以观赏伏尔塔瓦河的风景。

4.音乐与布拉格

布拉格每年5月12日～6月2日举办的“布拉格之春”音乐节，是欧洲乃至世界级的音乐盛会。除此之外，你或许还会想到莫扎特在这里写作并首演的《唐璜》，还有第35交响曲的“布拉格”之名，总之布拉格和音乐的因缘总是连绵不断。在布拉格，城中的的每座教堂或宫殿，几乎都是举办音乐会的好场地，或者你还能带她一起享受便宜的啤酒和音乐会，总之在这个融合高雅和街头艺术的城市，每一个真挚的音乐都是一种感动。

5.从波西米亚女郎到童趣时光

在布拉格过足了“贵妇”和放肆的瘾后，可以试试两个人一起去看木偶表演。

17世纪开始起源的捷克木偶剧，带着点小幽默，还配合了现场音乐演奏，颇有看头。即使是街头上的艺人玩耍木偶，即兴表演，也会让你感受到一种童年的气息。你看，这些木头蹦蹦跳跳的可爱样子，怎么能感受不到纯真！

6.布拉格的爱情体现在细节

有人说："不是女人不温柔，只因未到布拉格。"可见布拉格的女人的浪漫和温柔在人们印象中的根深蒂固。而塑造这样的境况，原因就是布拉格足够浪漫，它将这种气质都藏在了自己的各个角落里。所以，当你和你的Mr.Right一起漫步在布拉格时，一定要注意"细节"。比如布拉格哥特、巴洛克等建筑的尖顶，这是发现爱情惊喜的好地方，还有布拉格小巷里的那种宁静，咖啡馆里的浪漫晚餐，整条路上糖果色的建筑，每一个有故事的雕像，以及寥廓的金色建筑……

侣行资讯

甜蜜交通

中国到捷克目前没有直飞的航班，去布拉格一般要到阿姆斯特丹或法兰克福转机。从上海飞到法兰克福11个小时左右，法兰克福到布拉格1小时左右。不过如果是携带爱侣惬意的旅行，则建议从德国坐跨国巴士去旅行，不仅价格便宜而且沿路还能欣赏到北欧的田野风光。从柏林到布拉格的价格是33欧元，详情可看BERLIN LINIEN BUS https://www.berlinlinienbus.de/index.php。

双栖双宿

捷克的旅馆贵，特别是圣诞节、复活节或者5～9月的旅游旺季，来布拉格最好提前订。只有每年的七八月份价格才会有些下调。

如果是背包徒步享受一族建议住青年旅舍，这样才能近窥这座城市的魅力。推荐Hostel Tyn（224808333；www.hostel-tyn.web2001.cz；tynska 19，Stare Mesto；地铁Staromestska站；多/单/三400/1100/1350捷克克朗）；Sir Toby′s Hostel（283870635；www.sirtobys.com；Delnicka 24，Holesovice；单/双900/1100捷克克朗）；Hostel Elf（222540963；www.hostelelf.com；Husitska11；Zizkov；地铁Florenc站；多/单/双 290/700/840捷克克朗）；Hostel Jednota（须通过Alfa旅游服务公司预订房间；224230038；www.alfatourist.cz/ejednota.html；Opletalova 38，Nove Mesto；地铁Hlavni Nadrazi站；B&B多/单/双 250/550/760捷克克朗；time 7月中旬至9月中旬）。

此外，住在家庭公寓性价比相对较高。

推荐膳宿公寓和旅馆：Pension Unitas公寓（224211802；www.unitas.cz；Bartolomejska9，Stare Mesto；地铁Narofni trida站；单/双 1100/1400捷克克朗）；Pension Brezina公寓（296188888；www.brezina.cz；Legerova 41，Vinohrady；地铁IP Pavlova站；经济单/双 1100/1300捷克克朗，豪华单/双2000/2200捷克克朗）。

食在侣途

传统的捷克菜肴长于肉类、面包布丁和肉汁，而弱于新鲜蔬菜。在布拉格城堡、旧市区广场、瓦茨拉夫广场等景点附近集中了很多餐厅，比如经典的波希米亚名菜面包布丁（Knedlo-zelo-vepro）、糖醋烤牛肉（Sauerkraut）和烤猪肉（roast Pork）都可以尝到。

典型的捷克风味食品叫做克耐德里克，蘸着肉菜的汤汁（多种风味）味道不错。如果想要品尝捷克的啤酒，可以到各大小酒馆中，最好的是比尔森和百威。此外推荐捷克当地的一种甜甜圈，在老市政厅广场，味道不错。

快乐购物

在捷克购物一般都瞄准波西米亚的水晶制品，这是捷克手工磨花玻璃工艺的重要代表，其水钻项链、手镯、吊灯、花瓶等制作精美。其次，一些捷克的石榴石饰品，也是工艺品的精品。若是工艺品方面，推荐木偶，在新市区的Inter-Decor内有各式各样讨人喜爱的木偶、挂饰，还有在查理士大桥通向旧城广场的桥塔旁的木偶专卖店里有木偶奇遇记的匹诺曹。

侣行提示

1.CKM旅游中心（222721595，www.ckm.cz，Manesova77，Vinohrady，地铁Jiriho zPodebrad站；周一～周四10am～6pm，周五10am～4pm），可代购飞机票和公共汽车票，出售国际青年旅行卡（IYTC）。

2.Eurolines-Spdeli CZ（224239318，www.eurolines.cz，Senovazne nam 6，Nove Mesto，地铁Nam Republicky站；周一至周五8am～6pm）Eurolines公共汽车公司的代理机构。

3.GTS International（222211204，www.gtsint.cz， Ve Smeckach 33，Nove Mesto，地铁Muzeum站；周一～周五8am～6pm，周六11am～3pm）出售飞机票、公共汽车票和火车票。也销售国际青年旅行卡。

住宿代理机构：

1.AVE（224223226，预订251551011，www.avetravel.cz）Praha-hlavni nadrazi和praha-Holesovice火车站，Ruzyne机场和布拉格信息中心（PIS）有办事处。

2.Hostels in Prague（www.hostel.cz）以青年旅舍为主。

3.Welcome Accommodation Service（224320202，www.bed.cz，Zikova13，Dejvice）提供学生宿舍、青年旅舍和旅店等不同档次的房间。

爱情升温处

Aiqing Shengwenchu

001 木兰围场

爱在草原驰骋时

河北省东北部，承德市围场满族蒙古族自治县，与内蒙古草原接壤。

“天苍苍，野茫茫，风吹草低现牛羊。”这俨然是一幅草原的景象。驻足远眺，湛蓝的天空上飘着几朵悠闲的白云，翠绿的颜色装点了整个大地，大草原绵延而去。嘶鸣的牧马和成群结队的绵羊在草原上奔跑，牧人的口哨和响亮歌声在草原上交织成一段优美的音符。这样的美景令人心旷神怡，浮想翩翩。

情侣携手出行，或许你们游过天涯海角的海滨城市，感受到了那份滨海的热烈和沙滩的柔和；或许你们被悠闲的丽江所吸引，接受了小城的恬静和舒坦；或许你们看到过茫茫沙漠中的清泉，被它那份千年守候的佳话所感动；或许你们身处于金黄色的浪漫里，沉湎于那块田地里而不能自拔。或许这些还不够让你们感到浪漫，那么就请你们扬鞭策马来到草原上吧。去享受它的那份宽广与豪放，为自己的人生增添几分畅想和粗犷的浪漫，多姿多彩的爱情才会更加的浪漫温馨。

木兰围场将会牵引着你心中的遐想，把你们爱的思绪带到云际天边，伴着草原上的阵阵清风和牧人洪亮的歌

便利贴 Tips

1 甜蜜侣行时间

夏季和秋季最适合出行在木兰围场。这时草原苍翠，绿意盎然。

2 预计侣行天数

大约需两天的时间游览木兰围场。

△秋季的木兰围场大地红遍，层林尽染

声，在我们头脑中有了美好的畅想。无论你们什么时候来到木兰围场，这样的遐想都会永久悠长。

暮春时节，这里清风拂过，雨烟袅袅，寂静安详；盛夏时节，这里蓝天白云，绿茵如毡，野花遍布；金秋时节，这里大地红遍，层林尽染，花果飘香；隆冬时分，这里白雪茫茫，光芒刺眼，荒寂安逸。这里就如那优美的诗歌，此处唱罢那处唱，这里就如一幅幅优美的油画，色彩溢浓，分外妖娆。

如果你想见识一下草原上的山水，木兰围场将会为你展现。这里的山坡奇陡，石峰林立，山路绵延，跌宕起伏；这里的水道纵横蜿蜒，河水清澈，缓慢轻流。

木兰围场，或许没有内蒙古大草原那样蓝天白云下的驰骋，但是有草原上的那份安逸；或许没有内蒙古大草原那样一望无垠，但是有草原上的那份繁荣；或许没有内蒙古大草原上那样遍布的蒙古包，但是有牧民的那份热情豪放。当你们携手走进木兰围场，会感到你们的爱情充满着草原上的宽广，这时你们会更加相信彼此。当然并不是说你们不相信对方，而是你们在粗犷的草原上，达到了更高的境界。

最浪漫的事

1.与爱人体验草上冲浪

木兰围场的滑草可谓是独领风骚，其刺激的程度堪比水中冲浪。或是穿上滑草鞋，支起滑竿在草坡上慢慢滑行；或是坐在滑草车上从草坡上下滑，刺激无比。不妨拉上你的爱人为你们平静的浪漫增添几分有趣的刺激。

2.坐在雪橇上在雪地上前行

这个项目在冬天去才能享受到，在雪地上坐着小狗拉的雪橇，慢慢惬意前行。捧上一捧洁白的雪抛向天空，纷纷落下，飘落在你和爱人的身上，紧紧相拥御寒，凉意早已被你们爱的温暖融化掉了。

3.在草原上骑马驰骋

面对眼前翠绿的一眼望不到边的大草原，与爱人同骑一匹草原马，让它在草原上带着你们任意驰骋，把你们的爱的温度撒遍整个草原。或许这时你们会想到《还珠格格》里的那几对情侣骑着马在草原上驰骋的情景。

侣行资讯

甜蜜交通

从北京北站开往赤峰的2559次列车经过四合永站，可以在此下车；从承德开往通辽方向的6029次也经过四合永，从此站乘中巴车直达木兰围场。北京西直门长途客运站有大巴直达木兰围场。也可以乘火车到承德，再从承德换乘火车或客运到木兰县。

双栖双宿

在木兰围场游玩一定要住在草原上体验一下草原的夜晚。在木兰围场景区有很多的旅馆和招待所。木兰围场军马场高老庄（0314-7805206）服务热情，交通便利；塞罕坝林场总部招待所（0314-7802680）干净舒适。

食在侣途

在木兰围场可以和爱侣一起吃草原特色美食，烤全羊和手扒肉最具特色。“张大胡子”饭店饭菜质量很好，服务很是周到，可以为游人充当导游。金桥餐馆/承德市双桥区流水沟1号/0314-2023168/2033168；钱库/承德市双百商场旁地下/0314-2061100；小郑拌饭/承德市陕西营15号楼底商/0314-2137528；鹿港小镇/承德市双桥区南营子大街/0314-2023168/2033168。

快乐购物

木兰围场的土特产有木灵芝、金莲花、白蘑、干枝梅等，还有一些鹿茸制品，挑几件精美的物件购买留作纪念是很不错的。如果想买一些承德的特产可以到市里的商场里去购买。

在木兰围场体验骑马的乐趣，从来都是“巾帼不让须眉”

侣行提示

1. 木兰围场的温差很大，游玩时可以适当的增减衣服。
2. 当地的路况要熟悉，岔路很多，以免迷路。
3. 注意保护自己的电子产品，以免遇到雨雪的伤害。

同时可游

承德避暑山庄

承德避暑山庄（承德火车站前乘5、7、11、15路公交车可达）是清朝皇帝的行宫。在这里可以看到山峦、湖泊、平原、宫殿等壮观优美的景点。还能够一一领略无数的珍藏品。是避暑游览的胜地。

普陀宗乘之庙

普陀宗乘之庙（乘6路、12路公交车可到）建筑布局是自由式，依山傍水，富于变化，环境十分美丽优雅。情侣到这里可以为你们的爱情祈福保平安。为你们的旅行画上圆满的句号。

002 长白山

冬季漂流的浪漫

吉林省延边州安图县和白山市抚松县境内，是中国和朝鲜的界山，是中华十大名山之一、国家5A级风景区、关东第一山。

长白山，因其主峰常年积雪、多白色浮石而得名，素有“千年积雪为年松，直上人间第一峰”的美誉。中国境内的白云峰海拔高度2691米，是东北第一高峰。长白山还有一个美好的寓意：“长相守、到白头”。

长白山的火山景观是大自然的鬼斧神工造就的奇迹。它以独特、神奇、博大、惊人的美丽风光迎接着每一对情侣的到来。那狭长的长白山大峡谷极为壮观，每年都吸引了无数喜爱探险的情侣们的眷顾。峡谷两岸森林茂密，山谷中风雨侵蚀的冰缘岩柱在岁月的消磨下，形成了多姿多彩的自然景观。熔岩林的造型千姿百态，让人耳目一新。有的形同天上的弯月，有的状如金鸡，还有的像姑娘依恋着情人。面对这些奇特的错落有致的石林群雕，你一定会不由自主地遐想，情不自禁地发出由衷的赞美。

来到长白山，一定不能错过观赏长白山天池。沉静清澈的天池犹如一位沉睡的少女，站在天池边上向爱侣表达深情，是一件极为浪漫的事。还有那关于水怪出没的传

便利贴 Tips

1 甜蜜侣行时间

由于长白山所处的地形较为奇特，因此成为了避暑胜地，每年的7~9月成为最佳游览季节。但是冬季这里是滑雪的好去处，还可以玩刺激的漂流。

2 预计侣行天数

需要三天的时间才能够观遍长白山美景。

让人如痴如醉的长白山天池

说，在云雾笼罩下给人们一种神秘莫测之感。长白山瀑布的雄伟壮观让游人们驻足观看，情侣们站在岸边一起听瀑布的巨大响声，让这种声音进入你们安静的生活，演奏出震撼的摇滚乐，使你们的感情生活更加丰富。

长白山松花江冰雪雾凇漂流，被称为长白山松花江冬季第一漂。它河道平稳，水质清澈，属于地下水为主的暖河，顺流而下，沿岸呈现出松花江边美丽的雾凇景象，你能看到野生动物在寒冷的冬天活跃着身体，能看到松花江源头十八湾奇景。在这个大自然中，你能看到冰屋、雪亭、冰雕、雪雕，抬头远望，两岸到处都是近两米厚成堆的洁白圣雪，像是圣诞老人向你们招手，这一切会让你惊叹冬季的森林是如此美轮美奂。

几乎没有人会相信冬季的北方也能玩漂流。但是当你来到长白山，你就会明白心中的疑问。“松花江冬季第一

漂”打破了传统的冬季不能下水漂流的常规，让你可以体验到冬季玩漂流带来的无尽乐趣。当你漂流归来时，热乎乎的火炕和星级宾馆能给你带来超豪华的享受。在感受长白山被冰雪装点和感叹长白山雄伟的同时，用矿泉水洗浴充满着快乐，尝着长白山特有的山珍充满着激动，如此这般，情侣们都会流连忘返了吧。

脚下的路在不断的延伸，瀑布的飞响声不绝于耳的隆隆震响，长白山天池在迷雾缠绕中更显神秘，刺激的第一漂充满着你们的乐趣。与爱人一起走过长白山享受美景的同时也享受着快乐，浪漫就在那快乐中散发着气息的芬芳，幸福的滋味充满着你们两个人的心间。几十年后你们在共同回味这段美好的记忆时，你们的心间仍旧充满着浪漫，而这种浪漫不会因为时间的流逝而改变。

最浪漫的事

1.雪地里和爱人玩漂流

长白山松花江第一漂就在这里，漂流的种类有很多，有森林氧吧型，有探险型，有原始森林型，还有温情型。这么一听无论哪一种漂流都是情侣们适合一起出行的一次游玩。和爱人一起乘坐上一艘小艇顺流而下，刺激、温情、浪漫充斥在你们两个人之间。

2.雪山里泡温泉

还记得电视剧《雪山飞狐》中的场景吗？长白山洁白的雪野是不是让你充满了向往呢？温泉正汩汩地从长白山的地里流淌出来，烟雾袅袅，如临仙境。在傍晚时分，你不妨拉上你的爱人来到这片白茫茫的冰雪世界中，浸泡在热气腾腾的温泉中，抬头看满天的繁星，生活在雪山的清幽和寂静中，你们的爱情简直胜过传说中神仙的生活。

银装素裹的长白山

侣行资讯

甜蜜交通

长白山机场已经开通了到北京、延吉、长春等地的航线。游客到长白山游玩，也可以先乘机到延吉再转机到长白山，目前延吉机场已经开通北京、上海等大城市的航班。如果乘火车前往的话，到白河站，这里离长白山景区最近。长途客运班车要先到白河镇，再乘车到二道河，从这里登山方便。

双栖双宿

长白山的山上山下都有很多旅舍，山下有的旅馆还有温泉洗浴，干净舒适。还有很多农家乐为游人提供了方便。长白山旅游宾馆（长白山保护开发区池北/0433-5711936）风光秀丽，空气怡人；长白山大宇宾馆（长白山主峰脚下/0433-5751165）三星级标准有温泉；天上温泉宾馆（海拔2100米的长白山温泉边及大瀑布下面）清新凉爽、神秘幽静；长白山红丰度假村，可以洗浴，价格便宜。

食在侣途

长白山的美食以朝鲜族风味和东北风味为主，主要有酱菜和炖菜，还配有一些小咸菜。再喝上几口高粱酒，是很惬意的事情。在长白山景区吃饭很贵，朝鲜泡菜风味独特，东北锅包肉、朝鲜族打糕等都是很不错的美食。人参炖鸡汤是很补身子的，你可以为至爱掏一次钱包。在长白山景区有很多餐馆都能吃得到这些美食。

快乐购物

长白山有很多珍贵的药材，人参、鹿茸、红景天、林蛙、不老草、灵芝、蕨菜、薇菜、黑木耳等都是补身体或送朋友的首选。另外，长白木画、松花石砚、安绿石雕、杜鹃花根雕、人参化妆系列产品等，也都备受游人青睐。男孩子可以为自己的女朋友买一些人参化妆系列产品。

同时可游

长白山温泉群

这里的温泉可以煮鸡蛋，还可以供游人洗浴，可以让人舒筋活血，甚至能治疗一些疾病。或许还可以用它煮几个鸡蛋送给心爱的人，这样也好品尝一下温泉煮熟的鸡蛋是什么味道。

长白山瀑布

不知道这里是因为瀑布的雄伟壮观吸引着游人的到来，还是因为瀑布口的牛郎渡令人心驰神往。但无论是哪一种原因，长白山瀑布总给人们不一样的感受。它飞流直泻，犹如天梯耸立天地之间，它落地的响声犹如万马奔腾，咆哮像是身处古代的战场。来到长白山的游人无不驻足仰观，令人感慨万千。

长白山天池

因它处于山顶，也因它有水怪的传说显得更加神秘。光顾听说是不够的，亲身去感受一下才能够体验得到。坐在长白山天池边放下钓鱼竿钓上几条据说很美味的鱼，岂不是更加的有收获。还可以遥望山那边的朝鲜，或许有不一样的风采。

侣行提示

1. 在长白山游玩，要注意保暖，多带些衣服是明智之举。
2. 如果游客在长白山天池游玩，一定要按照规定游玩，不要过界，以免出现想象不到的结果。

003 华山

十指紧扣攀登“爱情山”

位于陕西省历史文化故地渭南市的华阴市境内，北临坦荡的渭河平原和咆哮的黄河，南依秦岭，是我国五岳之一。

小楼在何许，正在南溪上。
空檬过钓台，断续闻渔唱。
征途苦偏仄，舒啸喜清旷。
安得此溪水，为我变春醸。
——陆游《玉山县南楼小望》
村北村南水响齐，巷头巷尾树荫低。
青山自负无尘色，尽日殷勤照碧溪。
——杨万里《玉山道中》

从这一首首赞颂华山的诗句里，我们不难看出华山的魅力，险峻的登山路，优美的风景，还有那一段段美丽的故事，都牵动了游人的心，令人心驰神往。

说起华山，很多人都知道它是以“险”著称的，险到何种程度呢？“自古华山一条道”这个说法就是最好的形容。登山之路蜿蜒曲折，四周全是悬崖峭壁，令无数人望而却步。而那些对爱情充满了美好愿望的情侣们却无所畏惧，他们十指紧扣，攀爬而上。这就是人们把华山说成是

便利贴 Tips

1 甜蜜侣行时间

华山四季景色多变，每年的4~10月是最佳的旅行时间。还能赶上热闹的朝山日（农历三月十五）的盛大庙会和庆祝活动。

2 预计侣行天数

两天的时间可以做尽一切事。

“爱情山”的缘由。

看过《宝莲灯》的情侣们一定知道，金锁关是登华山的必经之路，这里演绎过一段哀怨缠绵的爱情传说。据说当年三圣母和刘彦昌相爱，但却遭到王母娘娘的反对，于是三圣母就用玉皇大帝给她的金锁和刘彦昌的腰带一同锁在金锁关的铁链上，把钥匙抛下深渊，表示他们死也要在一起。这为金锁关增添了一份爱情的味道。

走在这崎岖的山路上，看着那一把把同心锁，情侣们一定会对爱情有一种珍爱的愿望，想使自己的爱情得到升华，而不是被稀释成生活的一种习惯。每位上山的情侣都在这里，锁上一把金锁，系上一条红丝带，许下美好的爱情愿望。在七夕节的时候，不妨和爱人来到这里，上山挂一枚同心锁，许下属于你们的那份甜蜜，祈福彼此身体健康；系上一条红丝带，追寻属于你们的那份浪漫，祈福爱情生活美满。

在远处观望华山，它就像一个金元宝，无论是大自然的造化，还是那个美好的传说，都使得华山成为游客公认的财神。携手的情侣们到这里，祭拜一下西岳庙，攀登华山顶，祈求你们安居乐业，生财致富，使生活更美好。

1.莲花洞房前许愿望

“洞房花烛夜”的洞房就是出于华山。在“天下第一洞房”前，手挽着手向对方说出你们愿意白头到老的愿望，许下你们与爱情婚姻有关的愿望，相信这里会成为你们的福地。“有情人终成眷属”。华山这么险峻的地方，你们都携手走到了山顶，在你们的爱情生活里，还有什么能够击败你们呢？似乎一切的困难矛盾在你们爱的面前，都已经很无力了吧。

2.十指相扣走一条路

“自古华山一条道”这种说法并不夸张，至今华山也只有一条路通往山顶。道路两旁千丈绝壁，和爱人十指相扣漫步前行，这时你们的心已经紧紧地在一起了。谁也离不开谁了，你们还可以用歌声进行内心的交流，“心有灵犀一点通”的感受你们将会深有体会了。

3.金锁关见证爱情

为爱情上把锁，锁住你们年轻的脚步和浪漫的时光，金锁关充满着浪漫、柔情，这里有你们寄托爱情的同心锁和红丝带。和爱侣携手锁上一把同心锁，系上一条红丝带，将钥匙抛向万丈深渊，祈愿你们的爱情天长地久，浪漫温馨。无论何时你们都不会分开，相信你们将会完全沉浸在幸福的海洋里不能自拔。

华山天下第一洞房

华山高耸，紧依黄渭，吸收着大山大河的灵气，成为一座灵土秀地美名山。华山孕育了很多美女，比如，出水芙蓉的杨贵妃、窈窕淑女的秦罗敷等。而如今这里依然是“但有女儿初长成，便为三秦姣姣容”。和你的男朋友一起来到华山，让自己沾一些华山的灵秀，深深地锁住你的爱侣。

“洞房花烛夜”中“洞房”一词就源于华山西峰。相传，在华山修行的吹箫人萧史和秦穆公的女儿弄玉，曾到西峰莲花洞点烛成婚，后来双双驾鹤成仙而去，为姻缘而起的“天下第一洞房”就一直传了下来。和你的另一半来到“第一洞房”前许下你们心中的美好愿望，企盼常相知，人长久。

无论是三圣母和刘彦昌的哀怨缠绵的爱情，还是萧史和弄玉的点烛成婚，都在华山演绎着一段段优美的恋曲。所以很多人都说华山是爱情山，它可以见证爱情的甜蜜和浪漫。无论是相濡以沫的夫妻，还是初识的情人，抑或是正在热恋中的恋人，一次携手华山之旅，必将情深意浓。

侣行资讯

甜蜜交通

乘坐陇海线的火车可到华山站下车，华山站到景区有中巴和出租车，打车的话20～30元。华山距咸阳国际机场很近，约一个半小时到华山。从西安乘汽车到华山大约30到40分钟。

游客在华山游览时除了徒步，还可以乘索道直接到达北峰。

双栖双宿

华山山上可以住宿，在华山脚下有不少舒适的旅店供情侣们选择。情侣们可根据自己的体力进行选择山上或是山下。山上可以观赏华山夜景。中峰的观日饭店（0913—4300051）配置双人间；西峰的气象餐厅（0913—4300033）舒适干净；华山客栈（玉泉东路2号）环保节能；华山五云峰饭店苍松翠柏、清泉萦绕，环境优雅。

食在侣途

华山有很多的民间小吃，大刀面、豆腐脑、踅面、锅贴、黄河鲇鱼，还能够吃到西安的羊肉泡馍，尝过后让人流连忘返。华山脚下的玉泉路和附近的华阴市都有很多餐馆酒店分布。华山山上的饮食较贵。

快乐购物

在华山脚下的玉泉路有很多小店，在华山的沿途也有很多小摊。同心锁是一定要买的，为你们的愿望，同心锁上可以刻字。如果想留一些纪念的话可买个刻字金牌，在上面刻上字是很好的事。登山用的球鞋是可以租赁的，这样你们的旅途就不用担心自己的高档皮鞋受损了。华山的剪纸、华山刺绣都是很漂亮的，不妨买一些回去装点一下你们温馨的小屋。

有些旅店是可以讲价的，请游客朋友们注意不要被骗。

同时可游

西岳庙

西岳庙（华山以北的岳镇街）这里是一个古建筑群。在这里可以清晰的看到华山五峰，精美的石雕石刻，大片的草坪、林木都显现了它的宏伟气势。古香古色的西岳庙是古代帝王祭祀华山之神的要地。

古潼关

古潼关城历史悠久，依山傍水，与华山为邻，是古时重镇，与天下第一关的山海关齐名。有雄关虎踞、中条雪案、风陵晓渡、黄河春涨、禁沟龙湫、秦岭云屏、谯楼晚照、道观神钟潼关八景。在看完美景之后还可以品尝到当地的美食，潼关酱菜很值得一尝。

北峰苍龙岭

苍龙岭地势险要，著名的“韩退之投书处”的逸事便出现在此。在这里遥望青松白云，耳听天空风声大作，令人心惊肉跳。游人到此，对这一奇景惊叹不已。如今苍龙岭虽有修凿，但仍很危险，需要游人有很大的胆量。

险峻的华山，可以考验你们爱情的忠贞度

004 哈尔滨

清白纯洁世界，相拥而行

黑龙江省省会，东北北部地区最大的中心城市，有“东方莫斯科”、“冰城夏都”等美称。

冰雪的洁白象征着纯洁，恋人们都希望自己的爱情是纯洁的，没有任何污垢。哈尔滨的冰雪世界会给你们向往已久的那份清纯。每一个恋爱的人心中都有一个童话，在洁白无瑕的、冰雕玉砌的哈尔滨，会给你们一个世界上最浪漫的童话故事。

厚厚的冰层代替了道路，长长的冰凌挂满了路边的树桠，镶嵌在冰块里的路灯散发出五颜六色的光芒，在冰面的折射下，在绚丽多彩中变幻莫测。街边有各种形状的冰雕，玲珑剔透、光艳照人；有与情人共度浪漫春宵的雪塑，洁白无瑕、晶莹如玉。如果说圣索菲亚教堂是那么巍峨壮美，站在它面前听着抑扬顿挫的钟声，心底会涌起悸动澎湃的心潮；而那冰雪大世界却是浪漫的天堂，似乎每对情侣都能在这里寻找着那美好的情爱童话。

每年冬天，几场大雪过后，哈尔滨的冰亮晶晶，哈尔滨的雪明莹莹，油黑的马路上被披上了雪白的银衣，屋顶上也镶上了银瓦，玉树上也开满了“梨花”。在经历百年沧桑的中央大街上，那雪堆上散发着刺眼的银光。拜占

便利贴 Tips

1 甜蜜侣行时间

哈尔滨属温带大陆性季风气候，四季鲜明，冬季漫长寒冷，夏季极短凉爽，年温差大，雨水偏少，降雪集中在每年11月～次年1月。哈尔滨的夏季天气凉爽，绿树成荫，是度假避暑的理想去处。但哈尔滨的降雨期往往集中在每年7～8月；哈尔滨的冬季银装素裹，分外妖娆。到处可见冰天雪地，玉树冰灯。雾凇和各项冰雪娱乐活动，都会在此时玩得到。冰雪大世界更是值得一看。因此夏季和冬季是哈尔滨的最佳旅行时间。

2 预计侣行天数

两天的时间会为你们的冰雪浪漫之旅画上圆满的句号。

庭、哥特式等各种建筑也披上了北方的银衣，显得更加古老，如同置身国外。果戈理大街上，古老的有轨电车鸣着响亮的叮当声，从那边驶来，蓝色的火花为银白世界画着优美的弧线。情侣们手牵着手走在飘雪的街上，就如同走在童话世界里。

哈尔滨每年都举办冰雪文化节，这将冰雪世界推向了顶点，能工巧匠们以冰雕、雪雕的精湛奇绝艺术向世界展示着哈尔滨文化。热情的哈尔滨人用智慧点亮了冰灯，千姿百态的冰灯美化了人们的心灵。冰雪大世界吸引了国内外游客不断前往，此时大批的情侣也牵手走进了冰雪游乐园。看那冰雪的游乐园里，玩雪橇的小伙子，滑冰刀的欢快的孩童，都在肆意地释放着自己的情感。还有看冰灯的情侣们，依偎着在冰灯下诉说着爱情的甜蜜，似乎你们的温度都要融化这个世界。

当你们回首看看身边美丽姑娘的长长睫毛，被冰雪和热气凝聚成了一串串的冰珍珠；看看身边小伙子的脸蛋，

▼哈尔滨冰雪大世界

兴奋得绽放着灿烂自信的笑容。

松花江银茫茫的弯向远方，一块块巨大的冰块，散发着淡蓝色的光辉。江上的场面繁华依旧，汽车的鸣笛声震颤着冰面，人们在江面上忙碌的身影时隐时现。如果你们有兴趣可以在冰里冬泳，有你们火一样的热恋的心，相信你们不会感到寒冷。

每当华灯初上，大街小巷瞬间不见了白天的色彩，夜晚的冰雪世界似乎更加的美丽动人，看冰雕换了新颜，姹紫嫣红，千姿百态，冰与雪在此时更加的晶莹剔透，光彩照人。和爱人走在冰雪世界里，犹如在梦境般城堡的霓虹灯下翩翩起舞。

欢乐充满了整个冰雪世界，而浪漫是属于你们两个人的，幸福充满着你们的心间。

造型奇特的哈尔滨冰雕

最浪漫的事

1.一起看冰灯

在哈尔滨的冰雪大世界里，冰灯的五颜六色很是神奇，当你和爱侣驻足仰看时，灯光会把你们的脸颊照得红晕，你们的脑海中会充满想象。两个相爱的人如同在童话的世界里翩翩起舞，你们的手指紧紧相扣，思绪也会跟着你们的心飞向了浪漫的天堂。

2.行走在夜间

冬日的哈尔滨，夜晚似乎比白天更加美丽，华灯初上，冰雕换新颜，冰灯发出姹紫嫣红的灯光。雪雕也千姿百态，争相竞技，脚下咯吱咯吱的踏雪声似乎是你们为自己伴奏的音乐旋律。孩提们欢快的嬉戏声也好像是在为你们歌唱。在这冰雪的大世界，诉说着情话，忘记世间的烦琐一直向前走，一路走来一路歌。

3.穿旗袍，听二人转

在哈尔滨除了和冰雪亲密接触外，其他的项目也能够让你们感到浪漫。女孩子穿上旗袍向你的男朋友展示一下你的优美的线条，吊吊他的胃口让他更加爱你；男士要穿上传统的马褂，让你的女朋友有一种安全之感。和爱人扭一扭东北秧歌，活动一下久违了的筋骨。如果这些还不够的话，就去剧院听一听东北二人转，会使你们捧腹大笑。当然有兴趣的情侣们还可以学上一两段，回去后用这种方式彼此唱出自己心中的情思。

4.冰上婚礼的浪漫

这里没有豪华酒店的奢华，没有教堂的严肃郑重，但是这里将会为你们的婚姻注入高雅，冰上婚礼也将会使你们一生难忘。这里既节俭又不乏浪漫。如果你们在这里穿上礼服和婚纱，走入婚姻生活，冰雪的洁白为你们见证。冰灯装点华丽，冰雪世界里有你们无穷的快乐。

等到你们白发苍苍之时，这段美好的回忆是你们一生的宝贵的财富。

侣行资讯

甜蜜交通

哈尔滨太平国际机场开通了去往全国各地及港澳台等地的50多个班机。机场有大巴和出租车到市区及各个景点。哈尔滨火车交通很方便，与省内外很多城市开通了列车，并且与齐齐哈尔、牡丹江、绥化、佳木斯等城市开通了“子弹头”高速列车。市区有很多趟公交到达火车站。哈尔滨的客运班车有发往全国20多个旅游城市的班车。

双栖双宿

哈尔滨的住宿条件很好，有很多适合爱侣住的宾馆酒店。新加坡大酒店（哈尔滨市香坊区赣水路68号/0451-2336888）五星酒店，环境幽雅；融府康年酒店（哈尔滨道里区河境街88号/0451-4836888）四星酒店；小河边时尚旅馆（哈尔滨太平区太平大街老年医院前行100米，马家沟河桥边/0451-84275533）繁华景区，时尚健康。其他酒店，绥芬河宾馆/哈尔滨市南岗区革新街196号/0451-2645700；哈尔滨雪龙商务酒店/哈尔滨市南岗区奋斗路188号/04512628186；哈尔滨江都宾馆/道外区景阳街466号/04518300484。

食在侣途

在哈尔滨各个地区的小吃美食都能品尝得到，各地美食在这里融会贯通，相互兼容。这里还可以吃到俄罗斯的一些美食。大列巴面包、地三鲜、小鸡炖蘑菇、猪肉炖粉条、土豆炖牛肉、氽白肉、德莫利炖活鱼等都是不可多得的美味。在中央大街和开发区黄河路分布着很多美食餐馆。福泰楼、北来顺、华梅西餐厅、西格玛食府、露西亚咖啡西餐厅、江南春、东方饺子王、吴记酱骨头炖菜馆等餐馆都是理想的去处。

快乐购物

哈尔滨是东北大商业城市之一，购物方便。不仅能买到价格便宜，便于携带的俄罗斯巧克力、糖果，紫金项链等。还可以买到一些欧洲国家的茶叶、绘画、装饰品等，价格都不太贵。“东北三宝”——人参、鹿茸和貂皮可千万不要错过啊，它最富有东北特色了。中央大街是你们购物的最好去处。

同时可游

哈尔滨太阳岛

太阳岛（松花江北岸）是避暑胜地。春季这里野花遍布整个山野，鸟雀齐鸣，流水潺潺，清泉飞瀑，芳草萋萋，俨然是春色满园关不住；夏日这里绿色装点了整个小岛，草木茂盛，江涛万顷，柳绿花红，花香四溢，游人们在这里演绎着不断的繁华；秋季层林尽染，黄花遍野，金叶铺径，就是一幅色彩绚丽的人间仙境，冬季飞雪飘舞，屋瓦披银衣，银装素裹，绘成了一幅独具特色的北国风景画卷。冰雕艺术博览会每年都要在这里举行，“白雪、绿岛、冰灯，构成一幅充满诗情画意的意境，你们可以在这里尽情的享受冰雪世界带来的无穷乐趣。

亚布力滑雪场

要想为平静的旅途增添些刺激，那就选择亚布力滑雪场，这里可以享受到无穷的刺激。这里气温是最低的，滑雪道也是亚洲高山滑雪中最长的，雪地摩托、索道应有尽有。在这里你们可以放开的去释放心中的压抑。

兆麟冰灯游园会

各种造型的冰灯在这里你都将一一看到。这里是你们表爱意的一个永不重复的童话世界。每年都有新意出现，正所谓“年年岁岁花相似，岁岁年年人不同”。这里每年都为游客展现了不同的创意，使那些热爱艺术的情侣们大为感叹。

侣行提示

1.哈尔滨的冬天特别寒冷，出行前可多带一些棉衣帽子，在当地也能买得到。

2.室内室外温差大，备好感冒药，以免感冒发烧。

3.寒冷的季节，容易上火，嘴唇起疱，手指起刺，准备好护肤品是有好处的。

4.如果想拍照，一定要注意对机器的保暖，以免相机会罢工。

005 箭扣长城

险峻前行路上见真情

北京怀柔县西北八道河乡境内，距怀柔县城约30公里，是明代万里长城最著名的险段之一。

没有人会相信在北京这样的大都市，还能找到适合情侣一起出行的地方，但是当你们来到京郊的箭扣长城时，我相信有很多人都会惊呆于眼前长城的险峻。这是一个刺激的地方，也是一个清幽的地方，情侣们在这里可以体会到：艰险之中的爱情比什么都可贵，在以后的日子里能彼此更加珍惜。如果你们想考验一下对方爱不爱你，那就赶快背上行囊，拉上爱侣来这里寻求你们的浪漫和刺激吧！

这是一段野长城，修建于险峰断崖之上，了无人烟，雄奇峻峭，气势恢弘，走势极富变化。它的景致非常优美，尤其是它的险峻，让这里充满了苍凉雄浑之感。“不到长城非好汉”说明了在险峻面前，勇于挑战的勇气和魄力。这里每年都吸引了无数游客前来探险，奇险无比的鹰飞倒仰，坡度大的就像是直入云霄的天梯。

或许你曾领略过滨海冲浪的激情，或许你曾征服过雪山滑雪的冷酷，或许你曾尝试过溪流的跌宕起伏。但是那些却不足以使你们感到刺激，如果你们来到箭扣长城攀

便利贴 Tips

1 甜蜜侣行时间

箭扣长城四季都能够游览，但是冬季这里过于严寒，因此外地游客来这里旅行的最佳时间为6～10月。

2 预计侣行天数

两天的时间足以考验你们爱情的伟大与否。

登，定然能够感受那命悬一线的刺激和激情。

箭扣长城的险峻是摄影爱好者喜爱的摄影胜地，在他们的手里一张张优美的图画揭开了它神秘的面纱。这里成为上镜率最高的地方，也就不为奇怪了。箭扣是座美丽的长城，它的墙体是与众不同的灰白色，而墙垛和城楼是青色条。走势极具变化和韵律，那变化的墙体通向天际望不到头，就好像一条盘旋在群山间的巨龙。尤其是当冬季的大雪为巨龙披上了银色的鳞片时，在白茫茫的群山上，箭扣长城就形成了一幅“山舞银蛇，原驰蜡象”的北国独有的风光。整条长城在阳光的照射下，反射出刺眼的银光，就像是山里的一座宝藏。纯净的蓝天，洁白的大地，雄伟与壮观成为了举世绝伦，箭扣长城显出了久经风云的沧桑与韵律。

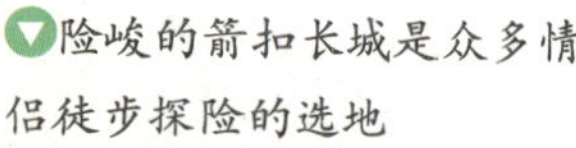

险峻的箭扣长城是众多情侣徒步探险的选地

当你和爱人在箭扣长城穿行时，你们会发现整个长城

似乎与其他长城有所不同，灌木和各种植物几乎覆盖了整个长城，这或许就是“野长城”的美丽所在吧。每当夏季来临，箭扣长城被葱葱郁郁的树冠淹没的若隐若现。这时前行的道路被封住了，你们只有寻找前行的道路，虽然有些辛苦，但也别有一番风味。

箭扣的美是完全保留了古朴与自然，沧桑的历史与流逝的岁月在长城上留下的痕迹历历在目。它的美不仅仅在于此，还在于这里见证了无数对情侣的伟大爱情。这里曾经困住很多对情侣，但是他们没有放弃，同心协力共同渡过了难关。无论箭扣长城怎样险峻，情侣们的“不抛弃，不放弃”始终令人们感叹。

如果你和爱人在你们情爱的道路上，经历了这么一次惊险，相信你们将会铭记永远。无论何时你们都会相爱地走过属于你们的浪漫一生。

最浪漫的事

1.并肩作战，勇攀长城

在这么险峻的山色优美的长城上游玩，似乎没有什么浪漫的事情可以去做。如果你们用心的去享受登山的过程的话，你们的感悟会有许多，这本身就是一种无须言说的浪漫。拉住爱人不愿撒开手，怕他从身边“溜走”，你们的心这时就已经融合在一起了，心心相印已无法形容出你对她的爱。“不抛弃，不放弃”这也是你们对爱情的坚持和执著，用你们的勇气和互相鼓励走到了山顶，面对整个苍山对着你爱的人大声的诉说你是多么的爱她。或许她感动的会落泪，用你强有力的双臂拥抱着她，给她自信。即使她没有落泪，也会为你的真爱和你相守一生。当你们顺利的走下山时，心中会不会有一种对于爱情的感悟，面临险峻，你们都走过了，还有什么能够征服你们的爱情？相信不会有，这时你们已不需要太多的诺言，因为那太无力，你们只需要默默的在心里装着对方，放着对方，守着对方。或许彼此的一个眼神，你都能读得懂，这样的爱情不就是你们所追求的吗？愿天下有情人终成眷属。

2.虹鳟鱼般的爱恋

当你们身处在苍凉的深山老林之中时，会产生一种与世隔绝的寂寞。“至少有你在陪我”，这句话成了每位情侣的心声。在这时你们在一起吃顿饭，都是人世间最浪漫的事。坐在一起吃上一顿美味的虹鳟鱼，伸手为爱人擦去嘴边的油渍，擦去额角的汗水，对于热恋中的人们来说这也是浪漫的。看似平淡了许多，或许就是因点滴的浪漫你们的生活才更加的有色彩。不是有那么一句话嘛，只要两个人相爱，即使吃糠咽菜也会觉得无比蜜甜嘛，这就是爱情的力量。

箭扣长城古朴自然、富有沧桑的城墙

侣行资讯

甜蜜交通

从北京东直门乘916路到怀柔，换乘去慕田峪方向的中巴到辛营，再换乘小巴到珍珠泉。在怀柔打车的话，到西栅子村，费用约70元。

东直门长途汽车站　010-69623028

双栖双宿

游客可以选择在附近的村庄或是酒店住宿。住宿条件都是很舒服的。湖苑山庄（怀柔水库东岸湖光小区35号）依山傍水，环境优美；赵氏久合楼（010-61611478）价格便宜，离景区最近；钟磬山庄（010-60876903）交通便捷，豪华舒适。

食在侣途

在箭扣长城游玩，怀柔虹鳟鱼是最美的享受。箭扣长城山脚下有几家餐馆供选择，还有慕田峪环岛到北京方向的沿途也有多家吃虹鳟鱼的地方。在山下的村子里吃些农家饭也是很不错的，会有另一种情致。

快乐购物

虹鳟鱼的美味吸引着很多游客，不是有“拴住男人的心就要先拴住他的胃”的说法吗？买一些虹鳟鱼回家为你的爱人做一个好菜吧！

同时可游

神堂峪

这里是一条幽深的山谷，长约9公里，谷中有一条小溪蜿蜒流过，四季都不断流，随处可见清莹的山水。还有鸳鸯池，水面宽阔，情侣可在里面戏水划船。峡谷中山峰险峻，怪石林立，周围苍木青翠，绿草茵茵，景色独特。

慕田峪长城

这一景点是明长城的精华所在，向东与渤海仙源台相连，西和居庸紫翠迭相接，气势恢弘。春季山花烂漫，夏有满山青翠，秋有红叶漫山，冬有白雪皑皑，银装素裹，一派北国风光画卷，“万里长城慕田峪独秀”的美誉享誉中外。

侣行提示

1. 准备一双登山鞋，箭扣长城有的地方石头松倒，还有沙粒容易打滑。

2. 如果不嫌麻烦可以准备一个拐杖，总比用手强许多。

3. 两人同行，千万不要离开，山上岔路很多，容易迷失，那样的话就得准备对讲机了。

红螺寺

红螺寺是“京北第一古刹”，是著名的佛家圣地。名字的由来还有一个美丽的传说，相传红螺寺泉水深处有两颗色彩殷红的大螺蛳，每天夕阳西下时螺蛳便吐出红色光焰。因此红螺寺得名。游玩山与水后来到佛寺古刹，为你们的爱情祈求平安长久，为生活幸福许下美好愿望。

006 海宁

爱情大潮滔天而至

浙江省东北部，嘉兴市南部。

百里闻雷震，鸣弦暂辍弹。
府中连骑出，江上待潮观。
照日秋空迥，浮天渤解宽。
惊涛来似雪，一座凛生寒。
——唐　孟浩然《与颜钱塘登樟亭望潮作》
早潮才落晚潮来，一月周流六十回。
不独光阴朝复暮，杭州老去被潮催。
——唐　白居易《潮》

首首诗词，蕴涵着对钱塘潮的无限情怀，一句句诗句是对钱塘潮壮观的赞叹。

提起海宁，也许有人会一头雾水，而提起钱塘江大潮，几乎没有人不知道了。海宁就是在这样的静谧环境下演绎着爱情故事，就像钱塘潮水滔天而至。从古至今，海宁的一砖一瓦、一草一木，都仿佛充满了爱恨情愁，无论是敢爱敢恨的江湖侠士，还是文人墨客的柔柔情怀都在这里留下了爱的印记。在收获的季节里，和爱人一起旅行至此，感受一份秋韵的同时，一起寻访和追忆你们爱情过去的甜蜜，这绝对是一件令人怦然心动的事。无论有

便利贴 Tips

1 甜蜜侣行时间

海宁的天气冷暖适度，一年四季皆宜游览。但是观潮的最佳时间要赶在海宁观潮节期间。每月农历初一至初五，十五到二十，均为大潮日，能够观赏到壮观的大潮。

2 预计侣行天数

两天的时间会使你的旅途充满悠闲。

多少往事，就让它随着晚秋飘落的枫叶，随着退去的潮水永远带走。

千百年来，无论是梦里西塘的静静守护，还是油菜金黄的爱情绽放，江南水乡似乎就不缺乏爱情故事的印痕。海宁在江南水乡演绎着另一段爱情的绝唱，既有寂静安稳的浪漫温馨，也有潮起潮落，潮音不断的那份刺激。

携手一起去看徐志摩与陆小曼的香巢，在这里你们能够感受到诗人的“既宁静又快乐”的生活回忆。也能看到诗人当年凭眺东望西两山，举头望明月时发出感慨的“望月台”。也有你们向往的温柔世界，这里无不透着徐志摩对红颜知己（陆小曼）的一片痴情和满腹的诗情浪漫。

移形换步来到中山亭，我们不由得想起了伟人孙中山和宋庆龄的爱情故事。走在小镇的风情街上，城墙、吊楼、点将台组成的世界散发着古老淳朴的气息。一条长长

钱塘江潮水滔天而至的时期，每年都有许多的游客来参观

的廊棚，支撑起一个没有阴云没有风雨的别样天空。

一起观看钱塘潮，会让你们感受一份激情澎湃，“一线横江”享誉“天下奇观”，这样的奇景令人心动。毛主席曾有感而发：“千里波涛滚滚来，雪花飞向钓鱼台。”海潮声如狂雷怒吼，呼啸而来，如万马奔腾狂啸嘶鸣，就如爱的潮水势不可当，虽然海潮只是一瞬间的功夫，江面归于平静，但你们爱的心潮久久不能平静。

夫唱妇随一条心的“一线潮”排山倒海共进共退；有缘相逢的“碰头潮”相聚海面一起横下去江心；汹涌澎湃的“回头潮”依依不舍永相望。这些潮水无法让你们的心归于平静，潮起潮落随它去，相爱一生，相伴到老。

在风清日朗的日子里，你们可以共撑一支长篙，向青草更深处漫溯，可以看一回宁静的桥影，数一数螺钿的波纹，共同去追寻那份属于你们的浪漫与幸福。

最浪漫的事

1.爱从钱塘潮来

苏东坡有诗云：“八月十八潮，壮观天下无。”这说明钱塘江的潮水是天底下最壮观的，来此游玩不观赏钱塘潮是很遗憾的。尤其要带上你的爱侣一起到海边，看看传说中的夫妻一线牵的“一线潮”。再赏赏有缘千里来相会的“碰头潮”，观赏依依不舍的“回头潮”。潮水汹涌而至甚是壮观，虽然只是瞬间的工夫，潮水便落去，但是情侣们的心境是不会平静的，在为那样的壮观津津乐道的同时，也领悟到了爱的感触。

2.共赴香巢寻觅恬静

“我不知道风，是在哪一个方向吹，我是在梦中，她的温存，我的迷醉。”徐志摩把一段刻骨铭心的爱情，颂吟成了一个耐人寻味扑朔迷离的传说。徐志摩和陆小曼的爱情故事令人们羡慕不已。香巢是见证他们相爱相知的遗迹。他们爱的轰轰烈烈，徐志摩也这样说：“我白天向往的，夜间祈祷的，梦中缠绵的，平时神往的——只是爱的成功，那就是生命的成功”。经历了波折，有情人终成眷属。感悟了徐志摩和陆小曼的故事，你们的心中或许会有一个永久的爱的誓言。

钱塘江的一线潮，有将你们两人“千里姻缘一线牵”的寓意。

侣行资讯

甜蜜交通

海宁开通了到宁波、温州、衡阳、武汉、衢州、萍乡、赣州、广州、镇江、南京、合肥、贵阳等城市的火车。另外海宁与上海、杭州有很多次往返列车，到上海的列车有的是动车。

海宁客运交通便利，与上海、杭州只有一个小时的车程。位于市中心硖石镇的海宁汽车站，主要是发往大部分城市客运班车。各地的长途客车也可以在海宁汽车北站乘坐。

双栖双宿

海宁拥有各类宾馆、旅店，环境舒适，服务周到。在盐官观潮景区也有酒店、旅社供应，价格与市区相差不大。海宁宾馆（ 0573-87286666）精致典雅，风格独特；花园酒店（水月亭西路280号/0573-87282999）品味高雅，服务完美；海州大酒店（海州西路199号/0573-87288888）临近皮革城，购物方便。

食在侣途

在海宁游玩，可以尽享美食带来的快乐。红烧羊肉、羊肉火锅都是冬天的美味。夏天的西瓜是当地的特产还是解热驱暑的最佳瓜果。海宁菜融汇了沪、川、粤、京、淮等地方菜系。有五丰土鸡、小湖羊肉、长安宴球等特色菜。

快乐购物

海宁是中国皮革之乡，在这里你可以为女朋友买漂亮的女士包。斜桥榨菜入口脆嫩而深受国内外客户的青睐，还有海宁紫薇甘蔗清热生津，消痰止渴，润燥利肠，消渴解酒、降火下气。

同时可游

王国维故居

王国维故居（海宁市盐官观潮景区西门内周家兜）是近代国学大师王国维少年时代的生活之处。在这里可看优美的自然景致和那些文化底蕴很强的人文景观。对于爱学习的情侣来说具有很好的意义。

海神庙

海神庙（盐官镇东）是一座历史悠久皇帝允许建造的皇家园林。这里号称“江南紫禁城”，规模庞大，布局严整，很有气派。在宰相府第风情街听故事看大官僚的生活场景和在江南民俗风情馆领略江南民俗风情。

安国寺经幢

平面呈八角形幢身，亭亭玉立，造型既简朴，又典雅美观，木质结构建筑形式。上块写有“太上玄元皇帝道德经大唐开元神武皇帝注”十八个字，反映了唐玄宗推崇《道德经》。

沉浸于弄潮的人们

007 克拉玛依

相拥“鬼”域“生死恋”

新疆维吾尔自治区境内，准噶尔盆地西北缘，加依尔山南麓。

刺激的游戏总能给人留下刻骨铭心的记忆，尤其是和心爱的人在一起玩的时候更是这样。但是相信你们的旅途无论怎样刺激，也比不过克拉玛依的魔鬼城吧！在这里你不仅能听到鬼哭狼嚎的声音，身处魔鬼城中你还能随时感到有“鬼”的存在。虽然谁也没有看见过鬼是什么样子，或许是你心中的忌惮，是在自己吓唬自己，但是无论是什么，这里确实充满着诡秘。

乌尔禾魔鬼城在几千年前，是个淡水湖泊，经过历史的年轮，沧桑的地壳巨变，这里成为戈壁平台；年复一年的风蚀雨剥，这里沟壑纵横，深浅不一，怪石林立，造型独特，有的像杭州六和塔，有的酷似北京天坛，有的如同埃及的金字塔，这就是雅丹地貌的独特景观。夜幕降临，魔鬼城里狂风大作，疑云密布，飞沙走石，怪异而凄厉的声音充斥着整个城池，气氛显得异常阴森恐怖。即使在白天，每当大风来临，黄沙遮云蔽日，大风激荡回旋，凄厉呼号，就像冤鬼在倾诉哭泣。城边布满血红，裸露在地表的怪石宛如魔女向你张望，更增添了几分神秘的色彩。

便利贴 Tips

1 甜蜜侣行时间

克拉玛依是被新疆准噶尔盆地沙漠环绕的城市，气候干旱，降水量少，冬季严寒，夏季酷热，春秋两季出行克拉玛依是最合适的。春秋虽然多风，但日照时间、紫外线辐射强度以及昼夜温差等条件都合适。春秋两季是克拉玛依的最佳旅游时间。

2 预计侣行天数

两天的时间会让你们紧紧地拥抱在鬼嚎之地。

选择风和日丽的天气走近魔鬼城探究它的神秘，站在这些奇形怪状的土丘面前，放眼望去，绵延无际，那一座座的“堡”群林立，就好像自己站在被推倒的高楼林立的废墟面前，历史的沧桑感油然而生。站在这些土丘之间的空地上，你会发现那一座座土丘被风化了，有的像城堡，危台高耸，阴暗分明；有的像猛犬怪兽，龇牙咧嘴藐视前方；有的像少女脸庞，眉宇舒张，唇带微笑；有的像建筑残骸，亭台楼阁，砖瓦分明。夕阳西照，城中的土丘在荒凉的土地上投下了长长的阴影，仿佛一只只饥饿的猛兽野鬼向人们伸出的索命之手，身处其中让人不觉得脊背发麻，手脚冰凉，不寒而栗，四处逃脱躲避。

在魔鬼城有一个传说，据说以前这里是一座雄伟的城堡，城堡里的男人英俊健壮，女人美丽善良，城堡里的人们辛勤劳作，过着丰衣足食的无忧生活。然而，当城堡里

阴森恐怖的乌尔禾魔鬼城

的人们逐渐的富裕起来时，邪恶却占据了他们的心灵。他们开始变得沉湎于玩乐与酒色，为了拥有更多财富，城里到处充斥着尔虞我诈，时常会发生流血打斗，他们的面孔变得狰狞、恐怖与贪婪。

后来天神化作一个衣衫褴褛的乞丐，想用这种方法唤起人们的良知，便来到城堡。天神告诉人们，是邪恶将自己从一个富人变成乞丐，但是人们并不听他的话，反而辱骂和嘲讽他。天神十分愤怒，便把这里变成了废墟，城堡里的人都被压在废墟之下。一到夜晚，亡魂便在城堡内哀鸣，希望天神能听到他们忏悔的声音。正是这个传说为诡秘的魔鬼城增添了一份更加神秘的色彩。

处在沙漠中的鬼城，虽然会有几分苍凉，但是这种刺激会成为你们一辈子的难忘记忆。无论你走到哪里都不能再遇到这样的殷实的旅程了吧。在这里似乎生与死只有一线之隔，心灵的震撼会让你们更加坚强。

在大多数人的印象里，一般女生喜欢看鬼故事或是电影，但是又因为害怕常常会尖叫。因此你不妨带上女友来到这个诡秘的城池，亲身感受一下电影里的情节，你的女友或许因为害怕尖叫，钻到你的怀里，紧紧地搂住你，这样你就可以让她享受安全感了。

领略完刺激的鬼城体验回到酒店，回过神来，吃上一顿沙漠中的美食，犒劳一下你们的胃。在美丽的傍晚，依偎在沙漠的边缘，遥望远方，诉说你们的情话。你们共同经历了，付出了，一句贴心的话语，会温暖你们一辈子。一段真情，一生回报。

1.聆听鬼城风声

和你的爱侣十指相扣走进“鬼城”，感受那种诡异的黄沙漫天，阴云密布；聆听那鬼哭狼嚎，悲惨哀鸣。紧紧相拥抱在一起，互相安抚着对方，告诉她：“这不是真的，有我在。”你给了她安全感，她会回报给你一生的守护，牵手走过你们相爱一生。

2.看沙漠中的夜

住在城市里的情侣已经熟悉了你们浪漫的那些地方和事，但是在沙漠中，什么才是浪漫的呢？用心去找用心去发现，总会有你们的那种浪漫。或许这时和爱人在一起看着沙漠的夜晚都是美妙的和浪漫的。对沙漠大喊，让你的她听到你的心声，在月亮下唱一首《月亮代表我的心》送给心爱的她。或许不用语言，只有微笑和歌声就能表达出你们彼此珍惜的心。

侣行资讯

甜蜜交通

克拉玛依开通到北京、成都、乌鲁木齐等12个国内城市的航班。克拉玛依－乌鲁木齐航班，每天往返一班，飞行时间约40分钟。可乘机场大巴到达市区。

克拉玛依客运中心有发往乌鲁木齐、奎屯、塔城、石河子、伊犁等新疆各地的长途班车，也有开往克拉玛依和周边景点的班车，出行非常方便。市内有公交车可到克拉玛依客运中心。包车到魔鬼城大约100元左右。

侣行提示

克拉玛依客运站咨询电话　0990–6841037/6841573

白碱滩客运站（克拉玛依市白碱滩区三环南侧）电话0990–6981048

独山子旅客服务中心客运站电话　0990–3682441

双栖双宿

在克拉玛依游玩可以住在魔鬼城所在的乌尔禾市，也可以返回到克拉玛依市内住宿。侏罗纪大酒店（乌尔禾区柳树街6号/0990–6960666）临近魔鬼城；翼龙宾馆（克拉玛依市辖区/0990–6963057）舒适典雅；金三角宾馆（0990–6960858）在克拉玛依市辖区；乌尔禾磨牙风情山庄（0990–6961009）干净卫生。

食在侣途

克拉玛依美食具有民族特色，烤羊肉串、薄皮包子、馕等都能在克拉玛依吃得到。当然这里也会聚了川菜、鲁菜等美味佳肴。市内天山路的博达市场、克拉玛依河大桥下的美食一条街、塔河路的夜市都是品尝民族风味小吃的好去处。

快乐购物

来到克拉玛依就要买些具有民族特色的商品。新疆小花帽、艾得来丝绸等都是你们的理想选择。克拉玛依不乏繁华的地段，准噶尔大街是最繁华的购物街。既有内地时尚的衣服，也有新疆特色的商品，琳琅满目，商品齐全。

同时可游

黑油山

这里是油质为珍贵低凝油的发现地。现在已经建成黑油山公园，园内有一群高大的沥青山丘，是原油外泄所导致的。还有一个3米多高的石雕纪念碑和一尊维吾尔族老人骑着毛驴弹奏热瓦普的塑像。

克拉玛依一号井

这是标志着发现石油的标志，它是克拉玛依油田的第一口井，就被称为“一号井”。沙漠中的油田是一大奇迹。

白杨河大峡谷

白杨河峡谷之内，夏季树木葱郁，河水清澈，秋季空气清爽，胡杨苍拔挺俊在峡谷河岸，两岸山岩褐然如血。夏天在这里还可以领略沙漠中有水的幸福感。乘木舟进入峡谷，清澈水流带来紧张、惊险的沁凉和舒爽；冬季，大雪纷飞，河谷成为银色的世界，站在结了冰的河面上滑冰、滑雪，成为游人嬉戏的乐园。

进入魔鬼城一定要找个向导，不可贸然进城。这里的气候较为干燥，要带上一些防晒霜、保湿霜等护肤品。

008 日内瓦

湖光山色美，洁白冰雪情

瑞士第三大城市，位于日内瓦湖的西南角。

瑞士是一个开放的国度，它兼容了世界各国的文化，你和爱侣无论是行走在城市、乡村还是山间，瑞士都会给你们提供一个特殊难忘的假日。有的人觉得日内瓦太过安静，但这恰是情侣们选择它的重要原因。它的安静典雅会给你们静静的爱抚，它的质朴单纯会给你们静谧的亨受，它的雪山滑雪可以帮你们见证爱情的纯洁。

如果你们想在国外寻找一个结婚的地方，不妨选择日内瓦——你可以和爱侣在被万年积雪覆盖的冰宫中翩翩起舞，让洁白的冰雪见证你们纯洁的爱情；你们可以在充满13世纪风情的教堂中拜堂成亲，让神圣的教堂记录你们爱情的宣言；你们还可以在雄伟秀丽的阿尔卑斯山举行婚礼，让清山秀水见证那海枯石烂、地老天荒的誓言。

日内瓦充满了湖光山色的浪漫，这里有烟波浩渺的莱蒙湖，有终年接纳的高山融雪。身处这里，你们可以手捧清澈的湖水，开怀畅饮。湖边那些盛开的花朵，在风中摇曳，散发出诱人的馨香。当你向远处眺望时，你可以看到人工喷泉射出七彩的光芒。这道光芒与那似锦的繁花交相

便利贴 Tips

1 甜蜜侣行时间

日内瓦气候温和四季怡人，冬无严寒，夏少酷暑，一年四季风光不同。一年四季都适合旅行。

2 预计侣行天数

4天的时间让你享受到日内瓦的包容。

辉映，形成一道靓丽的风景，一定会给你留下刻骨铭心的记忆。

有“冰川之城”美誉的采尔玛特（Zermatt），常年气候温和，环境幽雅，不仅是谈情说爱的好地方，还是夏季滑雪的浪漫去处。如果你们想享受二人世界的华美，不妨登上山顶，在马特洪峰住宿，享受寂静甜蜜。清晨早起时，你们可以观看第一缕阳光，那普照大地的光芒，定然让你产生美好的愿望。在少女峰，你可以享受山区小火车穿梭于雪山间的新奇和畅快。如果你们愿意，还可以登上欧洲之巅，去亲吻少女峰。

如果想去地萨雷布山郊游，你们可以坐上小缆车，飞越芳草如茵的绿野，你们将会像轻盈的小鸟一样，在芳草地上空轻舞飘扬。那弯弯曲曲的山道，布满了青苍柔婉，山水交错的林间，就是一幅浓妆重抹的泼墨山水画。

游览日内瓦的交通工具——市内小火车

你可以登山攀岩，享受滑翔那种刺激；你可以漫步林间，眺望天空中飞鹰翱翔；你还可以俯瞰远方的清山秀水和山花怒放。无论你选择怎样的观赏方式，只要你身在林间，你的心就会自然而然地放松下来，犹如感受如诗如画般的乡村和怀旧音乐。

漫步在日内瓦的郊外，进入瑞士最美的山谷the valley of the Allondon。这里的河流和森林交织在一起，构成了一条生态走廊。山谷四周林木葱郁，繁花似锦，硕大的葡萄令人垂涎。夏天你可以在河边悠闲地钓鱼，看翠鸟在你面前翩翩起舞，独享那一份幽静。在这里，即便你什么都不做，只呼吸这里洁净的空气都是一件美妙的事情。

如果想给浪漫的旅程增添一些刺激，采尔玛特是你的不二选择。马特洪峰高耸于采尔玛特小镇，阳光照射在它那角锥形的造型的山体上，不断地闪耀着光芒，展示着大自然的无穷力量。无论是夏季还是冬季，这里的雪道上都会留下人们幸福的笑声和飞驰而下的快感。

当然，你们在冒险的同时，也会被阿尔卑斯山的风采所吸引。当你们在风和日丽的天气漫步于采尔玛特时，会看到那些独具特色的木制房舍，看到姹紫嫣红的鲜花竞相争艳。在夜晚，小镇寂静的气氛里，低垂的天空和灿烂的星光笼罩着小镇，与寂静气氛相呼应。这一切的经历和感受，无须多言，浪漫的感觉已经充满你们的心间了。

最浪漫的事

1.在采尔玛特山滑雪

无论是在夏季还是冬季，在采尔玛特山都能滑雪，这时很多情侣会选择来这里寻求浪漫。在长长的雪道上自由地向下飞驰，那种感觉就像是天上自由的鸟儿在空中追逐嬉闹。情侣们还可以乘坐雪橇，共同享受飞翔的感觉。

侣行资讯

甜蜜交通

日内瓦的克万特兰机场有飞往欧洲各个城市的航班。可以打车到市区，约需15分钟，30～35瑞士法郎。从日内瓦乘火车前往因特拉肯、少女峰等景区都不超过3个小时，是最便捷的交通方式。乘火车前往法国、意大利是最为便捷的。

双栖双宿

日内瓦是国际大都市，各个级别的宾馆应有尽有，青年旅馆的收费较为低廉。城市青年旅馆City Hostel（tel 022-9011500）房间很干净，离火车站近；Hotel International Terminus（tel 022-9069777）三星级宾馆，在火车站附近。

食在侣途

日内瓦会聚了世界各地的烹饪技术。巧克力、葡萄酒等都能在瑞士品尝得到。便宜的亚洲餐馆分布在Rue des Alpes大街北面的旧街和Blvd de Saint-Georges街。在老城区，沿着中世纪的Place du Bourg-de-Four，到处都是露天咖啡厅和餐馆。

快乐购物

巧克力、军刀、手表等都是不可不买的。但是价格都是很贵的。但是要比我国国内便宜很多。圣佛朗索瓦广场(St. Froncois)旁的大教堂周围的Bally、Catier、Divarese、Rolex等，服装、首饰、食品应有尽有，但价格偏高，这里是闻名的购物中心。

同时可游

圣彼得大教堂

圣彼得大教堂（Cathédrale St-Pierre）融合了多种风格的建筑，教堂下面却隐藏着欧洲最大的对公众开放的水下古迹，游人们可以了解大教堂是如何从一个小礼拜堂变成如今的规模。

喷泉

喷泉（乘坐有轨电车到quaigustave-ador站）是日内瓦城最主要的标志，它在日内瓦湖中。喷射出140米高的水柱，在城市的任何一个地方都能看见。每天还有喷水表演，游人还可以租上一条船在湖上穿梭游玩，享受身在其中的快乐。

侣行提示

1.游客要注意瑞士和中国的时差是相差7个小时，中国比瑞士早7个小时。

2.游玩时注意旅行签证上的时间。瑞士没有对中国个人开放旅行签证。最好跟团旅行比较方便。

3.人民币与瑞士法郎的汇率是7:1.

罗曼蒂克乡
Luomandike
Xiang

001 杭州西湖

穿越时空的爱恋

浙江省杭州市。

孤山寺北贾亭西，水面初平云脚低。
几处早莺争暖树，谁家新燕啄春泥？
乱花渐欲迷人眼，浅草才能没马蹄。
最爱湖东行不足，绿杨阴里白沙堤。
——白居易《钱塘江春行》

水光潋滟晴方好，山色空蒙雨亦奇。
欲把西湖比西子，淡妆浓抹总相宜。
——苏轼《饮湖上初晴后雨》

白居易的诗和苏轼的诗对西湖表达了无尽的赞美，吸引了无数为西湖痴狂的游客。无论是南屏晚钟“玉屏青障暮烟飞，给殿钟声落翠微”，还是“二更水鸟不知宿，还向望湖亭上飞”的夜泛西湖，抑或是“就中只觉游鱼乐，我亦忘机乐似鱼”的花港观鱼，都会给人留下刻骨铭心的记忆。无论是旧西湖十景，还是新西湖十景，都是情侣们喜爱的旅行胜地，这种旅行的感觉就如一首诗所说的那样——“牵手西湖。边上游，犹如爱情梦中走”。

便利贴 Tips

1 甜蜜侣行时间

杭州西湖，无论是春夏秋冬都有着其独特的韵味。一年四季都适合在杭州西湖侣行。

2 预计侣行天数

两天的时间尽览西湖美景，倾听爱情故事。

总是跟爱情脱离不了干系的西湖

吸引情侣们来此游玩的，不仅仅是西湖的美景，还有一段段传奇的爱情故事。无论是古代还是现代，神话抑或是现实，西湖似乎总有数不完的浪漫情事在不断地发生。比如，白娘子和许仙的故事，演绎了千古缠绵的爱恋。

据说白娘子与许仙在西湖细雨中断桥相识，一同乘舟归城，以借伞定情，后又在此邂逅，相亲相爱。“西湖山水还依旧……看到断桥桥未断，我寸肠断，一片深情付东流！”白娘子唱道。这段凄惨的故事不知道让多少情侣潸然泪下。还有那传说中关押白娘子的雷峰塔，每对情侣来到这里，都或多或少地期盼它快点倒下。尽管这只是一个传说，但却触动了许多情侣们的心。

与爱侣一起徜徉在西湖边上的花园里，感受爱情故事的甜蜜。

梁山伯与祝英台一同读书，相惜相知，一段浪漫的爱情在书院上演，有着十八里相送的依恋，最后因为相爱而不能在一起共化飞蝶终生厮守，感动着每一对痴情人。许多情侣为这一段浪漫的爱情所感染，他们对爱情的忠贞慢慢的归于一种古朴。

当你们来到西冷桥，会被苏小小对爱情的那份执著和忠贞所感动。这座桥也成为西湖四大情人桥之一。这是因为存在“苏小小魂断西冷桥”的凄美爱情传说。与相爱的人结婚却终被拆散，而迎来第二春的她却没等到爱人归来便早早离开人世，遗憾九泉。

发生在西湖的爱情传说虽然都以凄美而结局，但是故事的主人翁们对爱情的执著感动了无数世人。千百年来，人们对爱情的向往从来都是相通的，不会受时代和体制的限制。再多的棒打鸳鸯和桎梏封锁，也无法阻挡爱情的发生。受时代的制约，对追求爱情的结局或许不同，但是对爱情的美好愿望是不会改变的。

在西湖游玩，你可以和心爱的人泛舟湖上，感受一份来自于千年的浪漫；可以和心爱的人漫步西湖边，倾听那一份对爱情的执著；还可以和心爱的人依偎在一起，诉说着属于你们的浪漫情事。在西湖游览，无论是西湖美景还是爱情故事，都会给你们全新的享受。尽管这是一个浮躁的时代，但当你和爱人携手在西湖时，一定能体验到一份千年的古典浪漫与忠贞。

最浪漫的事

1.断桥残雪重逢

“有缘千里来相会，须往西湖高处寻”。白娘子和许仙在断桥重逢相会的爱情故事，已经成为中国爱情故事的典范。和爱人走在断桥上，虽不见当初许仙和白娘子相爱的情形，“悠然漫步西湖边，碧波如镜柳如烟。旧日断桥在眼前，不见白蛇与许仙。”但是当你们身处在断桥上，和爱人用手抚摸着凭栏，不由自主的会感慨万千。你们的爱情会更加充满彼此珍惜。

2.浪漫不停留

追求浪漫的情侣都会来到西湖寻找，其实你们生活中的点滴就是最好的浪漫。和爱人共同骑一辆双人自行车，或是牵手漫步在西湖边，一路上说说笑笑，优哉优哉地慢慢转悠，不仅欣赏了美景，而且你们的情话也不知不觉地表达了出来。听着爱情的故事，欣赏着西湖的美景，你们爱情的生活里似乎不再需要刻意制造那份浪漫。

3.依偎在柳浪闻莺

对于情侣来说，最浪漫的事莫过于能够找到一处特别安静的地方，依偎在一起，诉说着衷肠。每逢阳春三月，柳浪闻莺公园，林木葱郁，寂静得就如诗中描述的一样：“柳阴深霭玉壶清，碧浪摇空舞袖轻。林外莺声啼不尽，画船何处又吹笙”。在望不到边的浓荫深处，依偎在一起，听鸟鸣，看花开，在这里诉说着情事，真是浪漫至极。

4.万松书院相知相惜

梁祝的故事是我国古代经典的爱情故事之一。梁山伯与祝英台共同经历了几年的读书生活，但是最终没能在一起，他们不想彼此分离，于是化作蝴蝶双飞。

侣行资讯

甜蜜交通

无论是乘飞机还是火车、客运都能够到达杭州，可以根据自己的实际条件选择不同的方式。杭州萧山国际机场有开往市区的大巴。

侣行提示

杭州火车站问讯电话　0571-87829424/87623456
杭州火车东站　0571-86450514

双栖双宿

杭州这样的大都市，各式各样的宾馆都有。有经济实惠的，有干净整洁的。长桥饭店（杭州市玉皇山路阔石板52号/0571-87015734）星级宾馆；杭州背包客青年旅馆（西子湖畔）交通方便；栖霞山庄（北山路岳王庙栖霞岭41号/0571-87961953）环境舒适优美，清静雅致。

食在侣途

杭州的美食众多，并且都不是很贵。其中，东坡肉、西湖醋鱼等都是名扬中外的，还有虾爆鳝面、吴山酥油饼、金华麋饼、幸福双点心、千张包子等家喻户晓的名小吃。杭州的保俶路、河坊街、高银巷是有名的美食街。美食街不仅有高档豪华的特色餐馆，还有普通经济实惠的小餐馆。天香楼、楼外楼、杭州奎元馆等老字号餐馆。

快乐购物

在杭州游玩购物不仅能购买到时尚的女装，还要记得买一些西湖的特产。藕粉、绸伞、茶叶等土特产都是你们购物的首选。杭州的购物街很多，比较有特色的有河坊街、信义坊步行街、文三路电子信息街、湖滨路国际名品街、武林路女装街、延安路商业街等。

同时可游

灵隐寺

杭州旅游，有"一看西湖，二看灵隐"之说，灵隐寺的地位显而易见。不仅是因为它的建筑年代久远，有八百罗汉，寺殿众多，而且这里山峰奇秀，还有济公的美丽传说，它的普及百姓的恩德为后人传颂。灵隐寺旁边的飞来峰也被称为杭州的名胜。

雷峰夕照

雷峰塔是电视剧《新白娘子传奇》中法海镇压白娘子的地方，当然那只是一个传说。雷峰塔周围景色十分壮美，林木葱郁，夕照林涛，景色富丽。有诗赞曰："日落北禅踪，印月书缘万岭松，天地霞光夕照里，雷峰，宝塔巍峨细柳中。疾苦世间情，来此都能了化清，普渡慈航留影月，心明，一炷高香万古擎。"

002 九寨沟

四季梦幻的人间仙境

四川省阿坝藏族羌族自治州九寨沟县境内，是白水沟上游白河的支沟。

有人把九寨沟形容成“人间仙境”，还有人说这是童话世界。不管哪种说法，都是对九寨沟的绝佳赞美。情侣们在这里旅游，在享受美景之后，可把浪漫的气氛带到爱情生活里。

春风轻拂，一股股暖流拂面而过，九寨沟的冰雪消融、春水泛涨，清澈透明。远山的白雪映衬出银色的光芒，轻柔的阳光亲吻着湖面，亲吻着大地，山花吐新芽迎接着烂漫。美丽的季节，美丽的风景，柔和的阳光慰藉了每对感受自然情侣的心灵。

夏日阳光四射，九寨沟树木成荫，苍翠欲滴，繁花似锦，掩映在一片绿荫之下。流水梳理着翠绿，树枝与水草永葆生机；瀑布释放着四季中最为热辣的激情，如银帘般倾泻而下；一缕缕轻柔的微风，轻拂经幡，抚摸树梢，吹拂着情侣们心中流水一样追求自由相爱的心绪。

秋风瑟瑟而至，九寨沟到了最为灿烂的时节，黄色、橙色和红色装点了整个山林，彩林倒映在明丽的湖水中。五彩斑斓的落叶在湖光水韵中漂浮。万山红遍，层林

便利贴 Tips

1 甜蜜侣行时间

九寨沟的春秋最适宜出行，这时景色灿烂。尤其是深秋，景色绚丽多彩，树叶金黄、火红两种颜色相映，湖山五彩斑斓，犹如梦境世界。

2 预计侣行天数

3天的时间可以游完美丽的风景，浓郁的藏族风情。

尽染，湖水衬托着湛蓝色的天空，身处其中，犹如置身于一幅匠心独运的山水油墨画中。

冬风袭来，九寨沟重新归于宁静，山峦与树林披上了一层银色的外衣，结冰的湖面显得冰清玉洁，温和的阳光在上面画出美丽的波纹，温泉蒸腾出缓缓的热气，瀑布弹奏出悦耳的乐曲，细细的水流发出沁人心脾的乐律。诗情画意、充满安静的九寨沟。如在冬季至此，一边泡温泉一边赏飞雪，依偎在热气腾腾的天然温泉里，共赏雪花漫天飞舞的奇景，那该是何等浪漫的事情啊！

九寨沟的四季，景色秀美，各有千秋。春的繁花似锦，芳草萋萋；夏的溪流清脆，瀑水飞泻；秋的红叶遍野，层林尽染；冬的白雪皑皑，冰清玉洁，精致之美无不令人为之叫绝。这一切，处于远离尘世的高原深处，温馨宁静的土地散发出人们对它的爱，情侣们更是把它奉为“人间仙境”。在这里蜜月旅游，爱情就像这里的美景一般梦幻，演绎着童话故事。

牵手在九寨沟，享受春日的盎然，冰雪消融，山花烂漫，让阳光亲吻着大地，亲吻着我们相爱的心灵；牵手在九寨沟，享受夏日的苍翠，树木成荫，飞瀑奏乐，让柔风轻拂着湖光山色，轻抚着我们相爱的思绪；牵手在九寨

▼九寨沟的海子

童话般的九寨沟

沟，享受秋日的灿烂，野果飘香，五彩缤纷，让落叶漂浮在湖光流韵间，漂浮起我们浪漫的爱情；牵手在九寨沟，享受冬日的宁静，银装素裹，冰清玉洁，让飞瀑韵律独奏在溪水山间，独奏起我们相爱的情怀。

当你们来到这里旅行时，就要寻求那份属于你们的浪漫。在九寨沟，你们可以忘记生活琐事和生活压力。只要和身边的挚爱一起牵手，欣赏美景，畅想美好的未来就足够了。爱情的浪漫少不了山水、树木和花草，这一切九寨沟都给你们准备好了，你们可以在这里尽情地去追寻你们想要的浪漫。

最浪漫的事

1.飞雪在冬季轻飘

冬季，虽然天气很寒冷，有你们的爱情在，似乎心间充满着暖意。携爱人来到九寨沟，不看山也不看水，一起泡在温泉里，依偎在一起，看着漫天飘飞的雪花，诉说着你们的情话，寒流在你们周围萦绕，却不能侵袭到你们。你们的温暖和爱的甜蜜，似乎在你们身体的每一根毛发中都散发出幸福的气味。

2.一起看湖光山色

女人都喜欢浪漫，而且经常幻想着能有一份童话般的爱情。在某一个情人节里，或是你们的纪念日，倚着身边的最爱，无论是冬日的银装素裹，或是秋风轻拂，或是春季柔风细雨，还是夏日的苍翠欲滴，和爱人定睛看着周围的景色，幻想着你的童话世界。一缕清风拂过你的脸颊，从梦幻中清醒的你，看着翠海、雪峰、飞瀑、彩林、藏族风情，这些注定会成为你们爱情中最为刻骨铭心的记忆。

侣行资讯

甜蜜交通

黄龙机场有到北京、重庆、成都直达航班。从机场到九寨沟大约有一个多小时的路程。如果乘火车的话，可到达四川成都或者广元、江油，再转乘汽车前往九寨沟。从成都到九寨沟的班车较为紧张。景区内的绿色环保观光车运营时间为早上8:00至晚上19:00。观光车循环行驶在树正沟、日则沟、则查洼沟这三条沟之间。可以通过九寨沟栈道游览近距离景点。

侣行提示

1.观光旅游车在旅游淡季有时收车会比较早，游客可询问好了再乘坐。票价90元左右，但是出了沟就无效了，再进沟的话只能再买票。

2.从成都到九寨沟的包车是很昂贵的，在1200～1500之间。

双栖双宿

舒适的住宿会让你们在九寨沟游玩得更尽兴。在九寨沟口住宿是最合适的，因为沟内不让住宿。沟外附近有很多提供住宿的地方。九旅假日酒店（距离九寨沟沟口仅300米）精品度假酒店；九寨金鑫宾馆（离九寨售票处400米左右）可以议价；九寨民族家园青年旅行舍（九寨沟口漳扎镇彭丰村九寨磨房宾馆旁）气氛优越，干净卫生。

食在侣途

九寨沟饮食以藏式为主，物资从外运来，因此价格很贵。即便如此，你们也应该品尝一些特色美食。洋芋糌粑、九寨酸菜面、九寨柿饼、荞面饼等风味小吃都是不可错过的。沟口旁的边边街有一些饭店，这条街上有“小布小吃”。在九寨沟附近的彭丰村餐馆更多。沟外的餐馆价格普遍比沟内便宜些。景区内有诺日朗游客服务中心提供自助餐，价格40～140元不等，不过附近的盒饭也很不错，一荤一素12元左右。在附近树正寨可以品尝到烤全羊、奶制品（奶酪、奶渣、酸奶和奶皮）、牦牛肉、酥油茶、青稞酒、虫草鸭等藏族特色食品。

快乐购物

九寨沟的羌族刺绣、羌族“云云鞋”、茂汶苹果及藏戒、藏刀、佛珠等都能在九寨沟买得到。可在沟内树正寨的九寨民族文化村、诺日朗游客服务中心或是在沟外的彭丰村、边边街购物。但是要学会议价和辨别真伪的能力。

同时可游

黄龙

黄龙与九寨沟仅有一山之隔，黄龙以“奇、绝、秀、幽”的自然风光被誉为“人间瑶池”。黄龙的山岳景观雄奇而立、峡谷地貌无比险峻、草原风光绚丽多彩、森林海洋浩瀚无垠、民族风情充满独特、动植物资源颇为丰富，这些景观相互映衬，浑然一体，甚是壮观。

神仙池

神仙池（九寨沟县大录乡）在藏语中被译为仙女沐浴的地方，处在高山峡谷之中，上千个彩池散步期间，形状各异，有的像玛瑙，有的像珍珠，让人以为到了黄龙。其中的青龙海和神蛙海，展现了九寨沟的秀美，与九寨沟的大小子海如出一辙。可以说这里集中了黄龙的奇和九寨沟的秀。它成为两地的微型景观。

牟尼沟

牟尼沟（松潘县城西36公里处）的溶洞、动植物资源、温泉、草甸、森林、民族风情和藏传佛教院相融为一体。这里的景色十分优美，给人感觉舒适，合理，清幽，有一种人生享受之美。

003 康定

跑马山上，溜溜的爱

四川省甘孜州东部康定县。

“跑马溜溜的山上，一朵溜溜的云哟……”一首《康定情歌》让跑马山扬名海内外。当你不经意间唱起这首情歌时，是否会想到如冰雪融水般清澈的情歌塑造了一个怎样的意境呢?

如同歌里唱的那样，跑马山也是情侣们追逐的爱情胜地。高原湖泊清澈透明，山峰奇异，怪石林立，原始森林青翠挺拔，温泉峡谷幽深静谧，这些都能在康定找到。每一对相恋的人都希望在美丽如画的地方，去见证自己忠贞不渝的爱情。

被誉为“情歌故乡”的康定，给了许多情侣们甜蜜的旅行。在被称作“爱情沙滩”的木格错的黄金海岸上走一走，独享那份久违的静谧，看山水环抱，看“情海”木格错的波光粼粼，你们依偎的身影倒映在清澈的湖里，为你们的爱情制造了永久的印记。

“一日四时景，早晚不同天”的木格错，定会让你们心驰神往。清晨，海面雾色朦胧，云雾如同银龙般在海面上翻滚，“双雾坠海”令人心动，朝阳映射在海面上，

便利贴 Tips

1 甜蜜侣行时间

康定属于高原地区，每年的7～8月是康定的春天。当其他地方经受着酷暑时，康定的确春光明媚，阳光灿烂，花团锦簇。每年的国庆节前后，满山红叶，很是艳丽。

2 预计侣行天数

用3天的时间唱着情歌游玩康定。

最浪漫的事

1.唱一首《康定情歌》

来到康定旅游，不唱《康定情歌》似乎有些遗憾。无论是在海滩还是在草甸上，你都可以对着爱人，唱上一首“月亮弯弯，看上溜溜的你哟……”在她的心里，我想此时她很幸福，愿意接受你这种独特的浪漫。或许别人看来很是平常，但是在你们彼此的心间是甜蜜的就已经足够了。

2.将爱泡在温泉里

康定的温泉称得上“绝”，它可以治疗一些疾病，当然情侣来此并不是为了治病，而是希望在温泉里享受浪漫的二人世界。在温泉里相依偎，享受肌肤的亲密，诉说彼此间的情话，演绎着你们的爱情故事。如果赶在冬天，还可以放眼望着漫天的雪花，你们的爱情就像那洁白的雪花在漫天飞舞，落在你们两个人的心间，融化在心里，以一种炽热的情怀爱着对方，一生一世。

千变万化，令人眼花缭乱。午后，微风拂面，站在海滨沙滩上看雾霭朦胧的远方，海面上呈现“无风三尺浪，翻卷千堆雪”的壮美画卷。

夕阳西下，余晖洒满海面，晚霞映染江面，流光溢彩，水天一色，群山沉寂，碧海静谧。

这是无数情侣们的爱情长廊，每天这里都有无数对情侣牵手走过，一路说来一路笑，许下白头偕老的誓言，他们的爱情，天地同见证。

站在七色海旁，你们可以看到清澈透明的湖水随着太阳光的变化呈现出七种色调。月牙形的湖面被森林、草甸所环绕，清幽淡雅，静谧安详。谁又愿意打破这块属于情侣们的静谧世界呢。

绚丽多姿的杜鹃峡里的杜鹃花千姿百态，艳丽多彩。峡谷中溪流潺潺，时而舒缓，时而奔流，溪岸两边森林青郁葱翠，行走其间令人心旷神怡。

药池温泉可以说是情侣亲密的天堂，一起泡在温泉里，还能治疗

▼站在高处，俯瞰康定小城，空气里散发着一片宁静的气氛。

一些疾病。即使冬天你们也能在里面享受到爱流的暖意，汗气腾腾，好不惬意。

有美景相伴固然很好，但是少了情感的交流，也是不完美的。唱着“跑马溜溜的山上，一朵溜溜的云哟……”优美的情歌，来到康定情歌风景区，听一听悠悠民歌声，看看翩翩民族舞，体验一下富有高原民族特色的亮丽风情。

常言道，百闻不如一见。康定的美，妙不可言。不过，丽日晴天，这山却常有几朵云逍遥自在慢行蓝天，任情侣们去自托情愫。“月亮弯弯，看上溜溜的她哟……”在某个日子里带上心爱的人，一起去感受那康定跑马山上溜溜的情吧！相信你们在这里的浪漫，会让整个旅途颇有情致。

侣行资讯

甜蜜交通

康定机场坐落在折多山上，到成都仅需要35分钟。而到康定最为便捷的方式是从成都新南门车站乘班车前往。

新南门客运站　028-85553609

双栖双宿

康定城内的住宿比较方便，条件较好。在康定汽车站附近有许多民营小旅馆供游人选择，卫生条件还算可以。交通大酒店（炉城河边/0836-2821688）环境不错，服务好；甘孜宾馆（0836-2833084/2832608）豪华普通兼备；泰宁宾馆（0836-2823481）临近客运站。

食在侣途

康定美食是以藏式特色为主，藏式口味的糌粑、面粉、青稞、酥油茶、牛羊肉等随处可见。风味十足而且价格很便宜，街边餐馆随处可见。建议情侣可以品尝一下康定最有名的凉粉，味道鲜美，现在最有名的是一家叫小兰凉粉的凉粉店。

快乐购物

康定的特产很多，其中不少还畅销全国，如“康定青豌豆”、“康定雪豆”、“康定花椒”、“康定核桃”等。“张大哥”牦牛肉干更在众多土产中独占鳌头。既经济又有营养价值的野生食用菌松茸（青杆菌）为上品。

沿新市前街走，有很多卖纪念品的商店，能买到各式的藏饰和康定特有的银饰品。你不妨买一些融合了汉地的工艺和康藏的图案的饰品，送给爱侣，表达爱意。不过购买时要注意真假。

同时可游

海螺沟

日照金山、冰川倾泻、雪谷温泉、原始森林、康巴藏族风情被称为海螺沟“五绝”。“一沟有四季，十里不同天”的气候特征铸造了优美的自然风景。海螺沟地形复杂，山下长春无夏，植被茂盛，绿荫苍翠，气候宜人；而山上常年积雪，形成不一样的壮美景观。

新都桥

这是一座典型的依山傍水的藏族风格的村落，金黄、蓝色、白色、黑色、绿色，和着流畅的色彩和线条，身处其中就像是在欣赏一幅油画。人们把这里誉为摄影家的天堂，这里有着极其美丽的小桥流水。

贡嘎山

贡嘎山一片雪白，高峰林立，陡峭险峻，很难攀登。冰山脚下，森林环抱，湖水清澈，展现着原始的秀丽的自然风貌。每当傍晚或清晨时，雪山之巅披上一层灿烂夺目的金光，这就是著名的日照金山。

康定情歌风景区

这个景区由七色海、杜鹃峡、药池温泉、木格错（野人海）、芳草坪、和红海、黑海和赛马坪等小景区组成，高原湖泊、原始森林、温泉、雪峰、奇山异石及长达8千米的千瀑珠，构成了秀丽多彩的景观。游玩在这样的景观中，着实是一次视觉盛宴。

004 韩国济州岛

天海之间在蓝色的缠绵

位于韩国全罗南道西南处，是韩国最大的岛屿。

看过韩剧《大长今》的情侣想必已经对韩国有所了解吧，只不过遗憾的是，他们却不知道里面有个美丽的景点。要知道，《大长今》就是在济州岛取的景。济州岛是一座由火山喷发形成的岛屿，时刻洋溢着浪漫情调。它有着使感情更醇更厚，爱情更美更浓的魔力，是新婚夫妇蜜月的首选之地。在炎炎的夏日，在油菜花烂漫的时节，乘着汉拿山吹来的夏风，你们的心情飘浮在济州岛蔚蓝的天空，相信爱情也会像夏天的温度一样急剧升温。

爱情是韩剧的主题，济州岛就是爱情的圣地。山盟海誓的浪漫唯有依山傍海的济州岛来诠释了。与爱人漫步在岛上，纯净的空气，湛蓝的天空，清澈的海水，温柔的海滩，这一切都能给你们甜蜜的爱情增加独特的情调。这里是情侣们爱情的理想绽放之地，每年都有许多新婚夫妇把这里作为蜜月的首选之地。成山日出峰、涉地岬、梨胡海滩，这些美轮美奂的景致给他们的蜜月增添了色彩。眼前的汉拿山在云端若隐若现，身后的大海涛声不断，情侣

便利贴 Tips

1 甜蜜侣行时间

济州岛的春天繁花似锦，各种花纷纷绽放，景致迷人。济州岛的秋天层林尽染，海岸风光美丽。春秋季节最适合来此旅行。

2 预计侣行天数

大约4天的时间在济州岛的蓝色世界里缠绵与绽放，使你们的爱情升温。

们恩爱甜蜜和千万个美丽的传说融为一体，人醉了，心也醉了。

济州岛被称为韩国人青年情侣度蜜月的天堂，在人们的印象里，这里不过就是喧闹的海岛。但是当你身处其中时，就会发现这里是适合情侣独处的寂静的小岛。无论是在海岸公路上驰骋望向窗外，还是在高尔夫球场挥杆享受快乐；无论是在热气球上俯瞰海岛美景，还是在赛马场上挥袖豪赌。怎么看，济州岛都是一个与世隔绝、为享受爱情而生的神仙乐园。

有海的地方就少不了浪漫的爱情，很多现代韩剧的男女主角都曾在这个小岛演绎过刻骨铭心的爱情故事，这也是它吸引年轻人的原因。就连韩国的老人，也被这里吸引

▼宁静而美丽的济州岛

了，从他们的眼神眉宇间，你能看出他们对济州岛的向往。因为济州岛曾经是韩国人结婚度完美蜜月的梦想地，如今他们的后代为他们安排了一次济州之旅，使他们有机会重温浪漫的感觉，乐在其中。

浪漫的爱情少不了花朵。每年3月，油菜花的黄、城山的绿、大海的蓝构成一幅五彩缤纷的图画。还有那看不到尽头的白色沙滩，向每一个游客敞开着胸怀，接纳着每一对情侣，脚下的细沙洁白得让你神思荡漾。

韩国是一个盛产美女的地方，来到济州岛，除了观看美景之外，你们还可以看到许多韩国美女，这或许是一种传统，或许是韩国整容业的发展所激发的，但无论哪种，美女遍布济州岛，看几眼美女据说能延长寿命，要记得不要忽视了身边的挚爱。

淳朴、静谧、温柔、酣畅……所有的滋味，都在你们浪漫的爱情之旅的故事里。

和爱人一起来到济州岛，享受寂静的同时，也将浪漫带回家，带进你们的爱情里，为你们的爱情道路上留下一个美好的回忆。

最浪漫的事

1.牵手在海滩漫步

在海岛游玩，少不了海水和海滩，济州岛的白色海滩，柔软细腻吸引着游人。和爱人牵手在海滩上，望着远处高耸入云的汉拿山，听着海浪轻拍海岸奏出的美丽乐曲声，和着轻柔的海风，踏着细腻的沙滩漫步前行，诉说着你们的情话，耳磨私语好不自在。

2.济州橘林合影

济州岛上有成片的橘树林，可以说是随处可见，这些橘林是专门供游人拍照用的。情侣们在此拍照，不仅因为济州岛风光秀美，还有一个重要原因，就是当地的风俗。据说到橘林拍照，可以早生贵子。如果你们有这个打算，也可以到橘林和相爱的人一起拍照留念，不仅留下美好的记忆，或许还真的能早生贵子呢！

侣行资讯

甜蜜交通

济州国际机场有飞往中国北京、上海和日本东京、大阪、名古屋、福岗等地的6条国际航线。从上海出发到济州岛只需45分钟。

乘机场巴士到西归浦15分钟发车一次，价钱根据路线而定。另外有很多公交线路经过机场，如37路，200路，300路，500路。

双栖双宿

济州岛的住宿大多在济州市里，条件很是不错，中文旅游区集中了很多旅店和酒店。东方酒店Oriental（在tap-dong海边，离济州岛国际机场约4公里/82-64-7548708）临近大型超市、市场；济州岛华美达酒店Ramada Plaza Jeju（济州市三岛2洞1255/064-729-8100）海上饭店，交通十分便利；济州新罗酒店The Shilla Jeju（3039-3 SAEKDAL-DONG SEOGWIPO JEJU-DO KOREA）山水田园景色。

食在侣途

在海岛旅游当然要品尝一些海鲜了，济州的海鲜名吃有生鱼片、鲍鱼粥、烤玉鲷、海产火锅等。糕饼、烤嘉吉鱼、五梅汽酒、烧肉、山鸡荞麦面、盛蟹汤、荞麦刀削面等风味名吃也能在济州吃到。

快乐购物

土布衣、石头爷爷、靖洞帽子等民俗工艺品及土特产等具有济州岛特色。韩式的小饰品和化妆品也是不错的选择。到了济州，当然要买些回去。传统集市里，各类日常生活用品、水果、农产品乃至草药商品种类齐全，受游客欢迎。韩国纪念品百货店、济州机场免税店(国际线)、乐天免税店（乘坐济州机场600路巴士，约45分钟）、新罗免税店等都能选到你想要的商品。

同时可游

汉拿山

这是济州岛的象征，不仅是因为它坐落于岛的中部，还因为汉拿山有很多珍稀植物。在汉拿山的山林间能一见獐子悠闲散步的身影。季节变化山色也跟着变化，在不同的角度去看这座山，你就会发现这座山有着不同的山势，显得很神秘。

城山日出峰

这是几千年前火山爆发所形成的，成为济州岛第一高峰。99块尖石围绕在火山口周围，如同一顶巨大的皇冠。一面是悬崖峭壁，一面与城山村相连，山脊有草坪，既可以散步也可以骑马，很是悠闲。

龙头岩

据说海底龙宫的一条龙想要升天，但只有得到汉拿山神灵的玉珠才可以。于是，它想尽办法，终于有一天，将汉拿山神灵的玉珠偷到了手。可就在它得手后，行至海边，即将升天之时，却被神灵发觉，一箭将玉珠射中而掉入大海。龙因未实现升天的愿望而愤恨不已，最后，在挣扎中变成了龙形巨石，只露出一个头在海面上，望天兴叹。

济州民俗村博物馆

这里是韩剧《大长今》的拍摄点，展示了古代济州人的传统生活和民族风貌。馆内为游客提供了购物方便，比如水果店、餐饮店等应有尽有，还有个小骑马场，游人们可在里面玩的高兴。

005 巴哈马

粉红色的伊甸园

拉丁美洲北部的国家，地处美国佛罗里达州以东，古巴和加勒比海以北。

或许有人会质疑：去巴哈马我们玩什么呢？多数中国人对巴哈马比较陌生，或许是因为巴哈马很小，被邻居美国的光环所覆盖。但是巴哈马却以其独特的魅力吸引着全球各地的游客纷至沓来。情侣来到巴哈马旅行，可以追求到一份独特的浪漫。

海滨沙滩你们可能都见过，很奇特的银白色的沙滩你们可能也见过，很多人都想在海滩为他们的爱情增添一些浪漫的颜色或是留下美好的记忆。巴哈马首都拿骚的维埃拉海滩会给你们与众不同的浪漫记忆。很多人心目中的海岛往往是碧海蓝天、洁白沙滩、椰林婆娑，但是巴哈马的沙滩是粉红色的。站在拿骚的海边，望向绵延的海滩，一片粉红色让人们以为那里开满了花儿，走近了，却发现这成片的粉红竟然是沙滩的颜色。

这里有世界唯一的粉色沙滩、美丽的火烈鸟群，这个地方除了美丽的白色和蓝色，还充满了浪漫的粉红色。置身其中，如同仙境。据岛上的居民说，该地的细沙富含特殊的矿物质，遇到海水，就会变成嫩粉色，非常奇

便利贴 Tips

1 甜蜜侣行时间

巴哈马群岛气候宜人，四季没有明显的变化，最凉爽的季节是每年的9月份到次年的5月份，这时候最适合旅游。

2 预计侣行天数

7天的时间会让你们度过超级的海滩奢华享受。

美丽而宁静的巴哈马小岛

妙。很多好莱坞电影都是在这里取景拍摄，在《加勒比海盗》中看到那些美丽的沙滩，绝大多数都来自于巴哈马群岛。

这个国家还以世界上最多的火烈鸟群出名，成为巴哈马的国鸟，成群的火烈鸟在这里繁衍生息，在海岛各处的天空上飞来飞去，十分美丽。情侣们旅行必去的巴哈马沙滩并不是因它“全球最性感沙滩”，“世界十大最美沙滩之一”等美誉所致，而是被那粉红色的沙滩所致。除此之外，海岛上的“粉红沙滩酒店”，十分私密，是二人世界的理想梦境。

漫步在海滩上，情侣们依偎着前行，柔软的沙滩传递着浪漫的气息，阳光照射在沙滩上折射出来的粉红色的光环，华彩闪耀，美丽宜人。暮色渐深，夜晚的海滩也摇曳生辉，四周一片漆黑，只有那粉色的海滩在散发着轻柔的色彩，使人有种想跳进那花海的冲动。

巴哈马独特的风景给了我们激情的享受，与此同时我们还可以享受一下巴哈马的文化。巴哈马人十分热情，他

最浪漫的事

1.粉红见证我们的爱

在世界上唯一的粉红色沙滩上，牵着爱人的手漫步，迎着轻柔的海风，听着岛上欢快的音乐，看着海水拍打沙岸的千变万化，这多像童话中浪漫的幻境。如果能在这里举行你们的婚礼是最惬意的一件事，对着蓝天许下你们的誓言，而脚下的粉红色就是上帝送给你们的最精美的礼物。它就像你们的爱情一样，永远与你们朝夕相伴。

2.一起去钓鱼

据说海明威的《老人与海》是在巴哈马海钓是引发的灵感，这个说法是否真实，我们没必要去考证。你只要和爱人一起坐在海边，耐心地等待鱼儿上钩，就能联想到当年的海明威垂钓于海边是何等的惬意。在安静的垂钓中，你们将以往的浮华剔除就会享受这份静静的爱和心与心的交流。共用一根鱼竿，看一看你们的心有灵犀的程度。

们热爱音乐，每天岛屿上都充满着歌声，无论是非洲黑人的旋律，还是英吉利的民歌，抑或是加勒比地区的锁卡乐，以及巴哈马特有的贡贝音乐，都会交错在一起，回荡着美丽的旋律。即使是平日，巴哈马的街市也充满了欢快气息，只要艺人鼓点一响，顷刻之间，花花绿绿的人们便潮水般涌来，又唱又跳！当你走在街头，如果旁边的帅哥靓女伸手过来对你说："Hi，Dance with me!"你可千万不要对此感到惊讶啊！

哥伦布登陆巴哈马后曾把巴哈马描绘成"人间的伊甸园"。带着爱侣来到这个浪漫的小岛，享受浪漫的国度，也是一次意义非凡的爱的旅程。无论是粉红色的沙滩，还是岛上居民的风情，都将为你们的爱情增添很多美好的回忆。

在粉红色的海滩上与爱人牵手享受着粉红色的温柔，和着海风轻抚过你们的指尖，想象一下你们美好爱情的将来，是多么畅快的事情。躺在沙滩上就如同在花海中缠绵，对你的爱人说着情话，让这片天底下唯一的粉红色沙滩为你们作见证吧。

侣行资讯

甜蜜交通

有通往美国、加拿大、欧洲、古巴等国的定期航班，中国游客可以乘飞机到以上几个地方转机前往巴哈马。在岛上租一辆小型摩托车佩戴头盔可以带你和你的旅伴穿越城镇和乡村去寻找美好而静谧的海滩。一般来讲，租一辆小型摩托车花费一天的时间可以到达海滩，花费大概是在25～35美元。

双栖双宿

巴哈马有各种类型的饭店，每年5月至10月房价最低。如果在巴哈马住宿遇到问题需要帮助，可与巴哈马饭店协会（28381／2／3）联系，一般选择住在首都拿骚与天堂岛。主要有：亚特兰蒂斯饭店（Atlantis，位于West Bay Street）临近闹市区；拿骚海滨饭店（Nassau Beach，位于West Bay Stree）；新奥林匹亚饭店（New Olimpia，位于West Bay Street）闹市区边缘上；假日饭店（Holiday Inn，位于天堂岛）；海滨饭店（Beach Inn，位于天堂岛）。

食在侣途

在巴哈马可以吃到世界各地的食物。海产品会聚着巴哈马风味，海螺肉、大螯虾、各种海产鱼类等美食都可以在巴哈马吃到。巴哈马口味受美国南方的影响，口味偏重，而Planter' s Punch则是当地人的最爱。

快乐购物

在巴哈马可以买到各种各样的商品，其中不乏一些奢侈品。流行的东西如Starbucks，BurgurKing等倒是很常见，如果经济条件允许可以买一些回来。

同时可游

大巴哈马岛

岛上地势低平，气候温和，松树遍地，风景秀丽，海滨有洁白平整的沙滩，沙滩上搭着一座座茅草凉棚，供游客们乘凉、歇息。这里远离喧闹的大城市，显得十分恬静、安适，别有一番情趣。与美国的佛罗里达州隔海相望。

安德鲁斯岛

这个岛屿充满着神话，人迹罕见，海水清澈见底，绝对是探索和发现者的乐土。安德鲁斯岛上至今仍流传着奇克查尼的神话，那是个半人半鸟状的人物，据说可以抗拒恶魔。根据传说，安德鲁斯岛曾经有一个像尼斯湖怪一样的东西，叫作卢斯卡，是一个龙形海怪，潜伏在水下的蓝色洞穴里。安德鲁斯人还会制作一种蜡染土布，色彩艳丽，他们都为这种艺术而自豪。

易路斯岛

这个岛是皇家成员光顾的旅游胜地之一，岛上有华丽的粉白色沙滩，幽静的海湾，绿荫环绕的村庄，险峻的峭壁和秀丽的港口。这里的菠萝、西红柿较为著名，这些都吸引着游人的到来。

侣行提示

自2008年8月1日起，中国旅客可到巴哈马驻华使馆办理签证。巴哈马签证分为单次与多次签证。单次签证有效期限为3个月，手续费为人民币440元（或美金55元）；多次签证有效期间为6个月至一年，手续费为人民币470元（或美金65元）。

006 维也纳

让爱在音乐的殿堂里飞扬

奥地利首都，位于多瑙河畔，是奥地利最大的城市和政治中心。

爱情和情歌一样，最高境界是余音绕梁，音乐是无国界的，爱情是无国界的。在你们相爱的日子里，无数甜蜜的日子就像一串串美妙的音符，萦绕在你们的永恒的记忆中。如果你们是热爱音乐的情侣，就会被维也纳这座音乐之都所吸引，即使你们对音乐没有什么感觉，你们也会被维也纳音乐的魅力所感动。

在音乐的殿堂里留下你们爱的足迹，就像音乐的音符会在金色大厅里余音绕梁，荡气回肠。在音乐之都享受和聆听音符给爱情带来的无尽的甜蜜魔力。维也纳金色大厅每年举办的新年音乐会吸引着无数音乐爱好者。走出音乐大厅，站在音乐之都维也纳的街头，不用去探寻它走过多少年头，复古、现代，华丽、尊贵，建筑、音乐，会聚了整个城市，这些都散发出古今交错的美感。欧式古典建筑与田园风光并存的奥地利，绝对是文艺情侣的爱情终级朝圣地。美泉宫、霍夫堡皇宫等古迹见证了无数历史沧桑；蓝色多瑙河上的游船又印证了多少浪漫爱情的传说故事。

便利贴 Tips

1 甜蜜侣行时间

维也纳同时受到来自西面的海洋性气候和来自东面的大陆性气候的影响，具有温和湿润的气候特点。西部受大西洋影响，冬夏、昼夜温差大，且多雨；东部为大陆性气候，温差小，雨量也比较少。维也纳的最佳旅游时间是每年4～9月。

2 预计侣行天数

8天的辛苦旅程尽享音乐带给你们的快乐。

说到爱情故事，我们就不得不提到美泉宫里的茜茜公主，这位深受奥地利人爱戴的皇后，与弗朗茨一生所经历的爱情故事，同样被世人称道。美泉宫是他们最喜欢的住所。如今，美泉宫不仅向游客开放，还可以预定为婚礼场所，如果你们想在国外完婚，在茜茜公主当年的体操房或白金房举办婚礼会享受豪华，体验皇室婚礼。

在世界上任何一个国家里，音乐都不是生活的主旋律，但维也纳是。绝大多数的情侣，也不会将音乐作为生活的主旋律。但是来到维也纳之后，你们就会发现维也纳人对音乐是何等狂热。在这里，你们无须用那干巴巴的语言表达爱意，不妨用音乐伴着心声唱给你的爱人，优美动听的旋律在她的耳边萦绕，一直顺着思绪流到心底深处。那你们的彼此心间就会承诺了一份永远的誓言。

有人说音乐很容易触动心灵深处的感动，容易让人幻想坠入爱河的甜蜜生活。对于来到维也纳旅行的情侣们来说，音乐更容易触动你们相爱的心灵更加的相爱，珍惜彼此。在满城秀色的维也纳，欢快的华尔兹舞曲，到处流淌的音乐都会铸就浪漫爱情的咏叹调。

维也纳环境优美，景色诱人。维也纳森林宛如碧海波浪起起伏伏绵延数里，多瑙河碧波粼粼穿城而过，建筑风格多样，宫殿群气势宏伟，精致的糕点美味可口，优美音符在城市里的每一个角落里跳动。和爱人身处在这个城市，爱情也变成了灵动的音符，一切都让人回味无穷，流连忘返。

维也纳的古建筑精美绝伦，淡淡的颜色彰显古朴、庄重的历史感。

最浪漫的事

1.聆听动人的音乐

来到音乐之都，最浪漫的事情当属陪着爱人，一起去奥地利国家大剧院的金色大厅里听一听优美的音乐。无论演奏的是情歌还是其他什么，只要你们默默的聆听音符带来的快感。生命因音乐而动听，你们的爱情也将会因音乐而充满色彩。通过音乐表达对爱人的心声，让音乐提升你们爱情的质量。

2.咖啡美酒诉心声

找一家很有情调的咖啡馆坐在静谧的角落，只有你们两个人，伴着舒缓的音乐，你们一起享受一下烛光下的咖啡美酒，享受这样一种生活艺术，是一件惬意的事情。相视而坐的你们心中在祈祷自己的爱情，就如同杯中的咖啡热气蒸腾吧。在酒店里饮几杯纯正的美酒，在回去的路上醉在彼此的怀里，说出你心中的那句话：“我的生命因你而精彩……”

"音乐之都"的雕塑也是如此雄壮威武

侣行资讯

甜蜜交通

维也纳国际机场目前已经开通北京、上海、广州、重庆等国内大城市和许多国际城市的航班。有机场巴士、出租车和机场特快列车穿梭于机场和市区之间。交通很是方便，市内地铁、有轨电车、公共汽车都能够到达各个景点。地铁、有轨电车和公交车一般都是1.8欧元/次，有些有轨电车是2.2元/次。游客可以选择24小时(5.7欧元)和72小时(13.6欧元)通票，不计次数乘车比较划算。

双栖双宿

在维也纳住宿，从巴洛克式的豪华宾馆到普通的青年旅社应有尽有，住宿条件有天壤之别。酒店宾馆大多集中在老城区、Mariahiler街和火车西站。老城区的很贵，而火车站的要便宜很多，主要是家庭小旅馆，价格在10欧元以上。Hostel Ruthensteiner (15, Robert Hamerling Gasse 24/电话8934202) 热闹非凡；Jugendherberge Myrthengasse (07, Myrthengasse7/电话5236316) 提供集体房间；Westend City Hostel (6, Fugergasse 3/电话5976729) 服务很好；Albertina Hotels (电话5127493) 为学生公寓。

食在侣途

维也纳的美食来自于奥地利的各个民族，风味独特。丸子、煎牛排、辣味红烧牛肉和梭鲈都可在维也纳吃到。这些美食配合喝葡萄酒、啤酒十分美味。酒吧、餐馆在维也纳随处可见。皇家地窖餐厅是很有历史的一家。

快乐购物

维也纳的时尚元素一点也不比巴黎、米兰少。玻璃、水晶制品，咖啡、糖果等一些维也纳传统的手工制品是很有特色的。克恩顿大街和煤市街是旅行者的购物天堂，分布有许多购物中心、专卖巴黎和米兰时髦用品的精品店、珠宝店和纪念品店。

同时可游

美泉宫

美泉宫（乘地铁U4到Sch nbrunn下，电车60路到Hietzing下，电车10路、58路、公交车10A到美泉宫下）是一座维也纳皇室的夏宫。经历了几千年的风风雨雨，依然矗立在今天。这里有很多画像供游人参观，每个星期日还有音乐演奏表演，边喝咖啡边听音乐也是一种享受。

霍夫堡皇宫

这里是一座奥地利哈布斯堡王朝的宫苑，玛丽雅公主曾住于此，后嫁给拿破仑。这里有很多珍贵的画像和一些玛丽雅遗物。传神的画像和珍奇珠宝吸引了许多游人前来参观。另外，一顶镶嵌着各色宝石、珍珠的王冠，熠熠发光，它是哈布斯堡正朝统治的象征。

圣斯特凡大教堂

它是一座哥特式的建筑，这里涌现出多位音乐家，著名作曲家莫扎特曾在厅内为《费加罗的婚礼》谱写了闻名于世的乐章；大音乐家海顿8岁时参加过这里的少年唱诗班。这里是具有东欧浓厚色彩的教堂。每逢节日都有很多人来这里膜拜祈祷。

侣行提示

1.目前为止，奥地利还不是我国公民自费旅游的目的地，办理签证的时候会有一些麻烦。

2.如果你们有意大利和德国的签证，就可以免签去奥地利了。

音乐家的雕塑成为维也纳的迷人景色

007 希腊

情定爱琴海

位于欧洲东南部巴尔干半岛南端的国家。

希腊和中国都是文明古国，历经几千年的发展，为世人所熟知。对于情侣来说，湛蓝的天空，完美的海滩，灿烂的阳光，辉煌的历史，动人的传说，都是情侣对希腊的第一印象。每个人来到希腊都会爱上这个美丽的地方，直至被这里感染。赋予爱情童话般的爱琴海更是引起了情侣们的注意和向往。

对于中国情侣来说，苏有朋主演的《情定爱琴海》具有超强的感染力。爱琴海是一片充满着浪漫气息的海洋，晶莹剔透的海水拍打着长长的海岸线，岸边有着许许多多橄榄树果园，整片的绿色映衬着一片茫茫的湛蓝色，更显得生机勃勃。峻峭的山岩被松林拥抱着，广阔而素雅的银色海滩散发着特有的魅力。牧歌式的渔村，散落于辉煌的历史遗迹和历史进程的文明之间。爱运动的人都知道奥林匹克运动会是发源于希腊的，这也是希腊人引以为豪的。无论是梅特奥拉的天空城，还是希腊海岛，都能强烈地吸引靓女们的眼球。

希腊灰色的城墙、白色的堡垒，中世纪骑士“嗒

便利贴 Tips

1 甜蜜侣行时间

爱琴海最佳旅游季节是每年的4～10月，春夏是海边最美丽的季节，海滩上的人们安详地享受着来自天堂的静谧，是一件妙不可言的事。

2 预计侣行天数

8天的时间畅游爱琴海，将情思留在海边。

嗒”的马蹄声仿佛依旧回响在小巷深处。英雄与美女的传说在这样的场景里变得随处可见。我们要很快地适应在白色与蓝色的幻境中悠闲生活。

爱琴海见证了千古以来最有名的爱情。白天穿着泳衣如鱼儿一般在蓝色的海洋里遨游，任晶莹剔透的海水拍打着身体的肌肤，自由的感觉从皮肤上渗透到心里；站在岸边看着海水击拍着银色的海滩，听着海风吹着岸边的橄榄树的沙沙声，爱情的味道伴随着空气被我们吸入心间；听阵阵海浪声萦绕耳畔，看海面波浪滚滚，水波粼粼，抬头仰望湛蓝的天空，海鸥盘旋，与海天融为一体。“夕阳日落爱琴海”的美丽景致也让我们目不暇接。

傍晚，坐着车巡游在希腊的小岛，睁开眼，澄澈、透明的深蓝色爱琴海像雅典娜幽邃的眼睛，我们的心里，充斥着甜蜜和被蓝色渲染了的清透。无论你们在哪个海岛上游玩，都能感受到来自爱琴海的柔情浪漫。

圣托里尼岛是一个充满爱琴海古文明及浪漫美景的岛

屿。火山爆发形成了独特的形状，焦黑色的岩石，海边陡峭的山崖呈红褐色，在山崖的顶端有一片白色的房屋，小巧明丽。白色和海的蓝色相映衬，组成大自然的本色。

站在这个岛上看日落可谓浪漫到极致。登上米克诺斯岛就踏上了既安静又充满诱惑的浪漫之旅。明媚阳光、金色沙滩、深邃海洋、性感天堂，这几乎概括了整个岛屿。岛上居民很少，环境相当安静。这里的阳光和海滩是游客们最好的享受。黄昏时刻，喝上一杯咖啡，生活赛过神仙。作为希腊文明的发源地，克特里岛是希腊的第一大岛。历史遗迹、神话传说、美丽景观，这个岛屿充满了刺激，对于喜欢探险的情侣们来说，这里无疑是绝好的游玩地。

希腊爱琴诸岛有着蓝白色系绝妙组合，那里的天空和大海蓝得仿佛画家为大海泼了一盆蓝色的油水。那一座座矮细的纯白小屋，几乎布满了整个爱琴海岛，仿佛是天使为你们留下的礼物。

爱琴海经常被情侣们说成是“爱情海”，在情侣们心中，这里早已经成为象征爱情的海了。行走爱琴海诸岛上时，一边听着希腊的美丽童话传说，一边看着美景，一边诉说着情话，爱的旅程上又增添了蓝色的见证。在以后的生活中，对你的她要更加爱护，女人是水做的，她对你的爱就像爱琴海那样湛蓝，清澈透明。一路走来一路爱，爱琴海见证着你们的爱情。

最浪漫的事

1.在海滩上晒日光浴

在寂静的海滩上，穿上泳衣，躺在海滩上晒着日光浴，让那清纯的阳光晒去你们身上的污迹，让你们的心灵感受阳光的炽热。听着海水拍击海岸的声音，迎着轻柔的海风，回忆着你们当初的相恋。

2.与你爱的人一起看日落

有人说“我能想到的最浪漫的事，就是和你一起慢慢变老”，有没有想过在这个过程中，为你们的爱情增添几分永久的回忆呢？来到爱琴海旅行，你可以选择和爱人一起站在小岛上静静的观看日落，欣赏那慢慢变化的晚霞不断染红湛蓝的海水。这时你们应该想到，自己的爱情也像晚霞一般在不断地染红生活，一起经历慢慢老去。

侣行资讯

甜蜜交通

希腊的机场工作效率低，游客最好提前2个小时左右办理登机手续。可以从雅典机场去往爱琴海的各个岛屿。克里特岛东海岸有Sitia机场。各个岛屿都有公共交通和的士乘坐。

双栖双宿

在希腊旅游，雅典市区里的住宿是最好的。爱琴海诸岛有很多经济型的住宿旅馆，价格也不是很贵。雅典国际青年旅舍（电话2107519530），酒店价格根据旅游淡旺季来定。

食在侣途

希腊美食属于地中海式的美食，比如全麦面包、地中海蔬果、奶酪等自然食材，再搭配橄榄油、葡萄酒及外来的香料，丰富了这个神话国度的饮食。

快乐购物

雅典是一个令购物者疯狂的地方，金银首饰是这里的特产，都是由当地的手工匠亲自铸造的。在希腊可以买到独一无二的廉价商品。在Kolonaki区和Erou大街，集中了雅典的各种时装专卖店，还有刺绣品和手工制作的服装出售。古董店和饰品店都随处可见。

同时可游

雅典

这是希腊的首都，是希腊古文明的中心，这里会聚了很多文学、艺术、哲学、法律、科学等学科文明。城中的雅典卫城是雅典以及全希腊的一颗明珠，是雅典民主的象征。从雅典市的任何地方都可以看到卫城。自然的山体使人们只能从西侧登上卫城。卫城的山顶荟萃着古希腊文明最杰出的作品，卫城也因为这些博物而闻名世界。

巴特农神庙

看过希腊神话的都知道，自由之神就是雅典娜，这里就是以祭祀她而建的。殿内原来供奉着巨大的雅典娜女神，虽已早已经失踪，但是象征着自由的神庙依然巍然矗立。其中的巴特农神庙，被认为是多立克式建筑艺术的极品，有“希腊国宝”之称。

伯罗奔尼撒

这里景色优美，气候宜人，到处都是橄榄树、柏树和桂树。奥林匹亚是奥林匹克运动的发源地。这里有世界上最古老的运动场，奥林匹克运动最初是一种祭神的庆典活动。后来，奥林匹克运动会虽然改在各国轮流举行，但仍然沿用这一名称，并且每届运动会都在这里点燃运动会圣火。另外，奥林匹亚的博物馆也吸引了全世界的游客。

008 罗马

爱在这里无需理由

意大利首都，位于台伯河下游平原，是意大利政治、历史、文化和交通中心，古罗马和世界灿烂文化的发祥地。

记者：“您对访问过的城市中哪个印象最深呢？”

安妮：“罗马，当然是罗马。我会珍惜在这里的记忆，直到永远。”

——《罗马假日》

“罗马”的名字本身就涂满了爱的味道。徜徉于罗马的大道上，你会发现这座精致的带着些巴洛克风格的城市，每一缕光，每一景象，每一条路，都展露着它浓郁的艺术气质。

不少女生有这样的幻想：坐在西班牙广场上的咖啡

便利贴 Tips

1 甜蜜侣行时间

罗马城因爱情著称，四季美景都洋溢着浓浓的爱情味道。春季时分，罗马的男性会在3月8日将含羞草花作为礼物送给妻子或恋人，告诉自己的爱人，美好的春季已至；而夏季，罗马在6月23日、24日会举行圣乔万尼节，是你带着她感受罗马当地吃蜗牛、烤全猪，品葡萄酒最本质风情的好时候。

罗马人非常有意思，每年的7～8月，他们便悄悄的跑到其他的地方度假，而将这整座城市留给来自世界各地的爱侣和游客。

2 预计侣行天数

建议在罗马城里逗留3日光景，这样才能把整座城的小资情调都发掘出来。

馆里，晒着太阳，顶着新剪的短发，等候着王子悄然而至。走在罗马的街上，你会想起某一日安妮公主悄悄的趁着夜色从皇宫里溜出来，睡着在共和国广场上，遇见了英俊的记者乔。

其实，在罗马，你不想爱情都难。罗马城的创建者是战神的儿子罗慕路斯和勒莫斯，他们的母亲是不许婚嫁的女祭司，与战神相恋被当时的罗马国王所禁止。后来两个孩子被投入了台伯河中，被母狼喂活，被牧羊夫妇养大而成。长大后他们合力杀死了做国王的叔叔。

罗马还有让人铭记的斗兽场，这个为罗马打上标签的地方，总是让人感受到一种强大的震撼——昔日锣鼓喧天，而如今断壁残垣。现在通往斗兽场的小路上，一边是黑漆漆的墙面，残破的石壁，一边是21世纪的车马喧嚣，很容易不小心被这座充满时空转换的城市所迷惑。

有人说，罗马总有一种迷惑人心的特质。在万神殿里，你可以感受阳光透过中世纪的天窗投射在马赛克地板上的感觉，这种苍老的象牙白色，可以让你感受到罗马城在静寂无声间透露出不敢让人小觑的强势，这是属于罗马最历史的味道。你还能在万神殿旁的NAVONA广场里，感受一下旧时赛马场变化的新貌：喷泉作响，白鸽起飞，众多画师作画卖画的浓浓艺术情调。

罗马圆形古城堡，展示着历史的印痕，展示着古罗马文明。

最浪漫的事

1.斗兽场上，小摩托的第一站

当乔骑着摩托车带着安妮在罗马大街上奔驰时，经过的第一站便是斗兽场。而现在这座见证着古罗马帝国的繁盛与覆灭的地方，可不是彰显你“大男子”精神的绝佳选地。不过可不能气馁，现在斗兽场里上演了滑稽而恢弘的仿古表演，和你的Mr.Right一起在斗兽场上欢愉也是很容易让人记忆的一段时光。

2.来罗马，有什么理由

不知有多少人，来罗马仅仅是为了去许愿池（Fontanndi TreVS）扔一枚硬币。《罗马假日》里安妮公主就在这里期许了美好的爱情。据说，只要背对着喷泉，从肩以上抛一枚硬币到水池里，就有机会再次造访罗马。这个虔诚的动作，不知迷倒了多少人，以至于它的“特莱维”之名被盖得严严实实。不论是热恋中的爱侣，还是结婚后的男女，听到这枚硬币缓缓沉落于池水中的“叮咚”脆响时，就有一种美好愿望已经得到承诺的欣喜感。这许愿池，也将成为你们相互表达爱意、许诺终生的地方。

3.我们在西班牙广场上吃冰激凌好么

罗马究竟有多奇妙呢？连两个人坐在广场上吃冰激凌这种小小事情都是如此的撩动人心。想到《罗马假日》里安妮公主顶着一头长发乖巧的坐在广场上的阶梯上吃冰激凌，如此惊艳美景，怎能令人不动容。

西班牙广场是17世纪因西班牙馆再次建立而改名的，现在街上不仅有经典的巴洛克大台阶，还能感受在圣三位一体教堂居高临下地俯视着台阶上的芸芸众生的奇妙景象，而如果你的她是喜好文学的，这里还有济慈和雪莱纪念馆。或者在台阶下的“破船喷泉”前牌照留念，“夺”喷泉边上小伙子手中的吉他，为她高弹一首，很可能连冰激凌也不小心会被融化。

4.看罗马城的金色

罗马的傍晚也是你们不能忽视的美景。在掌灯时分，牵着她的手登上PINCIO山，看整个罗马带着历史沧桑的城涂满一层金色，如此壮观的景象很容易让人心生感慨。那金色的巴洛克、新古典和现代之风的建筑重叠在一起，搭配着绿色的教堂银灰的穹顶，将所有的嘈杂和疲惫都消融在空气中。

5.在真理之口许诺

真理之口(Bocca della Verati)，位于韦恩河畔的真理之口广场旁科斯梅丁的圣母院(Santa Maria in Cosmedin)入口处的左侧，据说在此撒谎以后把手伸进去就会被它咬掉。而如果你在此向她许下爱的诺言，将会得到爱的回报。现在“真理之口”可以说是人满为患，在此经常要排很长的队，但真正许诺的时间也就一两分钟。不过，许个承诺，时间超级充足够用。

侣行资讯

甜蜜交通

从国内到罗马可乘飞机，罗马有两个机场。通常我们可去达芬奇机场(Fiumicino)乘机，位于罗马市区约26千米处。从罗马机场到市区内有莱昂纳多机场特快（Leonard Express）可到罗马主要火车站特米尼车站（Stazione Termini），行程约半个小时，单程票大约是9.5欧元，运营时间在6:37～23:37。

罗马的特米尼车站（Stazione Termini）是进出罗马的大门，也是罗马重要的交通枢纽。在火车站进站口5号站台前有旅游服务中心。火车站里有按照火车国内或国际、不同天数的优惠卡。

罗马的公共汽车叫电车（Autobus），是罗马的主要公共交通工具。公交车车票可以在贴有ATAC的书摆摊（tabacchi）购买，电车24小时营业。

罗马当地也通行欧洲巴士联盟（Eurolines），可以连接到比利时、荷兰、瑞士、德国、法国等欧洲主要国家。买一张“欧洲巴士通票”，可以在中途站点随意上下车（地点在罗马台伯提那火车站对面）。

双栖双宿

罗马当地不同档次的酒店和旅馆数以千计，基本上不难寻找。不过在3～11月期间，务必要提前订，最好在国内就办妥，否则你和爱侣就有流落街头各大广场的危险。在罗马住宿如果不想吃旅店里提供的标准早餐，你可以提前说明，旅店会退还相应的费用。值得注意的是，在特米尼车站里拉客住店的人会向你要价，而且价钱还不低，车站售票处附近显示牌上有关于饭店和旅馆的空房情况、地址以及地图等信息，可经常不准确。

在各大旅馆中，玛格丽塔旅馆是值得推荐的，因为那是罗马的华人旅馆。地处罗马特米尼车站附近，从火车站出门后直走过十字路口即可看到，含早餐50欧元/天，提供上网和导游服务。订房电话0039–06–4958883/0039–3381682686。店女主人玛格丽塔爱交朋友，嫁到意大利已有20多年了，你还能听到她讲述罗马的江湖恩怨，以及意大利华人的奋斗史。听她讲这些事情，你会觉得罗马立刻变得鲜活许多。而且她会抽出15分钟为你安排旅游路线，甚是热情。

食在侣途

罗马的食物一般以地中海式饮食为主，如果你们想品尝正宗的当地美食，需要耐着性子等着，当人满为患时你们要等的时间就更长了。不过你可以带着爱侣到纳沃纳广场、费奥里广场和特米尼车站东侧的罗马大学周围去看，或许你们能有不小的收获。

在那里，你可以尝到经典的“一道汤面，二道肉鱼，三道沙拉，四道水果咖啡”的意大利套菜。肉酱千层面、小牛肠番茄面、羊乳酪面、意大利面等美食绝对让你们唇口留香。此外，强烈推荐什锦比萨（Capricciosa），因为那是罗马匹萨的代表。另外，在罗马品尝口感纯粹、爱意浓浓的冰激凌也是不错的选择。Palazzo del Freddo是罗马最著名的冰激凌店，Affogato有最传统的罗马口味，是品尝的最佳选择。

快乐购物

罗马城历经沧桑，百货商店里有很多有意义的旅游品。当地的皮具、文具、瓷器、玻璃制品均享誉世界，还有别具罗马地方风味的宗教工艺品也是质量上佳。罗马的ViaNationale（中央广场前的共和国广场左边的约1千米长的大街）和ViaTritoMe（与圣彼得广场相对，地铁Ottaviano站下可到）是趋于大众化的商店。此外临近梵蒂冈的Via Cola di RienZo也颇受追捧。

同时可游

梵蒂冈

到了罗马，一定要带她再去世界最小的国家梵蒂冈看看，那天使城(Castel Sant'Angelo)是你们不可忽略的一大看点。因为天使城里的露天酒吧，就是当年乔和安妮跳舞被警察发现的地方。

在早期这里原本是哈德良大帝于公元135年为自己建造的庙宇，后来成为罗马历代皇帝的陵墓。公元590年，罗马瘟疫蔓延，人们给挥剑驱散瘟疫的天使取的名——天使城。而今当你们站立在天使露台上远眺罗马市区时，依然能感受到一种恬谧爱情的意味。

佛罗伦萨

佛罗伦萨是座“鲜花之城”（从罗马乘坐火车到佛罗伦萨2小时左右），也是爱情味道浓郁的地方。不论是在《情迷佛罗伦萨》里玛丽与身无分文却充满热情的奥地利难民雷切尔之间的生死爱情，还是《看得见风景的房间》里标准英国淑女露西与平民牧师的儿子乔治在山花烂漫中那不由分说的一吻，抑或是《英国病人》里基普骑摩托载着汉娜路过的大卫像，都是让人意乱情迷的极致爱情标地。

在佛罗伦萨，如果你们站在韦奇奥桥上，将一把老式的铜锁锁到桥上的神女雕像的围栏上，然后将钥匙扔进桥下的阿诺河里，那将意味着“永结同心”，寓意深远、意义非凡。

最最特别的是佛罗伦萨的圣母百花大教堂，它又叫“玫瑰红”，可想整个佛罗伦萨城市被大大小小的玫瑰园遍布于米开朗琪罗广场山上的胜景有多浪漫。

古罗马建筑显得庄严、肃穆

两个人的天堂
Liangren de
Tiantang

001 蜈支洲岛

你和她的两人私密世界

海南省三亚市北部的海棠湾内，北面与南湾猴岛遥遥相对，南邻亚龙湾。

海南省的每一寸土地，每一片沙滩，每一座海岛都洋溢着浓厚的浪漫色彩。特别是蜈支洲，这个小岛没有大城市的繁华和喧嚣，世间的争名逐利，也没有环境污染，它为你们的爱情始终守望在南海边。下面，就请情侣们一起来领略一下属于你们二人世界的蜈支洲岛。

蜈支洲岛的沙滩别有特色，通体呈乳白色，就像牧场的牛奶洒在了这里。而当用脚轻踏在沙滩上时，脚趾上的神经向脑部中枢系统传递着它细腻柔软的信息。不过，相对于海滩，蜈支洲岛的海景也是让人惊艳。看岸边，湛蓝的海水激起的浪花一层层冲上海滩，洗刷着雪白的珊瑚群，一波退去一波又来，犹如一幅动态的画卷绵延不绝；看远处，飞鱼在海上翻飞，如同一只只精灵在海面上舞动。当日落时分，看到夕阳娇涩的红晕染红了海面，海里闪现着色彩缤纷的珊瑚的景象，千万别忘了和自己的伴侣在礁石上摆Pose，用相机储存你们的幸福瞬间。

在清晨和爱人携手去看日出，站在岩石上，可以看

便利贴 Tips

1 甜蜜侣行时间

蜈支洲岛没有明显的秋冬季，一年四季都适合旅行。

2 预计侣行天数

能让你们体验海岛生活的乐趣，两天的旅行时间就已足够。

着东方海平面上的天空从黑暗中，渐渐的被太阳光所染红，太阳像是从海里爬出了海面，泛着金黄色的柔光向人们打着招呼。也能站在岩石上，静听海涛时而激荡，时而轻柔的声音，一阵阵的拍击海滩就像钢琴家演奏着乐曲一般。

对于海誓山盟，蜈支洲岛也有它独特的表达方式，这就是潜水。假想当你们潜入海底，在海底世界里诉说着你们的海誓山盟时，让石斑鱼、夜光螺、海胆、对虾，还有五颜六色的热带鱼和形态各异的珊瑚作见证人，周围飞来飞去的热带鱼为你们的甜言蜜语伴舞，是何等曼妙的景象啊。

这是属于爱情的一个海岛，它的每一轮的日出，每一次的鸟啼，每一次花蕾的绽放都是见证。无论你们是初恋的情人，还是已步入婚姻殿堂的小夫小妻，来到蜈支洲岛这个私密的世界里，都能够让你们重新燃起爱情的甜蜜和浪漫的情趣。

以蜈支洲岛湛蓝的海水为背景留下两个人的私密照片

蜈支洲岛上的乳白色沙滩、湛蓝色海水、葱翠的椰树林。

最浪漫的事

1.携手漫步在白色沙滩上

蜈支洲岛的沙滩很独特，整个沙滩上都是乳白色。当你们双脚踩在细腻洁白的沙滩上时，细腻柔软的感觉便顺着你们的神经渗入身体中。还可以和爱人捧上一把银白色的沙子抛向天空，依偎在一起享受着“沙雪”飘落在身上的感觉。

2.看日出，听涛声

区别于陆地，海岛上的日出别有情趣。两个人站在巨大的岩石上，听着汹涌澎湃的涛声，望着东边海面上的地平线，看到远处的天空从鱼肚白渐渐的变成了黄色，变成了红色，绚丽的朝霞使得海面上波光粼粼的时刻，怎能不令人激动和欣喜呢。

3.相伴月光下

夜幕降临时，与爱侣并肩走在月光下的沙滩上，任海边的椰风吹拂着你们甜蜜的思绪，望着天空中的皓月，看着海浪拍击沙滩，想象着牛郎织女两相隔。再看看彼此，这时你们能不感到甜蜜和幸福吗？

侣行资讯

甜蜜交通

蜈支洲岛距离三亚很近，游客可从三亚转乘，三亚当地可以乘车或是船前往，在三亚南中国酒店每日9:00有一班到蜈支洲岛的免费班车，下午4:00从蜈支洲岛返回。另外蜈支洲岛对10人以上的团队进行接送服务（可以预定）。打车到蜈支洲岛码头大约是60元。往来于三亚与蜈支洲岛的轮渡，每日7:40～18:00，每隔20分钟一班船。

在岛上潜水，岸潜260元、船潜580元。

双栖双宿

蜈支洲岛上的住宿条件不错，不过价格较贵，普遍在600～1500元。可以在海景套房、观海木楼、临海木屋、具有民族风情的茅草竹楼等各类休闲别墅竹楼中选择，此外还有由原来的营房改建成的欧式屋和日本和式屋。

侣行提示

接送服务预订电话：0898 88751258/88751259

食在侣途

在蜈支洲岛上可以选择去吃海鲜。当地的虾、青衣、老虎斑、海胆、对虾、鲍鱼、苏眉等品质优良，价格便宜。特别是当地独有的灵芝蟹，因为长年吃灵芝草，所以蟹肉口感非常甘甜爽美。此外，在当地吃海鲜别忘了尝试一下最地道的“清水吃法”（在清水内放进海鲜，外加一碟沙姜酱油，最后喝一碗原汁原味的海鲜汤）。

快乐购物

游客在蜈支洲岛游玩购物的话，可以到三亚市区的商业街去购买。

同时可游

三亚爱心大世界

这里绿树成荫，芳草萋萋，有鳄鱼表演，野猪表演等。此外，还能够欣赏具有泰国风情的舞蹈表演，学跳泰国舞蹈，学唱泰国歌曲，领略异国情调。

侣行提示

在蜈支洲岛旅行还可以游览三亚市其他的各个景点。本书已在三亚章节里介绍过，在此不再赘述。

002 大溪地

热带小岛的七彩梦

又名塔西提岛（Tahiti），是南太平洋中部法属波利尼西亚社会群岛中向风群岛的最大岛屿。

大溪地，是一处近邻避暑休闲胜地夏威夷，却也不会让你忽视的地方。这个“最接近天堂的地方”很容易让无数的爱侣一旦踏上，就难以再次移步于他处。

对于痴迷于韩剧的人们来说，大溪地并不陌生。在《皇太子的初恋》里的大溪地，漂亮的海水、潋滟的珊瑚、灼人眼目的白色沙滩、翠绿婆娑的椰林、恬静的水上茅屋、紫气氤氲的山峦，还有带着花冠的俏丽女郎……使得它成为不少情侣度假蜜月的最佳选地。

做好要一起寻梦的准备了么？这个有着世界级“性感小岛”之称的地方，在你首先看到它的时候，就展现出

便利贴 Tips

1 甜蜜侣行时间

大溪地与夏威夷属于同一时区，与北京时间相差18个小时。

法属波利尼西亚为热带气候，全年平均气温在27℃，每年的4～10月是大溪地的最佳旅游季节。海水的平均温度在26℃～28℃，终年都可以游泳。

2 预计侣行天数

6～8日的旅行，能让你看到最为真实的大溪地。

碧波万顷的大溪地

了内在魅力。大溪地又名塔西提岛，如果乘飞机从高空中俯瞰，这里就如同安徒生童话里的国度一般，被湛蓝如水晶一般的海水所环绕。组成大溪地有五个群岛，每一个小岛都带着自己的风情。其中，大溪地首都帕皮提(Papeete)位于的大溪地(Tahiti)，又名“爱之岛”。此外，还有有“魔力之岛”之称的茉莉雅岛(Moorea)，“伊甸园”之称的胡阿希尼岛(Huahine)，有着丰富的植物资源的若伊雅提(Raiatea)和塔哈(Tahaa)岛，能看到七色海水的波拉波拉（Bora Bora），神秘的茂皮提（Maupiti）……

当地的女人兼有波西米亚民族的野性和巴黎贵妇的优雅。英国小说家威廉·萨默赛特·毛姆的《月亮和六便士》中说：“高更抛弃所有，不顾一切地来到这个小岛，画起了这里

大溪地的水上屋

的少女。他住在屋顶镀锡的茅草房里，和大溪地少女相对而坐，素色的小花簪在少女发际静静地散发芬芳……”女人们古铜色的皮肤、头戴花环身着草裙的打扮，还有毫不掩饰的热情以及身上代表家族历史的文身，让人痴迷。而看到了她们，或许才能真正的了解到高更为何抛弃了巴黎、自己的妻子而娶了13岁的大溪地女子为妻的原因吧。

当然，在大溪地能做的事情还有好多。比如，你可以沿山而上观看Fautaua瀑布，到贝尔维德拉（belvedere）鸟瞰大溪地(Tahiti)的美丽全景，还有机会见到被称为“月亮的甘露”的黑珍珠和“生命之光”的诺丽果。如果可能的话，你们还可以乘坐四驱车在沙滩上行驶，近距离感受大溪地的海岛风气。

最浪漫的事

1.关于大溪地的野餐

在大溪地的二人野餐，可以和当地岛民商量搞一艘独木舟，带上你的野餐箱子（别忘悄悄的放进去一瓶法国红酒），然后去属于你们的一个幽静的小岛上，伴着海风习习，一起享受惊艳的大餐。或者直接在浮架的独木舟上，品尝新鲜的面点和水果。如果能够有机会和当地的黄貂鱼一起共进早餐，一起游泳，共同游戏水中，也绝对是此生难得。

2.喂鲨鱼和魔鬼鱼

可别说我们推荐的狠心，喂鲨鱼和魔鬼鱼作为波拉波拉岛最著名的活动，是大多数喜欢刺激的情侣的必选游点。和自己的爱人下到小船中，顺着牵引到一块很浅的区域，然后站到水中，这时就会有很多的魔鬼鱼游来同你嬉戏耍闹了。

而等到喂鲨鱼环节，船长会用绳子把游客隔开，你们在救生员、船长的帮助下跳下海。当眼见鲨鱼逐步逼近时，这种惊险和刺激也会加剧。这个时候，两人间的相互鼓励勇气可是非常重要的。虽然这些鲨鱼专吃鱼，但是小伙子在此处显示一下自己的勇敢也是不错的时机。

3.椰子树下的花草配方SPA

大溪地的茉莉雅岛上，有不少的原始森林，野趣横生的奇花异草，横斜在窗前海滩边的巨大的椰子树，而在此处体验赫赫有名的大溪地SPA，体验用波利尼西亚传统方法贮藏的芳香精油所带来的一种全身放松，可是说是休闲时候的Perfect感觉了。可以享受毛孔里告诉你的舒服，还能闻到番森瓜、香蕉、香草、薄荷、菠萝和大溪地柚子的清新味道，绝对是曼妙的很。而这个时候，贴心的女孩子还能带着你的男友，在浪漫的星空下来一次晚间按摩，那么一日的旅途劳顿此刻全部涣散为零。

4.波拉波拉（Bora Bora）的七色海水

在波拉波拉（Bora Bora）这个世界上最浪漫的岛屿上，可以看到七色海水。这里除了水晶般剔透的蓝色泄湖(Lagoon)、茂盛的椰树、细白如雪的沙滩外，还能看到在赤道阳光的照耀下海面映着多彩的珊瑚礁，闪动出奇幻的七色光芒。

侣行资讯

甜蜜交通

到大溪地选用航空比较合适，一般先乘坐国际航班到日本东京或大阪转机，然后乘坐东京及大阪每周飞往大溪地首府帕皮提(Papeete)的航班。

对于国内的情侣们，从北京出发，配日航到东京有JL780 0825/1255，并且可以享受行李直挂大溪地的待遇；配达美航空飞到东京有NW328 0915/1345，行李不能直挂大溪地，需要到日本办理转机时在柜台重新确认。

从东京乘坐到大溪地的航班，只有每周一、周六有航班对飞，所以只能配8天的航班。从东京飞往大溪地TN77 1555/0825，行程约11个半小时。从飞机上下到岛上，可以乘坐出租车，从机场到帕佩地市中心约6公里，行程约10分钟，费用在18美元左右。航班通常在半夜或凌晨抵达，而大溪地当地的国内航线到6:00才开始营业。

在大溪地岛上还有直升机公司（Polynesia Helicopteres），能够提供到达Bora Bora、Moorea、Tupai、Marquesan Island of Nuku Hiva。

不过在大溪地旅游，则建议乘坐巴士“Le Truck”，经济方便，而且可以帮助你们沿路欣赏热带小岛的风韵。在大溪地的各个岛屿(大溪地、Moorea 和Bora Bora)都有巴士服务，到达市区约10美元，郊区25美元。夜间或大型行李会额外收费。

可以在大溪地选择租用汽车、脚踏车(Cars、Scooters、Bicycles)，通常饭店可以协助提供租车服务。一般没有空调的车子费用一日65～75美元，较好的车子每日100～175美元。

双栖双宿

大溪地当地住宿价格非常昂贵，一般价格在200～700美金，连青年旅馆每人床位都在20美金。一般旅馆都集中在大溪地岛、Bora和Moorea地区，波拉波拉岛的住宿是最为昂贵的，对于享受爱情的各位来说，水上屋和一岛一酒店是最好选择，不过还是有不少的情侣追求浪漫而选择在岛上露营。

不过既然来到大溪地，主要享受的是安逸和浪漫，那么最好选择极富浪漫情调的水上屋。每到清晨会有服务员把早餐用独木舟送到你的窗前，你们可以不出房门尽情享受二人世界，感受一下蓝天碧海、冲浪潜水等活动，还能享受大溪地式传统婚礼……水屋价格一般在七八百欧元到一千欧元以上不等，连花园别墅的价格也要五六百欧元。

Sarl Tahiti Airport Motel价格实惠，每晚100美元左右 ，距离机场2000米。

Pear l Beach Resort（PO Box169，Vaitape，Bora Bora/689–508453/www.pearlresorts.com/bora/main.php）距离机场10分钟车程，是唯一位于moto岛的度假村，在饭店内的Tevairoa餐厅用餐，可以看到蓝色的Bora Bora岛湖，还能眺望远方的Otemanu。酒店里还为新人提供专门适用婚礼新人的极致浪漫体验，其中包括波利尼西亚的婚礼祝福。还有私人晚餐。

Hotel Royal Tahitien(PO Box 5001，Pirase，Tahiti，French Polynesia/689–504040/www.hotelroyaltahitien.com/en/index.html)距离市中心3000米左右，最突出的特点是放松，在这里能欣赏到岛湖平静的湖面风光，喝着鸡尾酒，同你的伴侣一起感受田园般的诗意生活吧。

食在侣途

大溪地当地有很多各式各样的餐厅。如果到了当地，建议尝尝这里的热带水果，比如面包果、菠萝、木瓜、芒果、香蕉、甘蔗、椰子等，当地的餐厅经营法国菜、意大利菜以及中国菜。不过如果你们不想把时间浪费在漫长的法餐上，建议食用快餐或自助餐。

此外，当地生水切勿饮用，宜购买罐装饮用水。

快乐购物

大溪地当地商店一般工作日8:00～17:00，大型商店周六上午通常照常营业。需注意的是这里的午休时间超长。

说起当地的特产除了椰子、甘蔗、香草、咖啡等这些日常货，最值得推荐的还有有“月亮的甘露”之称的大溪地黑珍珠和有营养成分高达150多种的诺丽果，而这两种特产也是大溪地当地居民引以为傲的“上帝恩赐的礼物”。其中黑珍珠据说是坠落人间的“月亮甘露”，居于黑蚌中，经过多少年来的孕育沉淀，融合日月精华而幻化而成，极为珍贵。而且它们在灰色的基调色中还露出浅紫、粉红、粉蓝等色彩，又使得黑色变得更加梦幻、华贵。买上一串交到她的手中，她肯定会被融化。

此外，当地的编织品(帽子、袋子)、沙龙(sarong，在此称为Pareu)、Mono i(一种添加花料及椰子油)做成的肥皂、传统雕刻、防晒油等都是不错的纪念品。

003 马尔代夫

共住“爱之岛”水上小屋

位于南亚，印度洋上一个岛国，是世界最大的珊瑚岛国。

在任何诸如“世界十大度假海滩”之类的名录中，“马尔代夫”的名字总是不会被人们遗忘。从空中俯瞰马尔代夫群岛，只见它如同一个花环，星罗棋布的排列在印度洋上。马尔代夫的首都马累小的连飞机场都没处可建，只用2个多小时就能逛完。不过就在这个袖珍城里，却充斥着一股甜蜜的气息。

在小麦兜的电影中，他总是幻想着这个梦想国马尔代夫。这里没有都市、没有马路、没有高楼，推开窗就是一片碧蓝的海洋，出了门便是细致纯白的沙滩，随风摇曳的椰树，鲜艳夺目的珊瑚礁。在这座“爱之岛”上，看着纯白的沙滩，海天交融，感受着云淡风轻，你悄悄的将头靠着他的肩头，静静的坐在海边的某块礁石上，看日出日落，该是何等甜蜜和安然。

马尔代夫整个国度一岛一景，有的原始，有的现代化，在旅行中搭乘多尼船巡游是一大乐事。岛上还搭建着有“蜜月天堂”之称的马尔代夫水上屋，这些风格各异的酒店大多面朝大海，浪漫而富有情调的装扮会让你们感受

便利贴 Tips

1 甜蜜侣行时间

马尔代夫时间比北京晚3小时。

全年气温28℃～30℃之间，日夜温差不大，全年都适合观光旅游。相对来说每年的12月～次年4月是阳光最为灿烂的日子，也是潜水的最好时机，算是旅游旺季。

2 预计侣行天数

在马尔代夫建议沉浸于此3日。

到更为贴切的“蓝与白”相互交融和谐的美景。而且每个岛上只有一个饭店，极力的保留了纯净和静谧的自然姿态。你和他（她），躺在沙滩上享享日光，喂喂鸽子，坐在水上小屋里悠闲的看书，或者和居民打个招呼，享受各色海鲜烧烤，其乐融融。

可是，若是仅仅将马尔代夫的唯美展露而出，它的魅力还是不能完全的体现。除了这里的翠绿岛屿、纯白沙滩、浅蓝海水的纯度美之外，这里还有开放的野性美和刺激的潜水运动。比如，在当地最为时尚的打扮便是比基尼，甚至还能偶尔瞥见奔放的裸泳情侣。或者两人一起到碧澄海水下，享受一把潜水活动。感受着缤纷的珊瑚若隐若现，热带鱼儿在海底悠然自得，还带着一点点潜入海底的刺激和小紧张，细说起来，初恋的感觉也不过如此。

▼可以看到270° 无敌海景的马尔代夫水上屋

最浪漫的事

1.悄悄在马尔代夫听关于印度洋的心跳

马尔代夫各个岛都被印度洋所包围，每日当海上迎接了第一道霞光时，印度洋会同你一起苏醒。无论是日出还是日落，整个马尔代夫就像是为恋人专门出世的，配合着印度洋的波澜而让你心惊微荡，它那碧澄的海水荡漾起迷幻的浮光魅影，映衬着天空中的云卷云舒。你能陪着他（她）在酒店天台上的双人床上数着星星入眠，也能在马尔代夫的日落中享受烛光晚餐。此时，印度洋的波澜声就是为你们伴奏的音调，带着点爵士的味道，让你们的爱情充满着无法消弭的声色气息。

2.马尔代夫的黑夜潜水

马尔代夫是世界公认的三大潜水地之一，在这个温暖的海洋中感受“夜间潜水”的另类运动，是非常值得回忆的。夜里，你们可以带着光源，潜入海底，看到夜里小珊瑚虫伸展花朵般的触须，小虾们挥动着夹子大行其道，一些稀有海洋生物在深沉黑暗的海水中游荡的奇妙景象。幸运的话，你们还能遇到发光鱼，关上电源，两人一起欣赏这些水中萤火虫，很容易让你们沉醉其中，感觉似乎就是一只海洋生物。

如果你别出心裁的拿上一款水下相机，为他（她）在这里拍上一张绝世美照，那你的浪漫劲头真的是厉害了（柯达有一次性水下相机，价位100元左右）。

3.水上小木屋

若是到了马尔代夫，两个人一定要享受一下住在四面环海的房间的感觉，仔细想想，哪里有在一个人烟稀少的小岛，两人共度在水上屋的时光更美丽呢？而这时，你们的生活除了牵手散步、游泳、和螃蟹小鲨鱼嬉戏外，就只剩下了彼此。马尔代夫的水上屋在世界都是名气远扬，甚至有不少的水上屋能让你拥有270°的无敌海景！

水上房屋的设施一切以浪漫为前提，超级有情调，不过不少没有空调，有仿古吊扇。

侣行资讯

甜蜜交通

马尔代夫首都马累没有机场。马累国际机场建立在邻近的瑚湖尔(HulhuleIsland)岛上，也是马尔代夫的唯一机场。从北京、上海、香港直达马累国际机场的航班，从上海飞到马尔代夫约8小时，从北京约12小时（需要在新加坡或吉隆坡转机2～4小时）。国内祁县现在有不少的旅行社合作增设了马尔代夫线路，参加包机团只用8小时。

在马尔代夫当地可以通过水上飞机在岛屿之间游览，一般一架乘16人，按距离收费，价格从140美元到350美元不等。当地海上飞机公司推荐Trans Maldivian（(960) 3312444/www.tma.com.mv）和Maldivian Air Taxi（(960) 3315201/www.mataxi.com.mv），或者和她一起乘坐多尼斯(Dhoanis)，一次行程是在MRF50～MRF100，多尼斯船只也是马累国际飞机场(Hulhule)与马累首都之间的主要交通工具。遇到风急浪大的时候，多尼船、快艇会很颠，很刺激。

马尔代夫当地主要通过步行、骑车或是摩托车作为主要公共交通。马累岛和阿杜岛（Addu）是唯一需要乘车游览的地方，岛上也有出租车，车是靠左行驶。劝告游客别乘搭轻型货车。

双栖双宿

虽然是在海岛度假，也不妨尝试“野”感受，在林中探险或者享受赤道午餐，推荐马尔代夫香格里拉大酒店/Addu环礁/(960)6897888。你可以住在离地三米的别墅内，透过枝叶欣赏印度洋，还能携着爱侣参加印度洋一日游，而且还能到最著名的求婚专场——赤道午餐活动里体验一下。此外重磅推荐太阳岛，这里的水上小屋建于浅水上，有独立的楼梯可直入水中，房价在250美元左右，水上屋翻倍；还可到皇家岛感受一下潜水乐趣，皇家岛330～400美元/晚。

食在侣途

马尔代夫当地以西餐为主，因当地居民大部分人信仰伊斯兰教，所以很多酒店不提供猪肉，只有牛肉供应。不过这里的鱼肉和椰子，不仅便宜，而且美味。其中加有刺激性芳香调味品的肉、鱼和蔬菜米饭以及红薯、芋等淀粉食物是当地人的最爱，推荐尝尝炸鱼球，金枪鱼及椰子煮成的古拉（Gula）、辣鱼糕（Kuli Boakiba）、椰奶加白饭布丁的浮尼玻阿绮巴（Foni Boakiba）。马尔代夫当地有种不含酒精的鸡尾酒马尔代夫女郎（The Maldive Lady）口味独特。马尔代夫当地一律不准卖酒和饮酒。

推荐马尔代夫群岛的海洋餐厅，在这里不仅能尽情观赏缤纷的海洋世界，也能品尝到新鲜的美味，餐厅最多一次只能允许14人同时就餐，注意价位可能最便宜也要200美元。

快乐购物

马尔代夫的主要商业中心就集中在首都马累，不过马累(Male) 是一个珊瑚礁岛，面积还不到2平方千米。所以街边的商店都不大，普遍卖的都是一些木雕的鱼、椰壳做的船、艳丽的手绘画、木漆盒子等，也有一些潜水用品。在这里最值得一去的是鱼市，有不少海鱼非常有特色，不过在鱼市里，贝壳产品、鱼类标本及邮票才是购物的主要方向。

值得注意的是，马尔代夫严禁出口珊瑚，而且不可擅自收集沙滩或海中的贝壳，购买贝壳需要在当地的特许商店。小心因此而坏了你们的好心情。

004 吴哥窟

"天堂阶梯"的深沉爱意

又称吴哥寺，位于柬埔寨西北部，是吴哥古迹中保存得最完好的庙宇，也是世界上最大的庙宇。

周慕云："如果有一张船票，你会不会跟我一起走！"

苏丽珍："如果多一张船票，你会不会带我一起走？"

——王家卫《花样年华》

王家卫最终把《花样年华》的爱情结束在吴哥窟。在黄昏中，周慕云在吴哥窟的千年古树下，把脸深深地埋在风残破损的砖墙之间，对着一个石洞埋葬了属于他和苏丽珍的秘密。这段连刘嘉玲都被感动落泪的片段，让不少爱侣在选择自己的跨国旅行时，毫不犹豫地在吴哥窟画了个圈。

吴哥窟作为世界上最大的宗教建筑物，即使从外墙往里看，也能悠然而出那种不能避免的虔诚心境。吴哥窟是对吴哥古迹群的统称，坐落于柬埔寨的小城暹粒。这座

便利贴 Tips

1 甜蜜侣行时间

柬埔寨时差比北京时间晚1个小时。

暹粒属热带季风气候，游览最好选择气候干燥凉爽的旱季，每年的11月～次年4月是游览的最佳季节。如果想要来此拍摄一些大片儿，不如在6～10月冒雨前来，这个时候柬埔寨境内的湖泊会盛满雨水，但是能拍出吴哥窟的色泽和质感最棒的照片。

2 预计侣行天数

如果想要彻底的游览吴哥窟，当地有推荐七日的路程。不过大体上3日就已足够，或者可以来次越南西贡、柬埔寨的六日游。

沉静壮美的吴哥窟

长达数百年的古高棉王国的首都，虽然已经布满历史的沧桑，也远没有金边的繁华，但是它却奇迹般的长久的保存着自己沉静壮美的威严。

吴哥窟主殿前的田字形的走廊，斜度达70°，阶面狭窄、梯级又高，即使是没有恐高症的人爬起来也多有害怕，被人誉为“天堂阶梯”。就在这个阶梯上，曾发生了一件动人的爱情故事，这座阶梯是1973年一名法国游客为抚慰不慎在攀登时失足跌落而死的亡妻所修造。除了“天堂阶梯”外，吴哥窟最为著名的还有外墙内侧保留尚好的天女浮雕墙，天女裸露上身，头戴华冠，雍容华贵，翩翩起舞。而其浮现在脸上神秘的微笑，惊艳了全世界，从12世纪开始，就一直默默地屹立在高棉的大地中，见证着一个王朝的兴盛与没落。

除了感受吴哥窟的沧桑外，还能在这里小小的“放肆”一番。塔布隆寺中，寺与树的交织，虽说是被研究表明吴哥古迹坍塌的理由之一。不过安吉丽娜•朱莉的《古墓丽影》就在塔布隆寺取景，她那种穿梭于吴哥窟的树和石室中的飒爽劲头，也绝对有看点。那些空心树粗壮而高耸，树根和枝蔓，好比一头张牙舞爪的怪兽，包裹着神像。虽说让人看起来有些恐怖，但是梁朝伟就是在这样的一个树洞将心中的秘密尽情倾诉，为漫溢着灵光的佛教圣地，填上了一些轻微的情感。而你到了吴哥窟，同树洞说明你们的爱意，悄悄将它埋葬，然后它就会果真生了根，长出了青草，连绵不绝地延伸在你整个的生命旅途。

残乱也是一种美

多少人向往，在偌大、凝重的吴哥窟里藏匿自己的爱，为它埋上一个根。如果你们的爱情也是轰轰烈烈、百转千回、历经种种，那么到了这里一定会被这种古老和安稳所震撼。它会使你们产生一种冲破世俗和障碍后的新生感，让你们变得更加珍惜彼此。

最浪漫的事

1.吴哥窟里的天堂阶梯

吴哥窟的五座莲花宝塔状的高塔，是印度教神山位于最高层的象征。这座通向佛塔的阶梯有“天堂阶梯”之称，异常陡立。其源自于1973年，一名法国女游客在攀登时在此不小心失足跌落致死，她的丈夫悲恸捐资在西面台阶一侧修造了一条铁杆扶手，以慰亡妻。所以，当你们抚摸着这条细细的长杆时，很容易的就能感受到从里面散发出的深沉的爱意。

其实想想，这世界级国宝的吴哥窟，怎么能随便添加与修建扶手脚蹬呢？如此破例，可见柬埔寨政府和佛祖对于爱情的宽恕。不过还是要注意了，小伙子一定要揽住姑娘，小心魂断天梯，泪洒吴哥。

2.树洞里你的秘密，是不是关于身边的爱

《花样年华》里周慕云悄悄的将脑袋埋到吴哥窟前的一个树洞里，把自己的爱悄悄的埋葬，他所埋葬的是一段无法结束，无知开端的情。可是，如果你和他（她）到此，对着树洞，悄悄的说出了自己的爱情，然后埋葬，等待着它生了根，发了芽，蓬勃的生长，也是一种爱情的见证。

3.吴哥窟的太阳

其实，吴哥窟的美可以表现的很单纯。日出日落，就足以把人给震撼得不轻。日出时分，清凉的空气中，柔和的光晕将吴哥城的轮廓勾勒的如此暧昧，静谧的气息搭配着点点的脚步声，让人如同置入天堂秘境。而待到了天光变成了霞光，整个城池变幻出了一个鲜活的金色，壮美异常。

吴哥城的落日里，展现的是一种落尽繁华的柔媚。日落时，沿着吴哥城的护城河漫步，看夕阳的余晖将吴哥窟的魅影倒映在水面上。宁静的河面把吴哥的美展现得如此炫目多姿，在金色的建筑上图上了一层小小的红色的光晕，路旁还有慵懒的柬埔寨人，欢快的孩子，虔诚的僧人。这种惬意，总是会让饱经了爱情历程的男女感受到一种超脱的安然。

4.一定要看高棉几世纪的微笑

吴哥窟外墙内侧里保留着妖媚动人的天女(Apsara)浮雕墙。当你牵着他（她）的手穿过长长的甬道，猛然抬头看到墙上数千个仙女，双眼微闭、高颧厚唇、微微上扬的嘴角时，很容易就会感觉两个人已经历了千年的恋情。都说吴哥上有寺百座，总有一个能走进你的心里，而这神秘又富有魅力的“高棉的微笑”，或者就是你们的爱的见证者。

侣行资讯

甜蜜交通

从昆明有到暹粒的航班，行程约1小时，票价240美元左右。或者从金边转机，从金边到暹粒有直达航班，行程40分钟左右，机票在60美元左右，不过飞机设施较差，不太适合放轻松周游世界的想法。

从金边有空调巴士，行程约6小时，中午有午餐，票价10美元（因季节、车况、公司多有不同，最低4美元）。路况不是很好，大多为土路，雨季会更泥泞，所以如果你的伴侣晕车，一定要准备晕车药。暹粒的长途车站位于东郊的第六号国家公路上，通常在此居住的酒店（包括廉价的Guest House）都会有免费的接车。

暹粒水运码头在荣寺附近，可以请预订旅馆前来接站。从金边到暹粒有快船，沿途能欣赏到别具特色的东南亚风情，价格25美元左右。

在吴哥窟景区可以租带司机的摩托车，一天6美元；或者租摩托自己开，一天7美元（建议你第一日先熟悉一下路，然后第二天开始就能带着她在这里狂奔了）。

双栖双宿

暹粒的住宿可选择性很大，一些酒店价格昂贵，不过也有部分价廉质优的小宾馆，当地的旅馆都很干净清新。金边只有一个五星级酒店，价格100美元一晚，不过吴哥的酒店超级贵，一般三星级标准的客房价位在50～70美元/晚。所以放弃高档酒店和价格，跑到金边住，也是很棒的选择。

食在侣途

柬埔寨基本上以米饭和鱼肉为主要饮食，这就是标准的“柬式自助餐”。在菜式上，柬埔寨国家的菜品有不少和泰国相仿，而且还有部分的中式食品，口味上偏酸辣，一般不用担心不适合胃口；其次还有“柬式火锅”，它是由陶制的砂锅，加上肉丸子汤、青菜、蘑菇、鸡肉等食物制成，特别是它的汤，味道鲜美，蘸料味道超赞。如果是在金边旅游，那么强烈推荐洞里萨湖特产水壳鱼，油炸蝎子和蜘蛛。

在吴哥寺附近有不少的大排档，可以选择在景区吃午饭，虽然情调有点差，不过价格较低，也算是在国外享受一次练地摊的感觉。

快乐购物

暹粒的中央市场（Centre Market）位于市中心，是当地购物的主要去处，在这里基本上所有的生活用品和旅游纪念品都可以买到。当地的银器非常有特色，纯度大约为50%，上边多刻有吴哥窟的图像，价格在5美元以上，可以适当的挑选买些作为旅游纪念品。还有油画、木雕、仿吴哥建筑的泥塑工艺品、真丝披肩、熏香等，也可以买回家作装饰。

如果时间充裕的话，去Rehab Craft（Neak Krohorm汽车站边上）里看看高品质的丝绸产品，或者到Rajana（酒吧街上）转转奇异木器和金属制品，以及银质首饰和手工卡片也不错哦。

同时可游

万谷湖

如果已经到了吴哥，索性也来金边转转得了。金边第一站，推荐万谷湖，其地位在当地相当于杭州西湖，那么其景之美就不多耗费唇舌了。带着她看看日出日落，湖边坐坐，为紧张的行程找个放松的理由，是推荐此处的一大目的。

金边王宫

如果想要深入地了解高棉传统建筑风格和宗教色彩建筑，那么金边王宫必去无疑。这座1866～1870年耗费四年而建的大王宫，尖塔、宫殿、结构制作的颇具柬埔寨风格。宫殿的殿身用代表黄色的佛教和代表白色的婆罗门教颜色装饰。王宫里还有一尊西索瓦国王的金制塑像（重90千克，上嵌9584颗钻石，最重的一颗达25克拉），绝对是震撼人眼球的大制作。

王宫皇室的恢弘气派

005 塞舌尔

站在海边高喊“我爱你”

位于非洲东面印度洋西部，是一个群岛国家。

不少情侣，都渴望能选择一个人烟稀少、可以享受二人世界的好地方来作为自己的旅行地。塞舌尔就是这样的一个地方，它就像一个被遗忘了的伊甸园，使得一切的尘世杂念都化作了云烟。

塞舌尔被称为“印度洋上的一颗明珠”，除了具备了所有的海岛的特质外，还有着自己独特的色彩美。其中，最负盛名的博瓦隆海滩，沙质细腻柔软，在灿烂阳光的折射下，沙滩上时而变成妩媚的粉红色，时而化作刺眼的金色；其次，塞舌尔的海水也在不断的发生变化，有时如晶莹剔透的紫水晶，有时如闪光碧绿的翡翠，呈现出多种色彩。

作为塞舌尔第一大岛的马埃岛，是众多情侣最喜欢的地方之一。岛上云遮雾绕、层峦叠嶂、葱绿碧透，还有珍稀的动植物，让人行走其间犹如置身于仙境一般。美国大

便利贴 Tips

1 甜蜜侣行时间

塞舌尔在赤道附近，终年高温多雨，属热带雨林气候。每年的5～10月为旱季，是最佳旅游时间。此时当地凉爽，少雨和大风，适合摄影，也是进行风帆运动的好时机。

2 预计侣行天数

在塞舌尔的旅程建议安排7日。

片《侏罗纪公园》曾在这里取景，好莱坞的不少侦探电影也把这里作为外景地，其中最有名的当属《007》。

其次，到了塞舌尔还应到普拉斯兰岛观赏当地的“伊甸园”，这座小岛上种植着有“爱情树”之称的海椰子树。岛上的海椰子树雌雄两株，相互依偎地生长在陆地上。其中，雄树高耸挺拔，像威武的卫士，终日守卫着娇小的雌树。如果仔细观察还会发现，这两棵树不仅树根在地下相互缠绕，而且雄树花朵的形状似男性生殖器，雌树的果实剥开外壳，里面的核形状似女性臀部，并有女性外生殖器的特征。据说这爱情树之间，只要有一株被砍或夭折，另一株也会“殉情而死”。

除了这两大休闲小岛外，塞舌尔蔚蓝的天空、瑰丽的云彩、碧绿的海水、梦幻的沙滩、奇异的海椰子、飞翔的海鸟、庞大的陆上巨龟和美丽的珊瑚礁，以及随时可以亲密接触的一群群鲸鲨都是塞舌尔为情侣们准备的美好礼物。

宁静的塞舌尔岛是小鸟的天堂。在岛上随便哪处，都会发现一对对鸟儿在你们的头顶盘旋，这些小鸟对陌生的

塞舌尔美丽的椰子树

△隐藏在水岸树林里的小木屋

你们一点也不畏惧，将这个岛上装扮的格外温馨浪漫。在这里，你不仅能够看到鸟儿一家其乐融融的温馨画面，还能看到雏鸟们饥肠辘辘、嗷嗷待哺的可爱模样。

除此之外，在塞舌尔岛还可以与古老久远的原始村落接触，感受与世隔绝的二人世界。在这里的一切，虽然历经岁月的洗礼，但依然保留一副我行我素、沧桑不改的模样，一切都在按照自己的风格随心所欲地延续。在这里你们可以静静地“雕琢”时光，恣意地享受沙滩的日光浴，或者像当地淳朴的居民一样，骑着自行车穿行于这片田园风光中，感受二人世界的惬意。

最浪漫的事

1.在岛上大喊“我爱你”

在人声鼎沸的地方，你或许不敢大声说出你对爱人的那份决心，那么塞舌尔给你机会。在这个寂静的岛上，站在海边面对大海高声喊出你爱人的名字，让这爱意浓浓的声音随着海浪荡出一阵阵的回音。

2.与夫共宿原始村

拉上你的爱人，在塞舌尔岛的原始村落住下，依偎在一起望着天上的星月，看着月宫里的嫦娥，你们的相伴不仅仅是浪漫，而是一种幸福，一种华美的生活。

侣行资讯

甜蜜交通

塞舌尔马埃岛机场每周有定期飞往毛里求斯、伦敦、巴黎、法兰克福、罗马、新加坡、孟买、莫斯科、科摩罗等地的航班。我国游客前去旅游可乘飞机到以上城市转机。

双栖双宿

塞舌尔的住宿条件很好，价格昂贵，一般的旅店价格每晚在100美元以上。岛上有很多充满了异国情调的庄园，推荐布法隆酒店（Beau Vallon Bay Beach Resort）内有中餐和赌场，当地华人经常光顾；海椰子酒店（Hotel Coco De Mer）四星级酒店，服务很周到；日落海滩酒店（Sunset Beach Hotel）适合蜜月情侣，到处体现着浪漫情调，价格偏高。

食在侣途

塞舌尔的饮食和东南亚的饮食很相似，在烹调过程中既保留了食物的原汁原味，也融入了很强的辛辣味道。推荐的是这里的龙虾和石斑鱼，价格便宜，味道鲜美。此外，还有塞舌尔的咖喱、芒果汁生鲷鱼片、椰子类的菜肴和香料，值得一尝。

快乐购物

塞舌尔生产的香料很出名，如肉桂、薄荷、香草等，还有椰子、茶叶都是闻名于世的出口产品，不妨购买一些。

同时可游

马埃岛

塞舌尔的第一大岛，其首都维多利亚就坐落在此岛，岛上有世界上一流的天然浴场，海滩宽阔而平坦，水清沙白，是进行海水浴、日光浴、风浴和沙浴最理想的地方。如果潜入美丽的海底，你们还会看到五彩缤纷的珊瑚和五光十色的鱼类。

普拉斯兰岛

这是一座花岗岩岛，地势崎岖，繁茂的棕榈树、高大挺拔的海椰树和终年盛开的山花满山遍野，风景如画，一派热带原始森林的绮丽风光，是塞舌尔著名的旅游胜地。被称为天堂里的伊甸园的五月古就坐落在此地。

006 普罗旺斯

紫色的薰衣花海令人醉

法国东南部的普罗旺斯－阿尔卑斯－蓝色海岸大区内，毗邻地中海，和意大利接壤。

“宠辱不惊，看庭前花开花落；去留无意，望天上云卷云舒”，每对情侣去旅行都是为了追求一种闲适的意境，追求一种简单无忧、快乐轻松的生活，享受摆脱了生活桎梏的惬意。在寂静角落里只有你和她，没有了时间的繁华喧嚣。在鸟语花香中，空气里充满了快乐的歌声笑声和花香的味道。这样的世界才适合情侣生活，来到普罗旺斯，这里高贵的紫色会让你和爱侣忘掉一切。

随着一部《薰衣草》的热播，时尚浪漫的氛围萦绕在每对情侣们之间，“等待爱情”的紫色小花被那些少女们所迷恋，追寻紫色的浪漫的脚步没有停歇。法国的名牌香水，最富有浪漫的情调；时尚的人们开始喜欢薰衣草的紫色，把它解读为高贵浪漫，许多人让那高贵的紫色走进自己的居室；还有很多情侣把自己的结婚地选在普罗旺斯，用紫色的浪漫飘逸营造一种高贵典雅的情调。

便利贴 Tips

1 甜蜜侣行时间

普罗旺斯属地中海气候，夏季阳光充足，暖风和煦，冬季温和干燥。每年5～10月是最佳游季。每年的7～8月，是薰衣草盛开的季节，空气中弥漫着芬芳的香草味道。

2 预计侣行天数

8天的时间足以让你们嗅到薰衣草的花香。

薰衣草，是一种诠释爱情温馨浪漫的紫色花儿，当每一次香气扑面袭来时，感受到的都是一种淡淡的浪漫气

息。香草虽然并不能成为爱情的全部，但是香草却可以诠释爱情。普罗旺斯的薰衣草纯正的紫色和扑鼻的芳香，是浪漫爱情的见证。这种紫色熟悉的温馨浪漫的爱情是无法复制的。和最爱的人站在茫茫紫色的花海中，屏气凝神，这时你们会想到即使葬身花海，也不会感到遗憾。

在普罗旺斯湛蓝的天空下，橄榄树闪着银绿的光芒，一面面染成赭石红的墙散发着温馨，绿草如茵的山坡到处散布着的牛群和漂亮的木屋形成了小城美丽富饶的景象。鲁伯隆山区、施米雅那山区，环绕着一大片的薰衣草花田。站在施米雅那城镇里，随处可见到紫色花田，无边无际地蔓延，芳香散发出诱人的妩媚。

漫山遍野的薰衣草让人狂喜不已，自行车上、牛头上无处不漂浮着紫色的芳香；少女的裙边也插满深紫浅蓝的花束，走起路来像仙女下凡般带来一阵飘香，引得无数帅气的小伙回头观望。整个山谷弥漫着熟透了的浓浓草香，远处一垄垄四散开来的薰衣草田里，挺拔的向日葵排成整齐的行列绵延远方，黄色的花朵似乎是为整片的紫色

做些稍许的点缀。苹果树也被薰衣草的浓香吸引来孤独的耸立在田边，不远处几栋黄墙蓝木窗的小砖房子飘散出袅袅炊烟。

普罗旺斯成片茂盛的薰衣草田，在田园里高高低低绽开的是纯粹的紫色，在舒缓的夏风中浮动着浪漫的符号，像读懂了情人的心思，将那沉静的思念随风飘向异乡的那个至爱。薰衣草的花香在空气中飘荡，在你们的头发里隐藏，在你们的鼻孔间穿梭，在你们的手指尖轻轻滑过，带着爱人轻轻走过薰衣草田，随处都带有浪漫的气息，一切都是这样美好。嗅着薰衣草的芳香，去体验普罗旺斯其他的美，也会让情侣们感受到一种甜蜜和幸福。

一曲《马赛曲》让普罗旺斯的小城马赛闻名于世。这里虽然没有巴黎的繁华，却有地中海沿岸最迷人的景色。青山绿水蓝天相互融合形成水天一色的蓝，站在海岸，却仿佛立在水中央。市内的历史古迹是一个个小小的点缀。

一部《基督山恩仇记》让人们认识了孤独寂静的伊福岛，这里就是小说中基督山伯爵被关押的地方。和爱人坐着游船，按着书中描写的道路探寻，别有一番情趣。提起戛纳人们就会联想到戛纳电影节，名声已经名扬许久，世界级的明星都会齐集在此，即使在这里没有碰见你崇拜的明星，好多好玩的节目也会使你们满意乘兴而归。

古迹、小径、独岛，无论它们怎样寂静浪漫，都比不过薰衣草对情侣的吸引，它的魅力吸引着每个人的芳心。每位女孩都想在这里和爱人度过浪漫的日子。而骑士与普罗旺斯少女的爱情传说，让每一片寂寞的薰衣草灵动了起来。曾经妩媚的爱情飘向林中的小径，点缀今日阳光下真实的心动时刻。

普罗旺斯有太多的香熏用品来自薰衣草。通过加工生产出来的各种花色的小瓶子，承载着法国的香水文化，世界各地的女人们使用的香水是和薰衣草的一次间接亲密接触。这些东西将普罗旺斯迷漫着的薰衣草香带到了世界各地的空气中，使世界各地的人们都嗅到薰衣草芳香。

在茫茫的紫色花海中，享受着午后的阳光，看着眼前的一片紫色的繁华，嗅着花香的味道，与爱人在径间小路上牵手走过，景不醉人人也自醉啊！普罗旺斯留住了你们爱情的幸福甜蜜。

你和爱侣身处在紫色的花海中，就已经足够浪漫。在这样的浪漫气息下，你们会不由地在心中默默祈求，愿你们的爱情之路走得更加长远，将来的某一天共同回忆你们浪漫的时刻。来到这里之后，你们将眷恋此地，希望在这样的美景下度过你们浪漫的日子。纵然离开时有些依依不舍，但是请不要沮丧，把这段甜蜜留在你们的记忆里，铭记最美好的幸福时光。

最浪漫的事

1.紫色的花海

在那片薰衣草织成的紫色花海当中，薰衣草的芳香萦绕在你们的周围，在空气里弥漫。你们可以置身其中，望着一望无际的紫色海洋，潺潺的流水从身边流过，看到蝴蝶在嬉戏，听着耳边嗡嗡的采蜜声，感受那种流动的沁人香气。如梦流离于天堂般，不知归所，闭上双眼，感受随风轻柔的香气混合着骄阳下烘烤的青草芳香，交织着只属于两个人的温馨和浪漫。陶醉其中，感觉爱情是如此浪漫。

2.品酒

享受完紫色带给你们的浪漫之后，如果说选一样东西为你们的浪漫画上句号，美酒和咖啡是最好的选择。当你拖着疲倦的身子，来到一间很有雅致的酒吧，品尝一下地中海的茴香酒，那种香味似乎意境流到你的胃里。好像那薰衣草的香味还在酒里呈现，这让你们的胃口大开，吃上一顿美美的晚餐，是多么享受的一件事。

一片紫色花海中的塞南克修道院

侣行资讯

甜蜜交通

由巴黎机场乘机至马赛普罗旺斯国际机场(Marseille—Provence International Airport)仅需1小时15分钟，马赛机场到埃克斯市区有巴士直达，车程25千米，大约30分钟。La Rotonde是埃克斯最主要的公共汽车中心，大部分线路的服务一直持续到晚上8点。单张车票价格1.1欧元，10张车票价格则可打折为7.7欧元，全日通票价为3.5欧元。1路小型公共汽车连接着La Rotonde 和 Mirabeau 林荫道两地的公共汽车站。

双栖双宿

普罗旺斯的住宿很有特色，从大酒店到民间的农庄应有尽有，提供舒适的住宿条件和饮食。Auberge de Jeunesse du Jas de Bouffan（地址3 av Marcel Pagnol/电话0442201599）附设酒吧和网球场，距离市中心比较远；Hotel Concorde（地址68 blvd du Roi Rene/电话0442260395）在市中心东南侧的边缘，有些房间附带小阳台；Hotel La Caravelle（地址20 blvd du Roi Rene/电话0442215305）可眺望附近的花园，拥有独立卫生间。

食在侣途

普罗旺斯美食具有地中海特色，有猪蹄、牛胃、牛尾、牛脑各类肝脏肾脏及蜗牛、兔子、飞禽等，配以独特的烹饪技法和调料，令人食之回味无穷。而且在当地还可以找到集中的中国、越南餐馆，在Rue de la Verrerie街和Felibre Gaut街附近都有。位于4 rue Boulegon的La Boulangerie du Coin快餐厅每天都有新鲜的烤面包，套餐每份7.5欧元。

快乐购物

可林松饼干是很有传统的美食，历史悠久。这里的橄榄油、薰衣草调料及葡萄酒也是当地有名的特产。在Marius Reinaud 步行街两旁有埃克斯别致的商店，凡尔登广场上的Palais de Justice宫，雅致的女装店都在Miraveau林荫道上。

同时可游

塞尚画室

保罗•塞尚被誉为是近代绘画之父，在1901年、1902年间即在市区北部创建了一座画室，在此创作了大量优秀的画作，直到1906年突然病发去世。塞尚画室位于市中心米拉波大道上，维持着当年的原貌，在庭院的别栋有塞尚生涯、作品介绍及影院放映纪录片等，可以充分感受到艺术的魅力。

圆形竞技场

这座古罗马帝国的建筑，如今依稀可见希腊的印记，现在有时被作为临时斗牛场，有时被作为歌剧院及户外戏剧的剧场等很多用途。游人们可以在这个古老的建筑中欣赏一些好看好玩的节目。

007 爱尔兰城堡

古城堡里的不了情

爱尔兰西临大西洋，东靠爱尔兰海(Muir éireann)，与英国隔海相望，是北美通向欧洲的通道。

遍布爱尔兰的古堡往往与浪漫相连，这里的每一个建筑都有一个长长的故事，或残酷、或浪漫、或凄美、或甜蜜，在历史的长河中不断的演绎，吸引着众多渴望有“公主式”爱情的情侣们到来。

或许你还不知道，“蜜月”一词起源于美丽的爱尔兰。在当地传统的爱尔兰婚礼后，人们会用特殊的高脚玻璃杯（无把）盛装足够多的蜂蜜送给新娘和新郎，让他们能在婚礼后的一个月里享用。人们相信吃蜂蜜是预示婚姻美好开端的一种最好方式，于是“蜜月”（honey moon）这个词就应运而生了。

爱尔兰的阿什福德城堡、阿代尔庄园、布拉尼城

便利贴 Tips

1 甜蜜侣行时间

爱尔兰的天气常年温和宜人，夏季温暖湿润；春秋两季通常为10℃；冬季少雪，但全年比较多见阵雨。每年的9～12月为最佳旅游时间。

2 预计侣行天数

聆听关于城堡的爱情传说，欣赏秀丽的湖光山色，建议安排5日的行程。

堡、比尔城堡庄园、本拉提城堡、路特尔斯顿城堡六大城堡庄园，以其独特的建筑和美丽的爱情传说神秘的吸引着情侣们到来。还有一些名人也为追寻这种浪漫而来，继续着在城堡中演绎王子与公主的浪漫爱情故事。比如，路特尔斯顿城堡的“皇家套房”和“国王房间”的个性与奢华，为小贝与辣妹喜结连理贡献了神秘；阿什福德城堡的亦静亦动的浪漫，使皮尔斯•布鲁斯南与其未婚妻基莉•莎耶•史密斯许下一生海誓山盟；《欲望都市》里的Sarah Jessica Parker，由于她的丈夫Matthew Broderick具有爱尔兰血统，因此他们结束了在纽约的婚礼后，就前往爱尔兰选择了城堡中名不见经传的Mount Errigal酒店度蜜月。

在爱尔兰这些城堡和庄园里，除了有难以赏尽的美景外，还能让情侣们体验到它深远幽邃的历史底蕴，和心爱的人在这里念出的一生的誓言，似乎可以穿透厚厚的墙壁，永远地将这份浪漫铭记在这些因时光的流逝愈发显现神秘和古老的美丽传说中。值得一提的是，古堡中还为追逐浪漫感受的情侣们增添了骑马、垂钓、高尔夫球场等休闲中心，让你们可以在这里尽情的享受古老中的现代元素的美感。

建筑的对称之美

最浪漫的事

1.城堡中泛舟

路特尔斯顿城堡里有很大的一片湖泊，和爱人一起泛舟前行，想象当年王子和公主在湖中嬉戏的情景，吃着巧克力，看着湖中他们相依偎亲密的倒影，会不会让你们心中产生浪漫的温情？用手帕擦拭身边男友额头的汗水，亲吻他的脸颊以示鼓励和爱意，他也会对你说“我爱你”这虽已普通但发自内心爱意的表达。

2.一张床上的爱情

在爱尔兰的城堡中住宿，你们将会体验到皇室般的待遇，就连普通的床都能为你们营造一种浪漫的爱意。大红色的床幔和富有想象力的床柱，再加上周围的田园气息，卧榻之上，爱人们仿佛是王子和公主一样，爱情不断发酵，激情不停地绽放。如果在路特尔斯顿城堡里的“诺曼叔叔的房间”（Uncle Normans Room）住上一宿，躺在哥特式的四柱大床上，就像在空中飘浮一般惬意，情侣依偎在一起绝对激情升温。

3.为你带上克拉达戒指

在当地为她买上一枚克拉达戒指，也是件极为浪漫的事情，据说这样的示爱方式已经在爱尔兰流行了400多年。戒指的整体式样是两只手的造型环抱一爱心，爱心的正上方有一皇冠。寓意是“让爱情和友谊主宰一切”，在城堡里为他（她）戴上浪漫的戒指，让这个美好的寓意也在你们之间继续延伸下去吧。

侣行资讯

甜蜜交通

爱尔兰有四个重要的国际机场，现已开通了英国、欧洲和北美的70多个城市的往返服务。我国游客可到欧洲转机前往。爱尔兰的铁路交通和公路交通十分发达。

双栖双宿

爱尔兰的住宿从老式的风格到现代的酒店应有尽有。享受爱尔兰的乡土生活可以在郊外的传统农场及田地住宿。若是想要选择便宜的住宿，推荐青年旅馆、露营拖车、搭帐篷的公园及自费住所。

此外推荐，D4 Hotels Ballsbridge Inn（地址Pembroke Road Ballsbridge，Dublin）临近国家画廊在梅林广场；The Gresham Hotel（地址23 Upper O Connell Street，Dublin，2）都柏林的中心地带。

侣行提示

爱尔兰国家航空公司（Aer Lingus） 01/886 8844；www.shannonairport.com.

瑞安航空公司（Ryanair） 01/09 7800；www.tyanair.com.

在爱尔兰，两地之间很少有直达的交通工具。在城中游览建议选择租小汽车或自行车。自行车租用多半在Raleigh租车行，自租赁费用为每天10～20欧元或一周50～100欧元，具体信息可咨询Eurotrek Raleigh Group（Tel 01/4659656；www.euratrekraleighgroup.com），如果有足够的空间，自行车可以携带上公共汽车，每辆自行车一次需要10欧元。如果坐火车，自行车的单程运输费用起价为2.5欧元。

1.公共汽车需要投币，上车之前要准备好零钱。根据行程距离的不同，车票价格不同。

2.到站时车不会自动停下来，所以在到站前一定要给司机发出明确的指令，让司机在正确的车站停车。

食在侣途

爱尔兰的饮食特色多与英国相似，料理讲究质量与用料，主食以爱尔兰面包为主，而菜品以牛肉、羊肉、培根、奶酪、蔬菜及马铃薯为主。推荐土豆饼配熏三文鱼，每一块土豆饼上都放上熏三文鱼，再在上面涂上奶酪，味道鲜美。

饮品推荐健力士(Guinness)黑麦啤酒，浓烈的焦味与饮后甘醇的口感，是搭配爱尔兰美食的最佳饮品。酒馆酒吧是品尝美食最好的去处，圣殿酒吧区是最出名的酒吧区。

快乐购物

对于喜欢购物的情侣，爱尔兰可以说是疯狂者的购物天堂，也是爱的信物的选购天堂。华登峰水晶、克拉达戒指、粗花呢布料、美酒巧克力、塔拉胸针等在爱尔兰都能买的到，尤其注意的是克拉达戒指是送给爱人的最好礼物。亨利大街位于利菲河北岸，属于大众化的购物场所。其他购物的去处有格拉福顿大街(Grafton Street)，这里汇聚了最著名的小店。那萨大街（Nasseu Street），这里能买到毛线衣和花呢（传统和现代设计风格的都有），以及陶器工艺品和玻璃工艺品。

半个城堡半层绿

同时可游

凤凰公园

凤凰公园（都柏林市中心西北部利费伊河北岸）是都柏林最著名的公园。这座公园曾经是皇室成员们玩乐的场所，现在又归于老百姓。虽经历了几千年的历史变迁，这里依旧保留着鹿园的特点。绿草红花，随风摇曳，还有动物园、赛马场，这些都为游人们途中带来快乐。

圣殿酒吧区

这里每天都能听到免费的爱尔兰音乐，街道上随处可见画廊、剧院，让你们仿佛走在艺术的殿堂里。除此之外，这里还是爱尔兰酒吧最多的地方。

蜜月之旅
Miyue
Zhilü

001 西藏

你是我许下的一个愿

位于我国的西南边陲，青藏高原的西南部。

“那一天，我闭目在经殿的香雾中，蓦然听见，你诵经中的真言；

那一月，我转动所有的经筒，不为超度，只为触摸你的指尖；

那一年，我磕长头匍匐在山路，不为觐见，只为贴着你的温暖；

那一世，转山转水转佛塔啊，不为修来世，只为途中与你相见。”

——达赖六世仓央嘉措

没有到过西藏的人们总是认为西藏是神秘的。的确，西藏的宗教、耀眼的阳光、透彻的蓝色天空、时刻闪耀着光芒的喜马拉雅山雪峰、码尼堆上高悬的经幡、在空气中飘散着的六字箴言，都让我们感觉到这片土地上融合了自然色彩的神圣感。

可是，如此一个神圣的西藏为什么成为了爱情的高发地带呢？如果追溯的话，我们就不能不提起第六世达赖

便利贴 Tips

1 甜蜜侣行时间

西藏的旅游旺季集中在4～10月，此时是西藏最美丽的时候。不过要注意的是，6～8月西藏会迎来雨季，雨季开始没有预见性，所以你们一定要做好心理准备。如果你们两人都喜欢安静独处，那么选择12月份进藏则是一个非常好的选择。

2 预计侣行天数

在西藏旅行，感受的角度不同，一般大致6日就可以游览“拉萨—江孜—日喀则”这种黄金线路。想要另辟蹊径也行，来个拉萨深度游4天，外加一个徒步游墨脱，那就完美了。

喇嘛仓央嘉措。“行走在西藏，生活在西藏，最终死在西藏。”这是一名西藏的女作家口中的仓央嘉措。从他300年前的一个月色晚上，悄悄的来到了拉萨八廊街的一幢藏式酒馆，同一个月亮般的女子巧合的相遇后，西藏的爱情气息就开始渐渐的形成了自己的味道。

作为西藏宗教的六世达赖喇嘛，仓央嘉措的行为总是被人所不容。而他最终的命运也是始终的谜团。可是不可否认，他的情的真、情的切和他对于纯洁爱情的向往。这也恰恰是西藏关于浪漫的最大特点——一种透彻一种从内而发所散发出的纯净。有不少关于西藏爱情浮华的说辞。比如，去布达拉宫感受千年的古墙，在米堆冰川看千年的风霜，捧一把南迦巴瓦峰的冰雪手中融化，或者静静仰望珠峰的圣洁，其实简单的说明这些有些异想天开的感觉中不过是暗含着爱情最初的那份感动，关于纯净的最直露的想法。

爱情作为一个情景的产物，西藏能让它的这一特点发扬的淋漓尽致。在途中耳鬓厮磨同车共宿，少了一份城市里的烦躁和世俗，多了一份圣洁和神秘，还有沿路贴心的关照，这就是去西藏最简单的意义。

西藏虔诚的朝拜者

在西藏，你会看到太多无聊的人泡在大昭寺广场上，闲坐着发呆或晒太阳，微笑的信徒虔诚的拜谒；感受到纳木错蓝色梦幻的动感和布达拉宫的神秘；听到扎西半岛守门石上关于“心心相应”的传闻……总之，一切都是慢悠悠的景象，一切都散发着纯真和神圣的姿态。

有人说，从西藏回来，就没有走不过去的路。只有游走于西藏，才能真正的在与自然的接触中，感受到自己的存在和灵魂的进化。这句话用到两个人的身上也是同样贴切，从西藏回来，一路上不论是艰难徒步，还是探索神秘，无论是虔诚朝圣，还是沉溺于美景之中，你们都是一起的，心都是一起的，而此后的路即使漫长，你们也是紧紧相依。

最浪漫的事

1.幽会在玛吉阿米

让我们首先回顾一个在西藏几乎人人能诵的爱情诗歌，然后再开始我们的旅程。

“在那东方高高的山尖，每当升起那明月皎颜，玛吉阿米醉人的而不见笑脸，会冉冉浮现在我的心田。”

在西藏，如果不到拉萨八廓街感受一下300年的爱情，可以说关于爱情的第一仗就没有打好。仓央嘉措和他的美丽情人玛吉阿米之间的故事，让这个地方带有着很强大的魔力。据说，现在到了西藏，人们多半会将去玛吉阿米消磨时光放在同游布达拉宫、逛八廓街、买唐卡同等地位的事情。现在的玛吉阿米是一座3层黄色小楼，兼有藏、西、中、尼餐，在玛吉阿米的顶楼，仰头可见西藏的澄澈天空和满天繁星。虽说在这里等个位置很困难，但是如果你能尝到这里的酸奶蛋糕，再喝上几杯酥油茶，那么此行就没有白费。

2.我想和你在拉萨河畔漫步

拉萨河的美从来不会因为季节的更迭而改变。不论是夏日雨季里，雪山融化出现的气势磅礴的动态美，还是冬日这里浅水位同湛蓝的天色相互辉映的静态美，都让人销魂。特别是趁着月夜，你们牵手漫步在拉萨河边，听着拉萨河的滔滔水声，感受着如此狭长的蓝色丝带蜿蜒于天地之间，会感觉到心都随着这一方静谧的天地开始疏散。

3.爱情的颜色就是纳木错

据说纳木错有些“小脾气”，你开心它会加增你的幸福，当你悲苦时，它会给你安慰。所以在纳木错，你们的心情往往就是纳木错的颜色，它能够将你们诠释的很自然。如果确定要在这里等待日出，一定要注意保暖，这里的晚上温度比珠峰还低。

侣行资讯

甜蜜交通

进入西藏最好的办法就是通过航空和火车。强烈建议不是背包族和有经验的爱侣们，最好能够先联系旅行社。或者参考《自助游西藏》《藏地牛皮书》之类的书籍，制订旅行计划。

拉萨贡嘎机场已经开通直达重庆、西安、昌都、成都、北京、上海的航班。坐飞机比较适合时间比较紧的情侣们。其次通过火车的话，可能要经过一路的颠簸，不过根据绝大多数人来说通过火车进藏有种不知名的甜蜜感觉。

此外，一定要提醒各位为寻找甜蜜来西藏的情侣们，在高原上驾车可是个危险活儿。因为大部分的人到了高原都需要一个适应的过程，千万不要为了追求在高原上驰骋的快感而盲目。如果进藏要驾车，最适合的路线是青藏线。而川藏线和滇藏线可千万不可贸然前行，特别是雨季。

两个人是骑友的话，骑车进藏不可否认是个时髦活儿。不过要确认自己是不是一个经验十足的骑行者，在高原上骑车可是件超挑战的事儿。对于你和她来说，要经历翻山越岭、狂风暴雨、食物取暖等问题。

在西藏很多人都会选择徒步走墨脱。作为目前全国唯一不通车的县，墨脱一行途中有很多的穿越活动，比如原始森林、河流、蚂蝗区等。这一路中，可谓是条件艰苦，可是柳暗花明后你们的爱情可以说是无坚不摧了。

双栖双宿

西藏现阶段的住宿条件有了很大程度的改善，城市和县城里都有了招待所可以住宿，甚至还有星级宾馆。如果是二人喜欢来惊险刺激的还能够到比较偏僻的地方露营，带上帐篷和睡袋，卫生又防寒。不过前提是一定要注意自己的身体。睡袋和帐篷拉萨当地都能够租到，费用按天计算，按质论价。出租业务在户外用品店。

在拉萨可以选择背包客旅店，大多集中在北京东路，主要有八朗学旅馆、吉日旅馆、亚旅馆、龙达觉萨旅馆、雪域旅馆等。其中八朗学旅馆、吉日旅馆都能提供免费洗衣、免费寄存的服务，价格在15～30元之间。

侣行提示

西藏宾馆/北京西路221号/0891-6334966
拉萨神湖酒店/贡布塘路阳城广场A座/0891-6302222
雅鲁藏布大酒店/贡布塘路阳城广场B座/0891-6764801
正昌东措国际青年旅舍/北京东路10号/0891-6273388
八郎学宾馆/北京东路43号/0891-6323829/6338040
吉日旅馆/北京东路125号/0891-6323462
雪域旅馆/藏医院路4号/0891-6323687

食在侣途

在西藏吃饭，主要以藏族的饮食为主，还兼有川菜。比如像糌粑、生肉酱、灌血肠等都是超级风靡的饮食。如果吃一口藏式美味，再喝上一口酥油茶、酸奶、青稞酒这等标准藏式饮品，也不枉来西藏一遭儿。

快乐购物

拉萨有很多充满乡土气息与民族风格的手工艺产品，各类藏饰、尼泊尔式首饰、挂件、小工艺品、地毯、挂毯、法器、唐卡等。一般三分之一的价格都可成交。这里比较著名的购物场所就属八廓街，街上有很多超级吸引女孩子的饰品、服饰，不过要注意鉴别真假。

同时可游

布达拉宫

不知道布达拉宫迷死了多少人，光看照片里它圣洁的高耸于山间的景象，就让N多人膜拜。而这座宫殿，代表的神秘、信仰的力量也是见证爱情的地方。这里是松赞干布和文成公主的美满婚姻的见证地，当你和她触摸着这古老的宫墙，感受到的不仅有穿越历史的厚重，还有隐含在其中的爱情的温度。

丹巴

丹巴有“深藏在横断山脉中的世外桃源”之称，是有名的美人谷。这里秉承了西夏皇族后裔的血质，遗传了唐代“东女国”的风韵，还有明清的浓妆素裹，再加上嘉绒藏族的传统歌舞，使丹巴姑娘带着点神秘和贵族气息。而更令人着迷的还有嘉绒锅庄的山水气息，粗犷豪放的赛马盛会，加上丹巴藏戏的神秘，整个丹巴让你的感觉是起伏的充裕的。第一眼，感觉你们破坏了这等桃源胜景，而下一眼就感觉到自己融入了这片天地中。

波密

波密被誉为西藏的瑞士。当你穿越在川藏公路上，波密总会让你眼前一亮，让你在高原之中感受到一片江南的气息。特别是在三四月份，波密大片的桃花、油菜花、青稞把田野染得红、黄、绿一片，让你们想不惊喜都不行。

002 巴黎

从香水味中体验法兰西的吻

法国首都，也是法国的最大城市和政治文化中心，属于法兰西岛大区。

如果非要给“巴黎”前加一个定语来修饰的话，那么浪漫这个词是再适合不过的了。巴黎的浪漫并不是表面上的装饰，也远不止一顿烛光晚宴那么简单。它经过了塞纳河水波的淘洗与沉淀，卢浮宫廊柱上的晾晒烘干，已经被深深的印刻在了这座城市的骨子里。到了巴黎的恋人们，时常满心涌起的都是柔情、热情和激情。这大概就是情侣们选择巴黎的原因吧。

巴黎，先有恋爱，后有生活。在巴黎处处可见相拥接吻的男女，据说法兰西的吻是最浪漫的接吻，无论是地铁里、酒吧里，还是在电梯里、人行横道上……处处可吻。唇舌相交，配合着巴黎香水的味道，让相恋的人神魂颠倒，完全进入忘我之境。除了巴黎的吻外，到了法国，你们还可以去法国餐馆来顿浪漫的晚餐；在富有异国情调的街头牵手散步；在塞纳河的桨声灯影里游船……好莱坞只要一部电影是在巴黎拍的，那一定有个爱情故事。似乎导演都感觉如果在巴黎拍摄电影没有爱情故事，就不会有好的收视率了。

牵着爱人的手在巴黎的城中走上一番，是体验巴黎的好方法。巴黎被塞纳河一分为二，两岸分布着许多景点。你们可以畅游塞纳河北岸的卢浮宫，饱览这座世界上最大的艺术宫殿的惊世名作，走到绿草茵茵的卡鲁赛广场上，一边观看着艺术品，一边听着经典的音乐；也可以漫步于香榭丽舍，看道路两旁的宫殿，品尝香浓的咖啡，说着你们两个人的悄悄话；登上埃菲尔铁塔，将整个巴黎的景象尽收眼底。

当夜幕降临时，巴黎浪漫的气息仍然不会褪去，与爱人看一场爱情电影，在巴黎夜色灯光中激吻，这样的情调或许是你们爱情的永恒记忆。

便利贴 Tips

1 甜蜜侣行时间

巴黎似乎是旅行者的天堂，一年四季都可以来到这里享受浪漫。其中1月和6月是巴黎追求时尚的季节，服装零售业吸引着爱购物情侣的眼球；7～8月，此时的夏季音乐节、塞纳河沙滩、月光电影节也充分体现出巴黎的浪漫气质；9月～次年4月是巴黎的演出季，巴黎歌剧院几乎每天晚上都有高水准的音乐会和戏剧演出；10～11月是艺术的旺季，大大小小的美术馆都会推出精彩的主题展览。如果你只想安安静静地品味巴黎，长久地流连在博物馆里，5月也许是最佳的选择。

2 预计侣行天数

5天的时间会让你们充分享受浪漫的气息，不过要根据签证上的天数而定。

最浪漫的事

1.塞纳河边拥吻

巴黎的塞纳河边塑造了不少爱情故事，年轻的情侣们不妨在这里也留下属于你们的吻痕。在塞纳河边拥吻，虽然身边人群攘攘，但在浪漫之城，他们会为你们的浪漫送上祝福。

2.311种语言说我爱你

用311种语言对爱人说“我爱你”，这似乎有些难度，但是在巴黎或许一点也不难。牵着爱人的手到巴黎的爱墙边看看就不言自明了。爱墙会告诉你们：“保持理智。”你们的爱情是完全自愿的。如果细心寻找，在墙壁左侧，就可以找到中文繁体“爱”字。一年又一年，无数的情侣们来到这里，拥抱、接吻，或许使用这种方式彼此表达着忠贞的爱，使这里成为了巴黎最著名的“爱情地标”。

侣行资讯

甜蜜交通

巴黎近郊有两个国际机场，一是位于巴黎以北约25千米的戴高乐机场（Charles de Gaulle，通称Roissy），中国北京、上海、广州、香港都有直飞戴高乐机场的航班；另一个是在巴黎以南14千米的奥里机场（Orly）。戴高乐机场可以直接搭乘RER-B线到市区，奥里机场有专门的轨道交通线Orly Sub，可换乘RER-B线。

在巴黎旅游，最方便的交通工具就是地铁。巴黎的地铁四通八达，连接着各个旅游景点。地铁票呈黄色长条状，一面有磁条，入站时会自动打上日期。乘车途中应该注意保存车票，以备查验。在巴黎，地铁、郊区地铁以及巴士都可以使用同一种车票，购买套票经济方便。

双栖双宿

在巴黎住宿，从最豪华的大饭店到便宜的家庭旅店应有尽有。一般来说，有塞纳河右岸的高级酒店集中区，左岸则有很多情调优雅的小旅馆，而适合大众的便宜的青年旅馆、家庭旅馆总是隐藏在火车站等交通枢纽附近的小巷子里。但是无论你们选择住哪种旅店，都会感受到巴黎浪漫的气息。

丽兹(RITZ)酒店（旺多姆广场边上）的奢华估计没有几对情侣能够住得起；巴黎假日家庭旅馆（0033-618808453）价格便宜，整洁干净；薄格瑞勒酒店 Beaugre（19Rue Viala75015）邻近卢浮宫；最佳西方剧院林荫大道（42 Rue Des Petities Ecuries 75010）邻近巴黎歌剧院；贝尔维尤酒店Bellevu（9Rue D'orsel 75018）邻近圣心教堂。

侣行提示

紧急服务电话：警察 17；急救中心 15；火警 18
中国国家旅游局驻巴黎办事处：01/56591010
中国驻法使馆：01/47233677
中国民航驻巴黎办事处：01/42661658

食在侣途

法国可能是唯一能和中国齐名的美食之国。松露、鹅肝酱、蜗牛是法国名菜，配以香醇的葡萄酒，确实是令人陶醉的美味，当然价格也非常昂贵。早餐在7～9点之间，吃些牛角包或面包（也许二者兼备），配着奶油、果酱，喝着咖啡饮料、茶或热巧克力，绝对美味无比。

当地最负盛名的正式的餐厅Restaurant当属“米其林三星”，它菜式精致，价格昂贵，环境奢华。吃一顿饭平均每人150欧元。另外还有提供传统的家常菜、价格比较便宜，气氛也较为轻松舒适的家常菜小馆Bistrot。但是为了礼貌最好提前预订。不用付小费，自己取菜肴的自助餐厅Cafeteria是更加的方便实惠。

侣行提示

1.查询电话号码可以打12。国际长途电话在节假日和夜间可以优惠50%。在旅馆和邮局打长途电话比较便宜。从巴黎向国外打电话应该先拨00，再拨相关号码。

2.由于法国并不是我国公民的旅游目的地国家，因此想要蜜月巴黎，你和你的另一半必须拥有私人护照，并按法国大使馆的有关规定办理签证。

快乐购物

巴黎是举世公认的时尚之都，服装品牌聚集地，这里与国内相比可以说物美价廉。情侣来这里旅行，追求时尚的女孩子可以疯狂的购物了。

专卖高档商品的大型百货公司是什么服装都能买得到的好地方，而且容易达到退税要求的购物金额。百货公司分布范围较广，主要在香榭丽舍大街、旺多姆广场、奥布尔•圣赫诺尔大街、圣日尔曼区和维克多瓦尔广场周围这几个地方。新款上架最快、经典款式最全的专卖店，还经常有特价促销。歌剧院大街免税店林立，有“外国游客街”之称，从这个称呼上不难想象那种热闹非凡的景象。想买旅行纪念品，巴黎有很多艺术品店，有很便宜的小玩意，也有昂贵的古董。有时间也可以参加几场艺术品拍卖会，一定是难忘的体验。乘坐RER—A线到VAL D'EUROPE站下车，有一个极具特色的购物商城，那里有着众多的名牌折扣店，始终保持着低于市场的价格，虽然离巴黎有50千米，但是仍然吸引了大批购物者前往。

同时可游

凯旋门

随着岁月的流逝，凯旋门，这个曾经的拿破仑帝国军队的标志，现如今已成为法国爱国主义教育地，同时也身兼纪念性建筑的职责。里面陈列着介绍凯旋门建筑史的图片。另外，还有两间配有英法语言解说的电影放映室，专门为游客放映一些反映巴黎历史变迁的资料片。再往上走，就到了凯旋门的顶部平台，从这里可以鸟瞰巴黎名胜。

荣军院

曾经不可一世的拿破仑就长眠在这里。现在是属于法国军方，有一个军事博物馆，另外还有收藏军事堡垒模型的立体地图博物馆和献给二战军人的解放勋章博物馆。

003 斐济

BULA，斐济的太阳

位于西南太平洋中心，是南太平洋地区的交通枢纽。斐济地跨东、西半球，180° 经线贯穿其中，是世界上最东、最西的地区。

轻轻地转动地球仪，在南太平洋中心，你会看到一个有180° 子午线经过的小小岛屿，这就是斐济。332个环状珊瑚礁，外加碧海蓝天，椰林摇曳，使得这里处处都充满着南国海洋的原始情调。甚至在当地人的语言中，你都能感受到热辣辣的南太平洋气息，连笑容都能够融化你们这对本身已经被美景所折服的心。

普通的大海是蓝色的，可是斐济的大海却是五彩缤纷的，奇形怪状、色彩斑斓的海鱼把蓝色的海搅的涣散出奇异的七彩色。这种景象，总是让人魂不守舍。假想，如果能在这么浪漫的地方举行婚礼，一定会让人终生难忘。除了是婚礼圣地之外，这里也是“世界十大蜜月小岛”之一，比尔•盖茨与妻子结婚的时候，就选择了斐济的瓦卡亚岛作为自己蜜月之旅的终点。还有好莱坞影星米歇尔•菲佛、尼可•基德曼也都曾慕名而来。

斐济除了五彩缤纷的海洋，还有丰富多彩的海岛生活。甲板上，有年轻的鬼妹穿戴鲜艳的比基尼，霸占了船头的风景；游船上，有漂亮的古铜色肌肤、高瘦结实的斐

便利贴 Tips

1 甜蜜侣行时间

斐济岛时间与北京时间相差4小时。

斐济岛属于热带海洋性气候，全年气温冷热适中，四季如春。每年的5~10月是最佳旅游时间，也是斐济岛全年最干旱的时期，去的时候一定要注意防晒，小心脸晒伤。不过，斐济的天气虽然非常热，但是并未达到酷暑的地步，无论是一年的哪个季节，这里都有漂亮的白沙海滩，从潜游到骑马的活动。

2 预计侣行天数

在斐济，选择的是浪“慢”生活，所以强烈建议可以把时间延长一些，8日游玩最为适合。

济船员，谋杀你们的眼球。假想你们拥抱在咸腥热辣的海风之中，享受着海水荡来的清冷，还有瓦蓝透彻的海天之中，怎么能不沉醉呢？慵懒地享受阳光，消磨时间，说上一句："SEGA NALEQA！"，绝对令人心惊微颤。

斐济岛最著名的瓦卡亚岛，被无数两人所钟情的最重要原因就是，全岛只有9间木屋，每次只能接待20人。每一个小屋都有属于自己的阳台、花园和海滩，还有一个面积达1.2万平方英尺的豪华别墅，别墅里的3个殿堂内，都配备一个司机和一个私人厨师，可见斐济已经把"提供爱情"作为了自己经济的主要来源。赶快带着你最心爱的人，穿上比基尼，在腰间缠一条热带风情的saron，夹一双人字拖，戴上一朵米白的鸡蛋花一起到斐济消遣吧。

不过在斐济看到的还有一些其他的"怪"现象，比如岛上不论男男女女都戴着鲜花。据说，这戴花也是有讲究

的，女人们把花戴到左边表示未婚，戴到两边就表示已结婚。更加好玩的是，这里的男人居然也穿裙子，这种叫做"SOLO"的服饰，连身高马大的交警们也不能逃脱。除此之外，这里还有将深海中的鱼群呼唤到浅海的神奇颂唱仪式、传统的走火仪式等神秘传统。在斐济，要记住别戴帽子，也不能因为孩子可爱就摸小孩子的头。据说摸别人的头，是对他人最大的羞辱，在一百年前可能引来杀身之祸。

最后，要说到斐济的太阳。由于整个群岛被子午线穿过，这里成为了太阳最早升起的地方。对于"日出控"一族，这可是观赏第一缕晨光的最佳地点。当太阳照于当空时，和煦刺眼的光芒是斐济岛对你们的最大的邀请，那么，跳上一艘游船，向蓝天碧海进发，将你们爱情的火焰浓浓地燃烧在这片晴空之下吧。

体验乘小舟远航的乐趣

最浪漫的事

1.BULA，斐济的太阳

在斐济土著语里，“BULA”是“你好”的意思。

因为180°经度贯穿整个岛的缘故，使得这个地方成为了世界最东亦是最西的死角，成为了昨日与今日之分的地方，所以当你们看到显示出几分哲学意味太阳的时候，别忘了跟它说声“BULA”。

2.Fiji Time，一切都得“慢慢”来

“It’s Fiji time!”在斐济，热情的斐济人总是把这句话挂在嘴边，时时刻刻提醒着远道而来的客人，“慢”才是这里的主旋律。

不少游客来到这里后，感觉时间仿佛凝固了。因为在这里不用戴手表，不用带电话，不用赶时间，没有任何急躁的感觉。累了就躺在椰子树下睡一觉，饿了就从海里弄条鱼上来蘸上点椰汁煮煮，渴了就喝上一杯卡瓦土酒，或者弹个吉他唱首小曲，或者潜个水，打场高尔夫球……斐济，是享受浪“慢”生活的最佳选地。

3.打场高尔夫

高尔夫是斐济的全民运动，在斐济，即使很小的岛上都设有高尔夫球练习场，街上随处可见带着帐篷和整箱啤酒、背着高尔夫球用具的人们。岛上的Natadola Bay，是由曾经排名世界第一的高尔夫名将辛格所设计，是目前岛上最新也最漂亮的高尔夫球场之一。带着爱侣，在浪漫的南洋小岛上，来上一杆，共同感受不同于城市的高尔夫球竞技吧。

4.南太平洋上的爱情

在斐济结婚不需要追求什么黄道吉日，只要是礼拜天（这是上帝上班的日子，是对你们婚礼的最好祝福时间）就行。你还能请神父为你在斐济土著语上注上英文音标，让你们一起朗读斐济土著语的爱情宣言：“无论任何时候，绝不以任何理由背叛对方；无论任何时候，绝不以任何手段伤害对方；凡涉及双方的事，必得先共同商量认可后实行。我愿意。”进行了简单的仪式后，婚礼就完成了。

斐济岛上的各大酒店和旅行社，均有提供多种配套的婚礼服务。在斐济申领结婚许可证的过程很简单，一小时之内就搞定（需提前一个月申请，旅行社可代办申请）。

侣行资讯

甜蜜交通

斐济目前与我国内地没有直达航班。一般可以通过东京转搭斐济航空，或从香港搭澳航或新航到悉尼、奥克兰，再转斐济航空抵达当地。斐济最大岛是美地来雾岛(Viti)，主都苏瓦(Suva)及南迪(Nadi)国际机场皆在这个岛上，是进入斐济的门户。现太平洋航空(Air Pacific)已开通喷鼻港到南迪的直航，行程约10小时，无需经首尔或澳洲转飞。不过在游程上建议航空公司的套装行程。

在斐济岛之间，搭乘水上飞机最为适宜。

双栖双宿

斐济作为一个世界级别的蜜月小岛，有众多不同等级、类型、价格的酒店。想感受岛上最原始姿态的徒步情侣，可以选择青年旅社，每天只需20元斐济币（约合人民币90元）。如果想要享受二人世界，则可以选择草屋、花园别墅，甚至是租整座豪华海岛（27000美元左右/周，约合20万元人民币），房价里一般会包括岛上各种非机动水上活动的费用。

比如瓦卡亚俱乐部，规定入住宾客至少要在此居住5天，费用非常惊人，昂贵的房费中包括了所有餐饮费、服装清洗、高尔夫球和网球教练的免费指导。

侣行提示

园林景观草屋/1900美元/晚（不含税）

海景草屋/2400美元/晚（不含税）

总督的草屋/3200美元/晚（不含税）

Ambassador' s Bure大使的草屋/4900美元/晚（不含税）

谷澳别墅/7600美元/晚（不含税）

食在侣途

斐济岛上的海鲜是出了名的鲜，特别是这里斐济版的炖鱼汤（Bouillabaisse）可以说是精品中的精品。据说这道菜是维纳斯为了刺激火神伏尔甘从事更热烈的爱情创举而发明的，里边包含着浓浓的爱意。在斐济，这道菜的特别之处，就在于它是用椰壳为容器装盛，并且每道都是用刚捕上岸的新鲜鱼所制作而成，口感超棒。

此外推荐斐济独特的饮品卡瓦（Kawa），这是一种“像浑浊的泥巴水”的酒，口感很麻。现在的斐济人抛弃了旧日制作卡瓦的方法，将卡瓦制成浅黄色的粉末，如同茶包一样。不过姑娘们一定要提醒男友切勿多饮，小心醉了人。

快乐购物

斐济是自由港，所以当地的免税店非常多，不少钻石、珠宝、香水、银器、水晶制品等世界一流产品都能以免税的价格买到。不过这里最受欢迎的还有彩色贝壳项链，它美就美在这里的贝壳是经过纯天然的染料着染的，价格在2.5元斐济币（相当于人民币10元）一串，便宜而且漂亮。此外还有用TAPA（树皮布）制成的零钱包、书签，或者手包，造型独特，价格也不会超过5元斐济币（相当于人民币20元）。这些工艺品上的经典的图案设计已经成为了斐济Style的完全代言。

004 泰国

天使之城，暗夜生香

位于中南半岛的南端。

刚一踏上这个被认为是“微笑的国土”的地方，就能感觉除了一小部分又矮又黑又丑的土著人外，这里的惊艳世界充满着异国情调的女人们最赚人眼球。

其实，说起泰国，人们会想起的无非是佛教、芭堤雅、人妖。比如，泰国首都曼谷，这个被誉为“天使之城”的地方处处都是佛寺，金色的晚霞和汹涌的华灯，很容易让人感觉到如同弥留于西方极乐仙境；还有有“东方威尼斯”之称的芭堤雅，酒吧、摇摆舞厅、大商店、大酒店、夜总会的霓虹灯闪烁耀目；除此之外，还有大城的恢弘，素可泰的迷人……

泰国人心系红尘，虔诚向佛，佛静我心，欲迷我身。他们在洪迈的钟声中，静谧中衍生，生活在古刹中的梵音里。所以说，整个泰国之旅，你们也应充分的享尽天时，虔诚的来次佛教的拜谒。

其次，到了泰国，不感受一下湄南河的风情，也是一大憾事。湄南河将曼谷城分割成为两部分，最早的曼谷人

便利贴 Tips

1 甜蜜侣行时间

泰国时间比北京晚1小时。

泰国气候炎热潮湿，最热的季节是每年的3～4月，直到4月12～14日的“泰国新年”宋干节到来才会为酷热带来一丝凉意。而曼谷当地属于热带季风气候，终年炎热，要是来此共度二人世界，建议每年11月～次年1月来此，在佛祖前许愿坦露爱情。此时的曼谷恰处于最美的时节，街头各种花卉异常曼妙，而12月还能感受盛大的行军大典和泰国国王寿辰纪念活动。

2 预计侣行天数

如果时间充足，能够来次泰国全景游，对于培养两个人之间的爱情是最好不过的了。全景建议6日，如果只是游览曼谷，则只需3日就足够。

邓丽君的《小城故事》歌里的清迈

便是泽水而居。从River City出发，沿着湄南河北上，一路舟楫荡漾，民风纯然，感受着两岸千百年来得以保持的古老建筑与生活方式在身旁，绝对不啻一场时光之旅。

此外泰国的海岛也是不可不提，特别是芭堤雅。作为印度洋舰队的停靠港，这里有着来自世界各地人的宣泄。怎么这么说呢？这“宣泄”的原因就在于芭堤雅的香艳。酒吧、摇摆舞厅、大商店、大酒店、夜总会的霓虹灯闪烁耀目，街头巷子处处都播放着泰国当地打榜的流行歌曲。在芭堤雅最著名的表演场“蒂芬妮”或“阿克莎”里，有全泰最美丽的人妖表演节目，还有机会和演员合影留念。而在芭堤雅的白天，还能与他共同潜入海底，看泰国五颜六色的热带鱼，千姿百态的珊瑚礁，感受一把刺激。

而泰国最著名的，就是曼谷的夜。泰国以丰富多彩的夜生活闻名于世，而曼谷这位佼佼者，从热闹的夜市到欲望横溢的酒吧，处处为泰国的“暗夜生香”提供了有力的证词。曼谷的Silom路是著名的购物娱乐综合区域，不过请放心，曼谷的夜生活场所大多已经在政府管理部门注册了。如果逛累了，在曼谷的大排档广场吃点东西，看免费歌舞表演，享受按摩店的泰式足疗，其实旅行本身就是一件极其自然和享受的事情嘛……

最浪漫的事

1.芭堤雅，出海喽

让我们一起来感受一下芭堤雅的白日生活，潜水、出海、垂钓、玩降落伞都是无法剔除于行程的重要节目。

潜入珊瑚岛的海底，你们能看到笨笨的热带鱼，摇曳着五颜六色的身体，悠闲地游来游去。还能看到色彩斑斓的珊瑚系列，比如珊瑚虫、珊瑚藻、珊瑚礁……从海底探出头来。爬上岸后，两人一起躺在如银的沙滩上小憩一下，闻闻海风中的气息，享受阳光，进行一下海边垂钓。

或者选择在芭堤雅出海，体验一下驾驶水上快艇在大海里奔驰的惊险刺激，一路快艇颠簸。然后到水上降落伞上来次惊险的旅程，让你们的假期变得有声有色。

在芭堤雅的56层观光塔上感受一下270° 环海风景，然后再感受一下高空滑索，也是一种带着惊险刺激的惊艳之旅。

入了夜，芭堤雅则出现了不同的姿态，灯火通明，处处都是霓虹灯闪烁耀目，马路上行人摩肩接踵，车水马龙。再配上免费的歌舞表演和碧水白沙的东南亚热带风情，很容易让人意乱情迷。

2.情迷湄南河

在湄南河搭乘游船，可以选择载运观光客的长尾船或小渡轮。

你们坐在船中，沿着湄南河的水道前行，一路看着傍水的泰式传统木屋，有些如同畅游于水乡一般的江南情调。除此之外，还能见到庞大笨重的运米船，据说泰国香米就是通过这些运米船被运往世界各地的。

曼谷当地有不少水上市场，大多都是河内密密麻麻地铺满小船，通常一条船就是一个货摊，商贩们在船中堆满了需要贩卖的商品。你们既可以牵手沿着“市场”行走，也可以租一条人力小船穿梭于商贩之间，和他们讨价还价。水上市场由于不准机动船进入，而保留着传统而古朴的气息。

3.你与清迈的风情

邓丽君的《小城故事》里唱着：“小城故事多，充满喜和乐……”这种温暖的情境是不是有些拨动你的心绪？而如果我告诉你，这就是泰国的清迈，你是不是大叹这次泰国之行的惊喜？不同于泰国的其他城市，位于泰北的清迈有些安静和古朴，这里曾是泰王国以前的都城，到如今仍有保存完整的古城墙以及历代王朝的统治印迹。

而如果你跟随着邓丽君的足迹，来游览清迈，那么果真连步调里都能包含着“大爱”了。据说她每年必来此处。在这里，你和她可以漫步在小城窄窄的街道里。清迈城的街道机动车不多，而且有很多的参天大树，可以徒步到清迈，途中有美丽的柚木房子，空气中满是花香和椰汁的甜蜜；或者两人一起坐上可爱的突突车，看城里保存完整的城墙和各类寺庙，看城里的花灯，或者到清迈的书店里感受一下飘洒在空气中的知性气息，感受城中的淡雅以及亲和力，绝对给爱加力。

到了黄昏，清迈的街上到处都是摊贩，走也走不到尽头。这里的手工艺品，不少都是当地手巧的女人自绣的，物品虽然有些庞杂但绝对是原始气息。姑娘们，这可是独一件儿。夜市摊位有许多画家，还能一起来张肖像画呢。

拜佛祈求平安招财

侣行资讯

甜蜜交通

从北京、上海可以乘坐国航CA979、东航MU8451、MU541、MU8453航班直飞曼谷。而曼谷当地有遍及全市的公交路线网。

提醒各位爱侣们在曼谷乘坐出租车，一定要选择带计价器的。其实在曼谷当地500泰铢已经是极限了。而如果在曼谷租用摩托车，或者两人一起乘坐三轮突突车（TUK TUK），也是不错的选择。

双栖双宿

泰国每年的12月～次年3月及7月下旬～8月，是曼谷饭店的营业旺季。此时来曼谷，最好能事先询问一下。曼谷当地的高级饭店一般都集中在市中心附近，价格每晚上250～600元人民币；而一些中档的经济型饭店一般价格在80～250元人民币。其实在泰国旅行，没必要委屈两个人，不过一些质优价廉的背包客旅店还是可以考虑的。

比如亚洲著名廉价背包旅馆汇集区考山路（Th Khaosan），吸引着来自世界各地的背包客聚集，条件好坏想想就知道。一般300～500泰铢就能找到整洁舒适的房间。还有中央火车站及耀华力路（唐人街）一带，也能找到便宜的旅馆，这里很多的人都会中文，所以沟通起来更为方便。此外还有暹罗广场（Siam Square）和素坤逸大街（Th Sukhumvit），这些地方的酒店旅馆多在中等。

对于想要享受一下，可以试试西罗木大街、拉查达慕里大街和司昆比德大街这些高档酒店云集的地方。或者是在湄南河（Chaophraya River）边居住，还能够坐快艇体验当地风情。

食在侣途

泰国菜以酸辣香甜闻名，菜品里多使用大量的作料和天然香料。特别是它的辣，如果不能吃辣或者怕吃了辣起痘痘的女孩子们一定要提前说明，别忘了喊声“麦派”（不要辣）。还有就是泰国是个流行付小费的国家，泰国每次用餐，付款时都要给餐费的5%～10%作为小费。

泰国当地的美食首推海鲜，特别是“Dom Yam Kong”、咖喱海鲜、清蒸蕉叶咖喱鱼、酸甜干煎明虾等，配上调料，能将普通的海鲜做出不同的口味。而它的烧烤也是相当有名，比如鱿鱼、炸香蕉等相当出色。到了最后，一定要尝尝泰国香米，算是一场美食体验的终结。

曼谷当地的餐店非常多，无论是高级饭店还是传统高脚屋，从酒吧到路边摊，应有尽有。甚至你还能和她一起到游船上享受船上晚餐，在凉风习习的晚上欣赏夜景享受美味（推荐Maeyanang，1800泰铢/人）。在当地的露天大排档，一般只有在夜市会出现，虽然卫生状况不敢恭维，不过这里的口味可以说是最最正宗的。

快乐购物

曼谷当地是东南亚著名的购物天堂，来自欧洲的最新时装在这里都能看得到。而且还能买到当地有名的手工艺品和土特产。曼谷著名的特卖会每年6月和12月举办，是血拼族的最爱时光。

005 夏威夷

深情款款，与极品海滩共舞

夏威夷群岛位于太平洋中部，是波利尼西亚群岛中面积最大的二级群岛，也是美国最南方的州。

在2000年前，一群划着独木舟的人，依靠着星星航标来到太平洋的一个孤岛上。他们在岛上男耕女织，其乐融融，这个岛名字就叫做夏威夷。

要是对夏威夷多少有些感慨，那人们一般总是会停留在："为什么单单这里的海水如此的纯净见底？"据不完全统计，全世界每年有将近70%的新婚夫妇会将自己的蜜月地点选择在海滩度过。而夏威夷，恰恰就是这些海滩中的极品。

而要想搞清真正让夏威夷成为世界级"爱情"地的缘故，我们就不得不说摇滚歌手"猫王"。这位只活了42岁的歌坛巨星，似乎特别钟情于此，他在1961年拍摄的《蓝色夏威夷》中风度翩翩，深情款款，或坐于独木舟抚琴放歌，或身戴花环尽情歌舞，或冲浪于海间，将自己的浪漫和深情肆意挥洒，最终得到了爱情的情节，使得这个热带小岛上撩起了许多人的爱情火花，世界上无数的伴侣都期盼着在此举行一场安宁、浪漫、纯美的"夏威夷式的

便利贴 Tips

1 甜蜜侣行时间

夏威夷时间比北京时间晚18小时。

全年气候宜人，这里只有夏季和冬季，海洋温度终年温暖。旅游旺季从每年12月中旬～3月底复活节以及6月中旬～9月初，是享受烂漫海滩的最佳时机。晒日光浴的最好时间是11:00～13:00。

2 预计侣行天数

来夏威夷一般选择3天2夜，不过建议你和她在这种"桃花源"的地方多待几日。

婚礼”。

如果到了夏威夷，一定要到欧胡岛上的维基（Waikike）海滩，这座世界著名的海滩绝对是感受到“无所求”气息的绝佳地段。这里的海浪层层拍打海岸，沿岸生长着椰树，夏威夷姑娘们在这里欢快的跳呼拉舞，而活力的小伙子们在海上冲浪。当然，如果你带着她到凯拉（Kailua）海滩安静的享受二人世界，那果真是将浪漫运用到了极致。

或者，带着她到大岛（Big island）最棒的海滩哈普那（Hapuns）上牵手转上一圈。其实，这种漫步于松软沙滩、碧绿色水域边，感受阳光在身上轻抚，再看看橘红色落日的不寻常旅程就是一种平静的生活方式。

在夏威夷，你们可以牵着手在灯笼和火把所映照的神秘光影下一同散步，骑着单车体验从茂宜岛的山道上飞驰而下的那种窒息，或者在海边享受骑马旅行，在考艾岛乘着充气阀享受两人间带着刺激的新奇探险，看摇曳在棕榈树下的草裙舞者，听着轻柔的夏威夷四弦吉他弹奏的小夜曲，还有嗅着惹人沉醉的鸡蛋花和夜里绽放的茉莉花香，享受绵长而又深情的吻……如此的热情，总是让人无法割舍。

▼井然有序的海滨之城

最浪漫的事

1.Aloha，宝贝&Hoonanea

在夏威夷，无论你听到了什么，都感觉到整座岛上飘散着无处藏匿的甜蜜。虽然在这个“私奔胜地”并没有“浪漫”这个词语，但是夏威夷的语言里总是有着属于它自己的浪漫词语。

比如，当你下了飞机，就能听到“Aloha”。这个代表着友好的词，多少比“Hello”带着小众的柔情。如果要向自己的爱侣表示浪漫，那么就用“Hoonanea”，这个词译为“度过欢愉的时光”，试试看，说出来，是不是比“浪漫”更浪漫？

2.来来来，戴花冠，草裙舞

花冠可以说是夏威夷文化的一种体现。看到的夏威夷女孩都是头顶着花冠，然后穿着当地希罗（Hilo Hattie）商店的服装。不过这花冠因为来夏威夷度假的人们过多而有些供不应求（摩纳卡大街花冠商店）。如果你能在踏上海滩的那一刻，偷偷地给她戴上，哈，那爱的感觉就在你的举手投足间展露而出（联系夏威夷当地的慰问团，还能安排一个私人的花冠迎接仪式）。

在夏威夷文字诞生前，草裙舞（呼拉舞）就是相互交流的语言。而你的目的，就是带着她抛弃羞涩在夏威夷海滩上欢舞。轻盈的体态，热情的气息，缤纷的热带衣衫，舞动的草裙旋着痴心人赤心爱恋的疯狂。不过，一定要记住，如果你能在来夏威夷之前就备好关于草裙舞编排的重点，你们就会明白其中的意义，获得不一样的收获。

3.闲“走”

其实到了夏威夷，会发现在湛蓝的海水前，配合着细腻的海风，浓烈的热带风情，你很容易就会回想到初恋时节。多半在如此的世界里，即使和她吹吹海风，肆意地把自己暴露在阳光下，也会感觉到甜蜜。

或者你和她抽出一个早晨，赶在拂晓前从火山顶出发，沿着茂宜岛（Maui）的山道飞驰而下，还能看到热带小岛的日出胜景，心里被一种带着欣喜和疲惫的感觉所包围着。或者，来点惊险刺激的，在这里尝试直升机观光，去整个夏威夷任何想去的地方（飞机游览公司提供特别服务，包机6人/台，费用大约是1750美元/小时）。在茂宜岛（Maui）的马克那（Makena）马厩选上一匹漂亮的马儿，趁着夜色朦胧，策马沿着哈利卡拉（Haleakeala）火山的斜坡而上，穿过火山岩，头顶圆月，月影斑驳，这种在沙滩中的另类恬淡绝对让你难以忘怀。

还有，无论有多么丰富的项目等着你，也要记得在欧胡岛（Oaho）上来次随心所欲的环岛游，这种被全世界的爱侣验证的方式被封为“培养爱情的旅程”。租上一部车，从卡庇奥拉尼公园(Kapiolani Park)开始，再沿着钻石山(Diamond

Head)山坡前的公路开车，一路沿着路标走，还能看到沿岸冲浪的人们，最终看到著名的恐龙湾(Hanauma Bay)。

如果带着她在甘蔗园里乘小火车游览，可以说是既合算又奇妙的想法。火车上的讲解员特别热衷于和游客交谈打趣，还能买上一两件极有创意的和小火车相关的纪念品送给她。（在捕鲸镇附近的小火车站可以搭乘甘蔗小火车，沿途观光45分钟）

4.海滩上的薰衣草庄园

在一片紫色的海洋里，吃上一口烘焙出来的面包，呷一口烫嘴的薰衣草热茶，然后在走廊上的藤椅上小憩一会儿，就是在这里的全部任务。茂宜岛薰衣草庄园的主人特别喜欢东方文化，起居室里有很多带有亚洲风格的装饰品，颇有点古典情趣。而在这热带小岛里，享受普罗旺斯的情怀和东方文化的情调，不知道是个什么悠然心境（庄园庭院里的小铺子有不少各种含有薰衣草成分的护肤品、食物，薰衣草精油只要5块钱一瓶）。

同时可游

珍珠港

来夏威夷除了享受海滩爱情外，还不能忘记要拜访一下珍珠港。珍珠港事件是第二次世界大战的转折点，当时美国海军虽然遭到重创，不过航空母舰却完好无损。现在在珍珠港里建有美国军舰亚利桑那号纪念堂，是在亚利桑那号上建成的。来此，你看到一座军舰静静的躺在沙滩上，也是对历史的一种凝望。

侣行资讯

甜蜜交通

夏威夷地区有多条直飞檀香山国际机场的航班。从北京搭乘美国联合航空UA4453、UA888班机，可达檀香山机场。

在夏威夷内地，不管你在夏威夷的哪个角落，都可以搭一段短途飞机抵达，飞行时间约20～40分钟，可以通过夏威夷航空、阿罗哈航空两家主要的航空公司。在岛上可以自驾（需国际驾照），搭乘当地的公共交通工具（咨询电话(808)8484444），或搭乘游轮航行于各岛之间。

侣行提示

Hilo International Airport (808)934-5838
Honolulu International Airport(808)836-6413
Kahului Airport (808)872-3893
Kona International Airport at Keahole (808)329-3423
Lihue Airport (808)246-1448
Molokai Airport (808)567-6361

双栖双宿

夏威夷群岛几乎所有的饭店都是高标准的，不过在享受浪漫这个大前提下，住在有别具特色的夏威夷旅馆是最好选择。夏威夷的基拉韦厄宾馆/（808）67-7366；还有建于基拉韦厄火山口边缘的火山宾馆/（808）967-7321；保留着捕鲸时代浪漫气息的先驱者酒吧/茂宜岛/（808）661-3636；拥有怀基基粉色宫殿标志的皇家夏威夷宾馆/（808）923-7311，或者选择精致旅店怀基基阿拉纳旅店/怀基基阿拉冒纳林荫道1956号/(808)941-7275；怀基基阿斯顿海滨旅店/怀基基卡拉考阿大街2452号/(808)931-2100。

食在侣途

爱好美好生活的人也一定酷爱美好的食物，夏威夷饮食的最大特色就是将全国各地的料理融合在一起，说不定，你们吃着吃着就感觉到了一种藏在深处的家乡情结。强烈建议尝尝猪肉饭团，还有制作颇费周折的烤乳猪，据说乳猪得焖烧近12个小时，方才尝到美味。尝上一口，浓浓香气，令人啧啧称奇。其实，即使是你和她在当地的小馆子里点上一份夏威夷式细面(saimin)，一块水果馅饼(manju)，再搭上一份彩虹刨冰，绝对将爱都融入到这些热带风情里了。

快乐购物

夏威夷是血拼族的乐园，在怀基基大街上几乎汇集了所有的世界名牌，有当季的最新款，也有去年款式的折扣特卖。不过要想感受夏威夷气息，还是建议购买一点点特产，比如在希洛市哈蒂商店，买印满花卉图案的阿洛哈衬衫或姆姆裙，或者到科纳海岸的咖啡种植园里买上一些咖啡豆。在阿拉冒纳购物中心的岛屿商店有不少的贝壳和贝壳饰品，极富有海洋气息，还有夏威夷的绿宝石、黑珍珠、红珊瑚作成的饰品和纪念品绝对是你表示情意的好选择。

006 哥本哈根

与小美人鱼约会

丹麦首都，是丹麦最大的城市及港口。坐落于丹麦西兰岛东部，与瑞典的马尔默隔厄勒海峡相望。

女孩子都有一个公主梦，而这个造梦者，往往大多都被安徒生先生做了第一名。各位男孩子可先别气馁，并不是说你们不够浪漫，不够甜蜜，怪就怪哥本哈根太梦幻。丹麦这个国度里，两位王子都娶了普通的平民女孩，你说，它是不是一个童话？丹麦公交运输公司Arriva于2010年5月首创公共汽车“爱情座位”。据说这是为了方便人们在公交车上邂逅爱侣，虽说推行时间只有两个星期，但是整座城市的爱情意味可见一斑。

好吧，我们现在抛开自责，充分的了解一下哥本哈根。郭沫若游遍北欧诸国后说了一句：

“北欧风物今观遍，民情最美数丹京。”就把哥本哈根的动人风情表露而出。在整个充满活力、激情与艺术气息的城市中，貌似时刻都散发着光辉和奇迹。

便利贴 Tips

1 甜蜜侣行时间

哥本哈根作为丹麦的首都，丹麦各大节庆活动多在此举行。每年的4～9月是哥本哈根的最佳旅游时间，是丹麦各大公共场所开放时间最长的季节。最最重要的是如果想要在晚上9点看夕阳，就一定要在这个时间段里来。这几个月里北极难得的整天日照阳光，很多的商店都不会过早的关门，能让你感受到日光倾城的美妙。

2 预计侣行天数

如果可以的话，建议来次3日的自助旅行。

充满着异国情调的哥本哈根是小美人鱼的出生地

哥本哈根宛如一座童话之城

人们赞誉哥本哈根为“北欧的巴黎”，其实是因为哥本哈根的宫殿、古堡和建筑的文艺气质。克里斯蒂安堡作为当地最古老的宫堡，给人们展示出的是它深刻的古韵味；现在丹麦国王居住的阿马林堡，特色鲜明，精致恢弘；或者你们还会痴迷于哥本哈根市政厅的钟楼，其中能计算出太空星球位置的天文钟，精致得让人们无法相信自己的眼球。

不过，最为重要的是到哥本哈根市中心东北部的长堤公园(Langelinie)看小美人鱼铜像。她恬静娴雅，悠然地坐在一块巨大的花岗岩上，神情忧郁地看着远处的大海，想念着自己的海底生活，也祝福着她所深爱的王子。

最浪漫的事

1.单车里的哥本哈根

哥本哈根当地的景点密集，所以骑单车在街上逛逛可以说是一大惬意之事。不过要注意，当地的上下坡还真是不少，骑起来有些费力。想为你们推荐的是这里租车还车超级便利，比如你只要在“城市脚踏车”站投一枚硬币，就能将自己心爱的坐骑带走了。

带着她，骑着单车畅游哥本哈根，一路上都是携带着斑驳记忆的老式楼房，俨然回到了那个18世纪。路边糖果色的建筑，白色的、棕红色的、青灰色的、土黄色的、蓝色的一栋栋把你所有的关于童话的回忆都将牵扯而出，还能看到沿路的小阁楼，开着的天窗，从窗户上映照的大海的光芒。

2.想小美人鱼了么

要我说呢，《小美人鱼》的出世有些错误。就是因为它的凄美而让多少人对丹麦这个国度都产生了无法抵挡的情绪。自从1913年丹麦雕刻家爱德华·埃里克森根据安徒生童话《海的女儿》雕塑而成后，它就成了丹麦的标志，在无数有童话梦想的女孩子心里打了一个结。

小美人鱼公主爱上王子，为了追求爱情幸福，忍受巨大的痛苦蜕去鱼形，而王子却与人间的女子结了婚。小美人鱼没有杀死王子重新回到海洋去过着自己的无忧无虑的生活，而是选择投入海中化为泡沫，给予自己最爱的人幸福。小美人鱼化作泡沫的时候，太阳从海中慢慢升起，映红了整片海。这个爱情故事，貌似有些凄美的色彩，也没有什么大的圆满的结局。不过，潜在其中的浓浓、单纯的情感却深深地打动了我们。在哥本哈根这个童话的城市，小美人鱼静静地坐在一块巨大的花岗岩上，看着远方，她在思念自己的家乡，也在默默地看着自己深爱的王子幸福。

3.拜访安徒生先生

到了哥本哈根还应该到新港瞄瞄，这个地方是安徒生先生童话故事的主要诞生地，也是当地餐馆和酒吧的象征。而在新港，到了晚上9点，可能才能欣赏到夕阳美景。而更奇妙的是，夕阳刚下圆月就迫不及待的高悬于空，如果能在此时买上一些啤酒，坐在岸边，对着丹麦充满梦幻的月光畅饮，看看周围往来的船艇和人群，也不失浪漫。

4.TIVOLI, I Love It!

如果你在哥本哈根只听过数千遍的小美人鱼而不知道趣伏里，我真的不敢说你有多了解丹麦。趣伏里在早期因恰逢备战期间，公园里有不少木质结构的建筑。除此之外，还有从1914年世界上最古老的过山车，到2006年开辟的“每小时70千米的速度翻旋升腾到80米高空”的刺激项目，让你们在空中如同飞翔，玩到尖叫玩到High！而这座公园，最不能忘记的还有夜幕下的童话氛围。115万个灯泡点缀，湖水中倒映的万点灯火，随波漂荡，迷幻朦胧，如同身在梦境。据趣伏里的工作人员介绍，安徒生的《夜莺》的灵感就来自于此，而趣伏里的英文名字TIVOLI倒过来，恰是“I Love It！”可见此地的浓郁爱意。

侣行资讯

甜蜜交通

从北京和上海有飞往丹麦的直达航班（北欧航空公司SAS），可以直飞丹麦首都哥本哈根机场。北京每周七班，上海六班。哥本哈根机场位于市区东南10千米的卡斯楚普(kastrup)，从机场到市区最便宜和快捷的方式是乘坐电车（可以在自动售票机买票）。此外，可以从哥本哈根市中心乘坐火车到机场，每小时6班，单程票价28.5丹麦克朗。

双栖双宿

作为丹麦的首都，在哥本哈根住宿基本上不是问题。从奢侈的豪华酒店到一般的城市宾馆，总有一家符合你的Style。丹麦旅游局编印了住宿设施指南，还有不少旅游地也编印了私人家庭住宿名单。丹麦住宿局(Accomodations Bureau/中央火车站)每日9点至半夜为客人提供住宿安排服务。如果想要住个典型的，推荐德安勒特（D Angleterre），带着些传统的丹麦风格，不少套间都是以在此居住过的名人名字而命名的。还有不少饭店值得推荐：帝国饭店(Imperial/Vest. er Farimagsgade 9)；宫殿饭店(Palace/Rdhuspladsen 57)；皇家饭店(Royal/Tammerichsgade 1)。

食在侣途

哥本哈根当地的美食以海鲜为主，而且讲究用料新鲜，当地的乳制品很出名，不少的菜肴里都直接加上了黄油、干酪、奶油等食物。此外，如果能品尝一下丹麦的嘉士伯（Carlsberg）啤酒，那绝对算是畅快之旅了。

不过如果想要近距离地接触丹麦，则最好尝尝这里的三明治。在稞麦面包中，夹着一层虾仁、牛肉、猪肉、腌熏鲑鱼或鱼子酱，配上点生菜，味道超赞。此外当地还有猪肉丸、水煮鳕鱼配芥末、脆皮烤乳猪、土豆炖牛肉以及牛肉汉堡配洋葱等经典菜式。

推荐Noma（丹麦唯一的米其林二星级餐厅。注：在哥本哈根，荣登米其林星级荣誉的餐厅只有八家）/Strandgade 93 DK—1401；Era Ora/33B，Overgaden neden Vandet；艾达戴维森/Store Kongensgade 70。

快乐购物

首先要注意的是，小心你的女友是个砍价狂人。在丹麦，砍价是件会引起异样眼光的事情，即使你是在华人开设的店铺内也是如此。

丹麦商品以简单、优质、实用而颇受瞩目。瓷器Royal Copenhangen、银饰Georg Jensen、深海美容用品、剪纸等艺术品以及玻璃器皿都很受欢迎。还有日德兰半岛西岸海滩琥珀制成的饰品都是不错的选择，不少绝对都能当做“定情信物”。如果购买商品，可以到当地的步行街。

007 拉斯维加斯

结婚之城，红尘滚滚

美国内华达州的最大城市，以旅游、购物、度假产业而著名，是世界知名的度假胜地之一。

人们说："在拉斯维加斯（Las Vegas），感觉就像是站在一个巨大的影视基地里。"基本上你走在这里的大街小巷中，就能体验到从巴黎逛到罗马，从埃及逛到了纽约的感觉。所以说，要想在拉斯维加斯不乱转，关键还是得理清头绪，听我一言。

从你们不小心误上了在晚上正好飘在拉斯维加斯的航班，神经就仿佛一下子被激灵了。只见一座座几何排列的建筑平地而起，处处金碧辉煌，似同硕大的水晶钻石在夜空下闪闪发光，似乎你周围的空气也变得有了颜色。这样一说，从这次登陆前就应该明白为什么刘德华、黎明都跑到拉斯维加斯秘密结婚，而陈小春、佟大为等众多影星

便利贴 Tips

1 甜蜜侣行时间

拉斯维加斯当地时间与北京时间相差16个小时。

拉斯维加斯地处美国内华达州沙漠边陲，这里周围都是沙漠。夏季会出现早中晚相差20℃的境况。当地地处内陆，气候干燥炎热而少雨，不适合户外活动。春夏两季算是最为宜人的季节。

2 预计侣行天数

建议用4日来此狂欢。

都选择了拉斯维加斯做蜜月地的缘故。

拉斯维加斯，总是让人感到红尘滚滚，现世安稳。你想办什么样的婚礼，这里就有什么样的设备满足你的要求。拉斯维加斯是举世闻名的娱乐之都，繁华赌城，世界头号的结婚之城。在这座遍布角子机的城市里，有数不胜数的教堂。城中有个永不关门的婚姻登记处的城市，据说每年有近12万对新人在此注册结婚，婚姻登记处完全相信人们编造的任何谎言。不论你是太年轻、年龄够差距，还是够奇特，都不需什么证明，只要55美元的手续登记费，就能在15分钟内解决终身大事，这就是号称“吃快餐”的拉城登记。

你要什么样的婚礼呢，够搞怪、够浪漫、够梦幻、够随意？拉斯维加斯，随你挑。这种婚礼的High场景，基本上已经诱惑了所有人，即使重办婚礼都在所不惜。连续4年被《内华达》杂志和《Review》杂志评选为“最佳结婚地

点”的VivaLas Vegas Wedding Chapel，是搞怪主题婚礼的诞生地。这里如同大型摄影棚，为你举办星级婚礼、吸血鬼婚礼、土匪式婚礼……各种满足你的无厘头。推荐试试猫王式(Elvis Wedding)婚礼、万圣节主题婚礼。

如果想要简单些，你们可以选择在任何登记处附近（超级超级近，一般只在路对面），租用那里的婚纱、摄影、司仪，就地结婚；在教堂车道边上的窗口，不下车就请牧师证婚，五分钟搞定；或者租一架直升机，一只热气球，带着牧师飞到科罗拉多大峡谷上空宣誓结婚。

作为世界级的旅游城市，这个在沙漠中建立起来的奇迹之城，时刻都以它丰富和精彩的活动，让你感受到一种绝无雷同的新鲜。全世界各种风格的演艺人员聚集，佛利蒙街（Fremont Street）上空绵延五条街之长的巨型有盖人行天桥，还有变化万千的酒店，品牌齐全的豪华购物中心，外加汇集世界各地的美食小吃，让你在这个声色俱全的不夜城里，只感觉到浓浓爱意和无尽的享受。

拉斯维加斯市景

最浪漫的事

1.只要你说："我愿意。"

在世界结婚之都的管辖地，如果不和爱人感受一下婚礼的幸福和喜悦，怎么都说不过去。不论你是想结婚还是结过婚，都不用过分担忧。这里有简单的办理手续，也不用自己计划烦琐的行程，不用着忙想如何宴请亲朋好友，不用限定时间，只要你的心会享受就已足够。

> **侣行提示**
>
> COSMO Bride Tips：
>
> 第一步，婚姻登记处每日从8:00～24:00，只需本人的身份证明，支付55美元的登记费即可。结婚证书只要经中国驻旧金山总领事馆认证便可在国内使用。
>
> 第二步，任何一家酒店、24小时结婚小礼堂，进行结婚典礼。

婚礼简单到只需你说："我愿意。"好吧，一切都已完成。不过若是想要来个主题性质的，那就要看你的想法了，你想说什么千万别藏着掖着，你想做什么一定要全情投入，你想去哪里一定要随意而为，这种肆无忌惮的甜蜜是Las Vegas最突出的主题。

2.科罗拉多大峡谷的爱情

其次到科罗拉多大峡谷来为自己大大的花上一笔，也并不是什么浪费的事情。在拉斯维加斯当地有Papillon旅游直升机公司为你们早已量身打造好的情侣服务。1903年美国总统罗斯福在此游览时，就曾说："大峡谷使我充满了敬畏，它无可比拟，无法形容，在这辽阔的世界上，绝无仅有。"可见此地的壮美程度。

最赞的是，你和她可以在此拥抱科罗拉多河上清晨的第一缕晨光，在飞机上感受到科罗拉多河雕刻和勾勒出的峡谷的壮美景象。而在这如同一条桀骜不驯的巨蟒的峡谷上空，感受蓝天和黄色的大峡谷，也绝对是一种无法比拟的震撼。

Papillon旅游直升机公司，可以提供北部峡谷游览（时间25～30分钟，手续费在130美元左右）；峡谷超级豪华旅游（时间2小时30分钟，手续费240美元左右）。

3.连酒店都让你狂热的不知所措

敢这么的说，即使是"宅"在拉斯维加斯的酒店，你们也能玩出花样儿。当地的酒店有不同的主题风格，比如MGM酒店仿照18世纪意大利佛罗伦萨别墅而作为建筑风格；恺撒宫(Caesar's Palace)仿照罗马帝国，其室内的天花板的人造彩云可以随着时间而发生变化；还有MandalayBay酒店将加勒比海滩"克隆"过来等，随便一个酒店，都是拍摄婚纱照的绝佳背景，不过千万别忘了你才是主角儿。每个酒店都有世界一流的表演团队，而风靡全球的爱情音乐剧《Mama Mia》是这里的明星剧目之一。

4.给她打扮一个爱情行头

当你和她漫步在佛里蒙特街（Fremonta Street）时，街上巨型华盖天桥上的灯光、音乐、表演很容易让你们沉溺于如此的纸醉金迷中，不过，最令姑娘们开心的还有这里降价降的惊人的高档购物广场，还有街头小贩的手工绣T恤和一次性照相机等。到了这里，和她随处走走，呷一口啤酒或者看看街头的街景，给她置办一身爱的行头，为你们的拉城之旅，打造一个惬意的购物行程吧。

侣行资讯

甜蜜交通

国内有很多直达拉斯维加斯马卡伦国际机场（McCarran Inter-nationnal Airport）的航班，机场有不少小型巴士，酒店也会派专车（直达和需要倒车的）接送旅客。不过最好记得，机场人很多，一定不能慌。

其实拉斯维加斯是一座步行城，这里的人行道、自动扶梯和自动步道，都为你们牵手街头提供了极大便利。不过这里的道路往往交错盘旋，有近在咫尺却往往耗费N久时间也到达不了的感觉。也能乘坐单轨电车（2004年建成，从米高梅大酒店开始，单程5美元）或者出租车（推荐在酒店的出租车服务台享受叫车服务），回来后在酒店里享受一把豪华水疗服务的深度按摩。

双栖双宿

在拉斯维加斯住宿，自然要享受顶级奢华酒店待遇。

米高梅酒店（MGM Hotel/www.mgmgrand.com），世界第一大酒店，有娱乐都市之称。最赞的是这里的珍珠餐厅能让你在美国吃到正宗的中国菜。

哈瑞斯雷诺大酒店（Harrah′s Reno/www.harrahs.com/1-888-828-8001），老牌饭店，设施齐全，这里有古董车博物馆超级赚人眼球，可以俯瞰到拉斯维加斯的迷人风光。

高塔酒店（Stratosphere Casino Hotel/www.sttatospheretower.com/1-888-967-2537），首先到Stratosphere塔顶的旋转餐厅里享受一番，然后登上楼顶来次“飞椅”体验。

美丽湖酒店（Bellagio Las Vegas），该店以独特的“价”格吸引人，在淡季时候会碰到170～180美元的房间，要知道这个价格在赌城是超有竞争力的。

威尼斯人酒店（www.venetian.com），超级吸引美食家、购物者和豪赌之徒，是领略拉斯维加斯极尽奢华的地段。

食在侣途

拉斯维加斯能让你们二人品尝到来自世界各地风味的美食，全天24小时。可是如果想要品尝当地菜，那么距离霓虹灯100英尺以内的机会超级渺茫。值得说明的是，这里的每一家酒店都有镇店参观。比如Caesar′s Palace的北京拉面馆，提供的是正宗的山西拉面和港式餐饮。米高美的JoelRobuchon是LV唯一获得米其林三星的餐厅，这里是二人共度浪漫烛光晚餐的最好选地。推荐Le Cirque餐厅，这里能欣赏到酒店湖景，还有收藏于各地的上等美酒。而Alex餐厅突出物有所值，特色菜脂鸭肝肉饺（foie gras ravioli）、野比目鱼、黑松露（Black truffles）、大杏仁和红酒寿司都是量足味美。要是想经济一些，则建议去酒店里吃些自助餐。

快乐购物

拉斯维加斯中心商业城的复兴，标志着这里又荣升到了购物天堂的行列中。无论你们是时尚达人还是前锋潮人，无论是奢华族还是血拼族，这里都是你一大欢乐地段。你想，她才从网络上看到的时尚精品，在这里就以低端价格卖出，怎么不笑开花，不过小心银行卡被刷到爆。

恺撒宫购物中心（The Forum Shops at Caesars），与其说它是个购物天堂，不如说它有着再现古罗马的繁华街景的作用，在这样极具西洋建筑气息的地方，连购物都如此的美妙。

其次不能不去的还有亚特兰蒂斯（Atlantis），这里的表演是购物之余的辅助项目。

威尼斯人度假区的大运河购物中心（The Grand Canal Shoppes），在当地属于颇有购物情趣的购物场所。买了一堆东西后，招呼一艘威尼斯风格的凤尾船（花费15美元）载着战利品回归，绝对美翻了。

或者到时尚秀商场（Fashion Show Mall），这里时刻都播放着各类的时尚信息，是了解时尚的必去地点。

008 阿姆斯特丹

风车、郁金香和恋人直视自我

位于艾瑟尔湖西南岸，是荷兰王国的首都，荷兰最大的城市和第二大港口，被称为北方威尼斯。

《雏菊》里三个人曾经在一个站台上躲雨的镜头，不知迷死了多少向往纯美的女孩子。而这就是阿姆斯特丹的雨，带着点爱情和温情，如同这座城。关于荷兰，关于阿姆斯特丹，你能想象出多少形容它美丽的词语？在这个有着色彩鲜明、用简单的几何构建处的童话国度来说，郁金香、运河、风车、红灯区、开放……都变成了贴切的形容词。

荷兰在古时有条很奇特的法律，是说当地居民的门开的越大，其所缴纳的税就越多。所以这里的房子大多都是门窄窄的，而窗户却做的很大。这点的最好之处，就是这里的女主人可以通过这些大的窗户将自己家的特色和品位一一展示。畅想着你们漫步在这种田园风光浓郁的西方街头，包围在17、18世纪的建筑中，闻着带点艺术气息的空气，又看到开放爽朗的荷兰妇女搭建的家庭展示，感受到的应该是超脱于烦躁的清爽和内秀的生活气息。

阿姆斯特丹是多样的。作为一个开放的博物馆，其开

便利贴 Tips

1 甜蜜侣行时间

荷兰时间比北京时间晚7小时。

阿姆斯特丹温和的海洋性气候使它成为一年四季皆可游的旅游胜地。不过相对来说去阿姆斯特丹近郊看风景、看郁金香、看风车还是推荐5～6月。此外，夏季时候当地的各大公园会举办露天音乐会，此时整个城市生机勃勃，流光溢彩。

2 预计侣行天数

感受活色生香的阿姆斯特丹，建议4日行程。

△阿姆斯特丹宫殿前的广场正在举行活动

放表现在，它拥有全欧洲唯一的以情色为主题的性博物馆（Sex Museum），从春宫图画到各国各地的性用品，赤裸裸地展现了生息繁衍的秘密。而这其实也为两个相恋的人直视自我和对方提供了一个机会。除此之外，不可忽视的“开放”还有这里享誉国际的红灯区，在阿姆斯特丹运河的一边，每一个女郎都配有一间小屋和舒适豪华大椅，以供她们毫不避讳地在橱窗展示自己。

作为一个浪漫的水都，整个城区被密密麻麻的水巷分割出来。当情侣们泛舟于波光粼粼的水面上时，看到的是成群的海鸟在房屋之间飞翔，周边可爱的糖果色建筑，镜框形或梯形的楼房，一片荷兰的恬淡生活景象。

作为一个艺术的城市，这里的建筑不少都保留着17、18世纪的风格，如凡·高博物馆、王宫、安妮之家等，哥特式的尖顶还有山形墙建筑，让你们化身为中世纪的王子和公主。

作为一个咖啡城市，这里的咖啡文化充斥在城市的各个角落。坐在咖啡馆里享受闲暇时光，也是恋人间最喜好的事情。不同的咖啡馆有不同的风格和味道，想着自己浓浓的爱意随着浓郁幽香的咖啡一起融化在彼此的心里，是多么美妙的阿姆斯特丹感觉。

可是阿姆斯特丹给人最美的感觉还是它的亮丽，整座城市的一种温情。那么，赶快带着你的爱人，到这个拥有大大的风车，悠然自得的奶牛，铺天盖地的郁金香的国度，来享受这一份田园情意吧！

最浪漫的事

1.打包个钻石，套上她的手指

荷兰当地最有特色的还有钻石工厂。一提到钻石，各位有点意乱情迷了吧。当地的考斯特钻石厂是维多利亚女皇皇冠上的钻石出产地，光凭这一点，就能让你的女友痴狂。如果到了这里，一定要看看这些精致的钻石是如何被打磨而出的，而最最重要的是这里的钻石价格低廉，如果有了自己中意的，千万别忘了彼此借机许下爱的承诺。

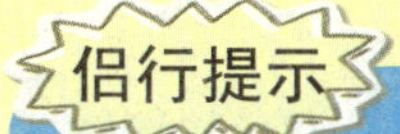

侣行提示

运河巴士，一日通行证/19.5荷兰盾、一日通行证+国立博物馆门票27.5荷兰盾。

博物馆巴士，一日22荷兰盾，可在各站沿路上车和下车。

水上脚踏车，每日10:00～19:00，每人每小时12.5荷兰盾，押金50荷兰盾。国立博物馆、李兹广场，皇帝运河及李兹等交叉口、安妮之家前都有码头可租船。

2.和她一起运河游

对于运河，阿姆斯特丹绝对有十足的发言权。这里总是带着点灵气，让情人们为之着迷。你想，河畔16、17世纪优美古舍，窗明几净、蕾丝窗帘漫垂的水上人家，含晚餐的烛光巡航怎能不让你们痴狂？漂流在如此恬静的水面上，整座城市的风光都涣散出迷人的光彩。

或者依你们喜欢，在运河巴士（Canal Bus）感受阿姆斯特丹的运河旅途也很不错。有两种选择，6站的主要内容多包括当地的重要景点，还有红线的林布兰巡航；此外一种6站、13个博物馆游船（Museumboat），非常适合想进行博物馆之旅的恋人。一般日间巡游需要1小时，约15荷兰盾，烛光巡航为39.5荷兰盾，时间2小时。

3.飞奔吧，自行车

阿姆斯特丹当地并不大，所以采用自行车旅行就非常恰当。租两辆单车，然后一起飞奔在田园风光浓郁的巷道里，如此惬意。作为举世闻名的单车都市（City of Bikes），这里达40万辆的单车绝对给害怕租不到车的情侣们吃了颗定心丸。具体说，路线多为沿着运河漫游，当地观光局提供免费单车的服务，只要在租用定点投入10个荷兰盾，就可以免费借用，等到使用完毕放到定点锁上后，你的10荷兰盾就会掉出来。或者也可以到租车店去租，费用也在1天约10荷兰盾。那么准备好了后，就一起开始穿梭于城里上千座风韵犹存的桥梁的奇妙旅程吧。

侣行资讯

甜蜜交通

几乎所有的欧洲城市与史基浦（Schiphol）机场之间，每日都有几次航班。下了飞机后，最好通过火车进城，火车每15分钟一班，行程约15～20分钟。下了火车就可以在附近的银行做货币兑换。火车站前的广场上有有轨电车、公共汽车和出租汽车，可以抵达市内任何一个区域。

在阿姆斯特丹城内旅行，则有多种选择。其中最为推荐的是游船和自行车，不过也可以搭乘观光环绕电车（Circle Tram）去游览各个景区的重要景点。阿姆斯特丹中央火车站（CS，即Central Station）是公交线路的重要始发站。

双栖双宿

阿姆斯特丹整个城市中各种档次的旅馆都有，不过它的床位并不多，规模也不大。所以到阿姆斯特丹，一定要先订旅馆，特别是到了每年的女王节、荷兰节等，这里更是人多的厉害，旅店有些缺乏。当地的旅馆分为五等，不过千万别被所谓的等级给卡死了，因为评定标准里通常包括是否备有电梯、电话及迷你小酒吧，房间数量（非质量）等，所以此点一定要注意。可以在荷兰旅游局（VVV）网站上进行咨询和预订。

食在侣途

荷兰本国的菜肴并不特别，可是千万别扫兴，因为在阿姆斯特丹你却可以吃到来自世界各地的美味，而且价格中等，分量也足。当地有条唐人街，经营着变种的中国菜，不过味道还不错，越是“脏兮兮”的鸡毛小店，味道越是正宗。

在阿姆斯特丹的市区中有不少形色各异大小不一的老式咖啡馆，当地人称作是“棕色咖啡馆”，是品尝荷兰咖啡文化和棋牌文化的最好选地。不过当地的富丽咖啡厅，较为新潮，是爱侣们喜欢去的地方。

快乐购物

阿姆斯特丹当地人把小商店叫做“角落”，这些角落都遍布于莱德斯大街及拉得胡伊斯大街之间的小巷子中，是你们牵手在街中走时很容易发觉的地方。不过有些大型的购物商店则推荐罗肯(Rokin)、卡尔弗尔(Kalverstraat)大街、乌特勒支大街(Utrechtsestraat)和博物馆区的贝多芬或范•巴尔勒大街(Van Baerlestraat)。

若是想要买旅游纪念品，则要推荐印着荷兰风车的工艺品、郁金香、木鞋等。不过真的木鞋价格超贵，最好的选择是替代的小型模型。恋人要是喜欢古董的话，还要建议他到Spiegel Quarter区的古董商店寻找探索一番。

同时可游

沃伦丹

沃伦丹位于阿姆斯特丹周围，是一个典型的欧式乡村。这里据说是很有名的婚纱拍摄地，配着鲜绿色的小木屋，白色的蕾丝窗帘的小窗户，还有穿着木屐的不少朴实的村民。如果能遇到当地人的婚礼那就更好了，在那时新娘和新郎会坐在常青树的华盖下，他们还会邀请你们吃“新娘糖”和“新娘泪”，最后别忘了一定要拉着你的伴侣在这对新人亲手栽种的松树前合影留念，这样才算是浪漫的圆满。

哈伦（Haarlem）

说到哈伦，最主要的就是享受花朵的繁闹。这里作为荷兰的鲜花交易地，使得这里不论街道、还是住户的阳台上都被装点的非常美妙，尽显田园风光中的妩媚气息。哈伦城中的Grote Mark广场，有很多的露天咖啡座，在这里点上一杯咖啡，感受阳光肆意的洒落于身上，再闻着弥漫在空气中的香气，对于追求浪漫又想随意的伴侣们可是不错的选择。

桑斯安斯（Zaanse Sehans）

荷兰永远都不会存在语言障碍，因为风车会告诉你们一切。坐落于阿姆斯特丹附近的桑斯安斯是有名的“风车村”，这里除了保留着17世纪的荷兰人生活方式外，还能看到各式各样的风车，堪称为露天的风车博物馆。如是你们正好在5月中旬（5月的第二个星期六）的风车节来到这里，那么你们将看到村民们穿着17世纪古代服装载歌载舞的欢庆场面。对于很多人来说，荷兰的最多想象就是关于风车，这里也算是最好的圆梦之地了。

荷兰是风车国度

情侣游，一本就够

文字编辑：陈 蕊 马永波
版式设计：吕广海
制　　作：刘 琼 胡 琴
图片提供：林 军
特别鸣谢：v2视觉 暖摄影工作室